演讲与口才实训教程
(第 4 版)

蒋红梅 张 晶 罗 纯 主编

清华大学出版社
北 京

内 容 简 介

本书根据高职高专培养"高端技能型专门人才"的教育目标而编写,具有较强的针对性、职业性和可操作性。

本书以全新的方式,设计了 17 项训练内容,在强化演讲口才训练的基础上,突出社交、主持、营销、医护、导游等热门行业的口才技巧训练。本书中的"案例导入"新颖生动,耐人寻味;"本章要点"既有系统知识阐述,又有多种技巧介绍;"技能训练"形式多样,科学实用。

本书既可作为高职院校、高等专科学校、成人高等学校演讲和口才训练教材,也可作为广大青年朋友的读物。

本书封面贴有清华大学出版社防伪标签,无标签者不得销售。
版权所有,侵权必究。举报:010-62782989,beiqinquan@tup.tsinghua.edu.cn。

图书在版编目(CIP)数据

演讲与口才实训教程/蒋红梅,张晶,罗纯主编. —4 版. —北京:清华大学出版社,2022.12(2025.2 重印)
ISBN 978-7-302-62232-1

Ⅰ.①演… Ⅱ.①蒋… ②张… ③罗… Ⅲ.①演讲—教材 ②口才学—教材 Ⅳ.①H019

中国版本图书馆 CIP 数据核字(2022)第 229764 号

责任编辑:陈冬梅
装帧设计:刘孝琼
责任校对:周剑云
责任印制:曹婉颖

出版发行:清华大学出版社
网　　址:https://www.tup.com.cn,https://www.wqxuetang.com
地　　址:北京清华大学学研大厦 A 座　　邮　编:100084
社 总 机:010-83470000　　邮　购:010-62786544
投稿与读者服务:010-62776969,c-service@tup.tsinghua.edu.cn
质量反馈:010-62772015,zhiliang@tup.tsinghua.edu.cn
课件下载:https://www.tup.com.cn,010-62791865

印 装 者:小森印刷霸州有限公司
经　　销:全国新华书店
开　　本:185mm×260mm　　印 张:17.5　　字　数:425 千字
版　　次:2009 年 2 月第 1 版　　2022 年 12 月第 4 版　　印　次:2025 年 2 月第 6 次印刷
印　　数:7901~9900
定　　价:55.00 元

产品编号:089362-01

前　言

　　"演讲与口才"是高等职业技术学院根据高职人才培养和专业发展需要开设的一门实用性公共基础课程。本书根据教育部"高职高专演讲与口才课程教学基本要求"，坚持理论联系实际的原则，注重教材的科学性、通用性和职业性，并结合编者多年从事本学科教学和科研的体会编写而成，旨在帮助学生了解演讲与口才的基本理论，掌握演讲口才与职场口才的技巧，提高演讲能力和职场口才技能，为学生全面发展、可持续发展夯实基础。

　　随着时代的进步和社会文明的发展，演讲与口才在社会竞争中正发挥着越来越大的作用。为了便于广大读者理解演讲与口才的基本理论，掌握演讲与口才技巧，本书首次突破了演讲与口才类传统教材的编写模式，采用"案例导入""本章要点""单项技能训练"和"综合技能训练"的新颖体例，启发学生思考，调动学生"说"的兴趣。根据高职学生的认知特点和实际需要，本书编写内容着眼于能力、知识、素质三位一体，主要有以下一些特点。

- 训练性。演讲与口才是一种能力。教材采用精讲多练，强调"先仿后练"，具有参与性、交互性、可操作性，使学生能在最短时间内接受有效的训练，掌握基本理论与技巧，提高演讲与口才水平及综合素质。
- 职业性。根据高职教学目标，教材注重职场口才技能培养，通过虚拟岗位情境，培养学生特定的职业口语风范与从业规范。
- 人文性。为弥补应试教育带来的人文缺失，教材所选名人演讲、精彩辩词、新颖案例等均具有丰富的人文情怀，能潜移默化地对学生进行素质教育。
- 网络性。实现"资源共享"，方便学生自主学习，有效解决教学中所遇到的各种疑难问题，创建了与教材配套的教学资源库。

　　本书出版后，得到了许多读者的厚爱，在此深深感谢大家对我们的支持和鼓励！

　　本次修订旨在进一步满足广大读者的需要，更好地服务教学。修订工作主要由上海商学院的张晶完成，蒋红梅、罗纯参与了主持人口才、医护口才、公关口才的修订工作。在修订过程中，我们参阅了许多同行的著作和文章，得到了出版社编辑的大力支持，在此一并表示感谢。

　　本书的修订工作虽历时两年，又经多次修改，但由于水平有限，难免有不足和疏漏之处，敬请广大读者批评指正。

编　者

目 录

第一章　演讲理论 1

第一节　演讲概述 2
一、演讲的含义 2
二、演讲的本质 2
三、演讲的特点 3
四、演讲的作用 5

第二节　演讲的分类 7
一、根据演讲的功能分类 7
二、根据演讲的内容分类 9
三、根据演讲的表达形式分类 10

第三节　演讲的心理 10
一、听众的心理 11
二、演讲者的心理 12
三、怯场心理及其克服方法 14

单项技能训练 16
综合技能训练 16

第二章　口才理论 17

第一节　口才概述 17
一、口才的含义 18
二、口才的特点 18
三、口才的基本要素 19

第二节　口才素质的形成 20
一、加强品德修养 21
二、不断积累知识 21
三、提高思维能力 22
四、丰富语言素养 22

第三节　口才应具备的能力 23
一、说明能力 23
二、吸引能力 23
三、说服能力 23
四、感人能力 24
五、创造能力 24
六、控制能力 24

第四节　口才的作用 25
一、口才在政治生活中的作用 25
二、口才在经济生活中的作用 25
三、口才在日常生活中的作用 25

单项技能训练 26
综合技能训练 27

第三章　有声语言 28

第一节　有声语言概述 28
一、有声语言的含义及作用 28
二、有声语言的特点 29
三、有声语言与演讲的关系 29

第二节　有声语言训练内容 29
一、普通话语音规范 29
二、普通话语音辨正 30

第三节　有声语言训练技巧 37
一、声带训练技巧 37
二、呼吸训练技巧 37
三、共鸣训练技巧 39
四、吐字归音训练技巧 39

第四节　朗诵技巧 40
一、朗诵的含义及作用 40
二、朗诵前的准备 41
三、朗诵的技巧 42
四、朗诵、朗读与演戏的区别 45

单项技能训练 45
综合技能训练 47

第四章　态势语言 49

第一节　态势语言概述 49
一、态势语言的含义 49
二、运用态势语言的原则 50

第二节　体态手势使用技巧 50
一、身体形态 50
二、手势动作 52

演讲与口才实训教程(第4版)

　　三、使用技巧 54
　　四、使用手势的禁忌 54
第三节　表情眼神使用技巧 55
　　一、表情 55
　　二、眼神 56
第四节　态势语言四忌 57
单项技能训练 58
综合技能训练 58

第五章　拟稿演讲 60

第一节　拟稿演讲的含义及作用 60
　　一、拟稿演讲的含义 61
　　二、拟稿演讲的作用 61
第二节　拟稿演讲的特点 61
　　一、针对性 62
　　二、情感性 62
　　三、传声性 62
　　四、鼓动性 62
第三节　演讲稿的种类 62
第四节　演讲稿的写作技巧 63
　　一、标题写作技巧 63
　　二、称呼写作技巧 64
　　三、开头写作技巧 64
　　四、主体写作技巧 66
　　五、结尾写作技巧 68
第五节　演讲稿的写作要求 69
　　一、了解对象 69
　　二、语言通俗 70
　　三、主题鲜明 70
　　四、事例典型 70
　　五、节奏恰当 70
第六节　拟稿演讲技巧 71
　　一、拥有自信 71
　　二、保持自然 71
第七节　演讲词记忆、再创造技巧 73
　　一、阅读 73
　　二、响读 73
　　三、情读 73
单项技能训练 74
综合技能训练 77

第六章　即兴演讲 81

第一节　即兴演讲概述 82
　　一、即兴演讲的含义 82
　　二、即兴演讲的特点 82
　　三、即兴演讲的类型 83
第二节　即兴演讲的技巧 84
　　一、心态稳定技巧 84
　　二、话题选择技巧 86
　　三、思路构建技巧 88
　　四、语言表达技巧 90
　　五、气质应对技巧 92
第三节　即兴演讲的要求 93
单项技能训练 94
综合技能训练 94

第七章　辩论演讲 96

第一节　辩论演讲概述 96
　　一、辩论演讲的含义 97
　　二、辩论演讲的要素 97
　　三、辩论演讲的特征 97
　　四、辩论的类型 98
第二节　竞赛式辩论 98
　　一、人员组成 98
　　二、比赛模式 99
　　三、赛前准备 100
第三节　辩论演讲技巧 101
　　一、立论应变技巧 101
　　二、就地取材技巧 102
　　三、攻守谋略技巧 104
　　四、语言表达技巧 107
第四节　辩论演讲的原则及要求 110
　　一、辩论的基本原则 110
　　二、辩论的基本要求 110
单项技能训练 111
综合技能训练 113

第八章　求职口才 115

第一节　求职口才概述 115
　　一、求职口才的含义 115

　　二、求职口才的特点..................116
　　三、求职口才的意义..................116
第二节　求职口才的技巧..................117
　　一、自我介绍技巧....................117
　　二、引发共鸣技巧....................118
　　三、展示亮点技巧....................119
　　四、解释弱项技巧....................120
　　五、应对尴尬技巧....................121
第三节　求职面试应该注意的问题..........122
　　一、克服自卑，表现自信..............122
　　二、听清题意，发挥特长..............123
　　三、重视情境，模拟练习..............123
　　四、灵活应答，留下印象..............123
单项技能训练............................124
综合技能训练............................126

第九章　社交口才..................128

第一节　社交口才概述....................128
　　一、社交口才的含义..................128
　　二、社交口才的作用..................129
　　三、社交口才的语言特征..............129
　　四、社交口才的基本要求..............130
第二节　社交口才的技巧..................130
　　一、见面之初的称呼技巧..............130
　　二、见面之后的寒暄技巧..............131
　　三、交往之时的介绍技巧..............132
　　四、拜访与接待的语言技巧............133
　　五、说服与拒绝的语言技巧............135
　　六、赞扬与批评的语言技巧............139
第三节　社交场合应注意的语言禁忌........141
单项技能训练............................141
综合技能训练............................142

第十章　管理口才..................143

第一节　管理口才概述....................143
　　一、管理的含义与实质................144
　　二、语言沟通在现代管理中的
　　　　地位............................144
第二节　管理口才的特征..................145

　　一、权力性与非权力性相结合..........145
　　二、原则性与灵活性相结合............146
　　三、理论性与通俗性相结合............146
　　四、果敢性与兼容性相结合............147
第三节　管理口才的技巧..................147
　　一、与下属谈话的语言技巧............148
　　二、管理中激励的语言技巧............149
　　三、与上司沟通的语言技巧............152
单项技能训练............................154
综合技能训练............................155

第十一章　主持人口才..................156

第一节　主持人口才概述..................156
　　一、主持人的内涵....................157
　　二、主持人的作用....................157
第二节　主持人的分类....................158
　　一、会议主持........................158
　　二、活动主持........................159
第三节　主持人的语言特点................161
　　一、自然化..........................161
　　二、个性化..........................161
　　三、主题化..........................161
　　四、对象化..........................161
第四节　主持人的要求....................162
　　一、基本能力要求....................162
　　二、口才艺术要求....................163
第五节　主持人语言常见的问题............165
　　一、语言态度........................165
　　二、语言内容........................165
　　三、语言组织........................165
　　四、语言表达........................165
第六节　主持风格与临场应对技巧..........166
　　一、临场发挥........................166
　　二、营造气氛........................166
　　三、把握节奏........................166
　　四、随机应变........................166
　　五、态势得体........................167
单项技能训练............................167
综合技能训练............................169

第十二章 导游口才 170

第一节 导游口才概述 170
一、导游口才的含义 170
二、导游口才的特征 170
三、导游口才的基本要求 171

第二节 导游口才的技巧 172
一、接送游客的技巧 172
二、运用文本解说词的技巧 174
三、个性解说景点的技巧 176
四、与游客交谈的技巧 179

单项技能训练 180
综合技能训练 181

第十三章 营销口才 185

第一节 营销口才概述 185
一、营销口才的含义 185
二、营销口才的作用 186
三、营销语言的基本原则 186

第二节 营销口才的技巧 187
一、设计营销陈述 188
二、理解顾客异议 189

第三节 主要营销环节的口才技巧 191
一、精彩的开场白 191
二、幽默的交谈语 192
三、精妙的对话语 192
四、适时的赞美语 193
五、巧妙的提问语 194
六、真诚的呼唤语 194
七、耐心的倾听语 195

单项技能训练 196
综合技能训练 196

第十四章 谈判口才 199

第一节 谈判口才概述 199
一、谈判口才的含义 199
二、谈判口才的特征 200
三、谈判口才必需的心理素养 200

第二节 谈判口才的策略 201
一、谈判口才的思维策略 201
二、谈判口才的攻防策略 203

第三节 谈判口才的技巧 204
一、谈判中的答复技巧 204
二、谈判中的说服技巧 206
三、谈判中的拒绝技巧 207
四、谈判中的应对技巧 209

单项技能训练 210
综合技能训练 211

第十五章 医护口才 213

第一节 医护口才概述 213
一、医护口才的含义 213
二、医护口才的特征 214
三、医患交谈沟通的内容 214
四、医患交谈沟通的种类 216

第二节 医患交谈沟通的技巧 217
一、开场技巧 217
二、话题技巧 218
三、倾听技巧 218
四、提问技巧 219
五、阐述技巧 220
六、重构技巧 221
七、对焦技巧 221
八、沉默技巧 221
九、安慰技巧 222

第三节 医患沟通临床实践 223
一、与不同年龄阶段患者的沟通 223
二、与特殊患者的沟通 227

单项技能训练 228
综合技能训练 229

第十六章 教学口才 230

第一节 教学口才概述 230
一、教学口才的含义 230
二、教学口才的基本特点 231

第二节 主要教学环节的口才技巧 233
一、导入语技巧 233
二、讲授语技巧 236
三、过渡语技巧 237

　　四、提问语技巧 237
　　五、启发语技巧 239
　　六、评述语技巧 239
　　七、小结语技巧 239
　　八、应变语技巧 240
第三节　适应教学对象的口才技巧 241
　　一、对接受能力不同的学生 241
　　二、对学习态度不同的学生 241
　　三、对个性特征不同的学生 242
单项技能训练 243
综合技能训练 244

第十七章　公关口才 245

第一节　公关口才概述 245
　　一、公关口才的概念 245
　　二、公关口才的特点 246
　　三、公关口才的作用 246
　　四、公关口才的基本原则 247
第二节　公关中的语言沟通技巧 248
　　一、提问的技巧 248
　　二、答问的技巧 250
　　三、说服的技巧 252
第三节　公关中的语言表达技巧 254
　　一、幽默语言 254
　　二、委婉语言 257
　　三、暗示语言 259
　　四、模糊语言 260
第四节　公关中的语言应用技巧 261
　　一、对上级 261
　　二、对下级 262
　　三、对同事 263
　　四、对陌生人 264
　　五、对老人、儿童 265
　　六、对异性、恋人等 267
单项技能训练 268
综合技能训练 269

参考文献 270

第一章 演讲理论

【案例导入】

演讲是一种行为智能，绝非简单的语言技巧。古今中外的演说家，凭借敏捷的思维、犀利的目光，在洞察历史的真谛以后，驾驭响遏行云的口语艺术，以其一言九鼎之力，推动历史前进的车轮。例如，战国时的苏秦凭借三寸不烂之舌，游说东方六国，促成合纵抗秦联盟；三国时的诸葛亮出使东吴，舌战群儒，终于说服吴主联刘抗曹，大破曹操于赤壁；戊戌变法中的梁启超面对国难，大声疾呼，唤起民众，投身革命；美国黑人领袖马丁·路德·金以演讲为武器，反对种族主义，获得了 1964 年诺贝尔和平奖……这些事实无不说明：演讲在历史的时空中感动着一批人，影响着一个时代。再如，华中科技大学校长李培根院士在 2010 届本科生毕业典礼上，把 4 年来的国家大事、学校大事、身边人物、网络热词等融合在一起，贴近生活、号准年轻学生的脉搏，所做的题为《记忆》的演讲，被掌声打断 30 余次，在社会上掀起了一股"根叔旋风"。

……同学们，在华中科技大学的这几年里，你们一定有很多珍贵的记忆！你们真幸运，国家的盛世如此集中相伴在你们大学的记忆中。2008 年奥运留下的记忆，不仅是金牌数的第一，不仅是开幕式的华丽，更是中华文化魅力的显示；60 年大庆留下的记忆，不仅是领袖的挥手，不仅是自主研制的先进武器，不仅是女兵的微笑，不仅是队伍的威武整齐，更是改革开放成果的显示；世博会留下的记忆，不仅是世博之夜水火相容的神奇，不仅是中国馆的宏伟，不仅是异国场馆的浪漫，更是中华民族崛起的显示……同学们，伴随着你们大学记忆的一定还有什锦八宝饭；还有一个 G2 的新词，它将永远成为世界新的记忆……

(资料来源：李培根. 记忆. http://wenku.baidu.com/view/260045669b6648d7c1c746d7.html. 有删改.)

"根叔"的演讲充满才情与感动，具有时代色彩，让在场的几千名学子情不自禁地起立高喊："根叔！根叔！"此后的 2011 年高校毕业旺季，国内多所高校的校长都在毕业典礼上再现个性化的"根叔式演讲"。演讲的魅力和力量是无穷的。那么什么是演讲？演讲的魅力又来自何处？

【本章要点】

- 演讲概述。
- 演讲的分类。
- 演讲的心理。

第一节 演讲概述

演讲作为一种以语言为工具进行宣传的社会活动，可谓源远流长。远在古代希腊、埃及、巴比伦、印度和中国，演讲就已经成为一种相当普遍的实践活动。我国最早的一部历史文献《尚书》中记载的《甘誓》就是公元前21世纪夏启和有扈氏站于"甘"这个地方的战前"演讲"。在古希腊，演讲对于国家事务的决定、人的情感以及社会思想都有深远的影响，因此演讲被喻为"艺术之王"。随着人类社会的发展和人类文明的进步，演讲已成为现代人的经常性活动，演讲能力成为现代人才必备的基本能力之一，在社会竞争中发挥着越来越明显的作用。

一、演讲的含义

演讲又称"演说"，是指在特定的场合，演讲者凭借自己的口才，运用有声语言(为主)和态势语言(为辅)，如动作、手势、表情，面对广大听众发表意见，从而达到感召听众并促使其行动的一种现实的信息交流活动。[①]演讲是人们用口头表达方式阐明道理、推衍大意的一种交际形式，是交流传播信息的重要手段之一。柏拉图曾说："演讲艺术是对人们灵魂的统治，其主要职责就是向观众讲解爱和情感。"

二、演讲的本质

演讲是人类的一种社会实践活动，具有综合性、直观性、现实性和艺术性等特征。完整的演讲活动，必须具备演讲的主体、演讲的受体、演讲的时空和演讲的媒介四个要素，缺一不可。其中，演讲的主体是指演讲者，演讲的受体就是参加演讲活动的听众，演讲的时空是指演讲活动进行的特定时间和空间，演讲活动中传情达意的主要媒介包含有声语言、态势语言和主体形象等。

(一)有声语言

有声语言是由语言和声音两种要素构成的，它以流动的声音运载演讲者的思想和情感，直接诉诸听众的听觉器官，从而产生说服力、感召力，使听众受到教育和鼓舞。有声语言是演讲活动中传递信息、表达思想最主要的媒介和物质表达手段，是演讲者思想感情的载体。

在演讲活动中，对有声语言的要求是：吐字清楚、准确；声音清亮、圆润；语气富有变化，实现形式与声音、科学与艺术的完美结合。

[①] 王黎云. 演讲与口才[M]. 杭州：浙江大学出版社，2004.

(二)态势语言

态势语言是演讲过程中不可或缺的一个媒介,即演讲者运用身姿、动作、手势、表情等流动的形体动作,作用于听众的视觉器官,辅助有声语言传情达意,增强表达效果。演讲者运用态势语言时,要注意准确、自然、得体,具有表现力和说服力,能够使听众的视觉与听觉产生同步效应。

(三)主体形象

演讲的主体形象既包括演讲者的精神状态,也包括其仪表体态,如体形、容貌、衣冠、发型、举止神态等。在演讲过程中,演讲者以自身的主体形象直接作用于听众的视觉器官。主体形象的美与丑、好与差,直接影响着演讲者思想感情的表达,也直接影响着听众的心理情绪和美感享受。这就要求演讲者在自然美的基础上,要有一定的艺术美。而这种艺术美,是以演讲者本人为依托的现实的艺术美,它不同于舞台艺术的性格化和表演化的艺术美。演讲者在符合特定演讲活动的前提下,注意服装朴素、自然、得体,注意举止潇洒、大方、优雅。只有这样,才有利于思想感情的表达,有利于取得演讲的良好效果。

三、演讲的特点

任何一种蕴含着艺术性的活动,都会依据其独特的构成机理和表达方式,形成自己独有的特点,从而展现自身活动的本质特征。演讲也莫不如是,它具备现实性、艺术性、鼓动性、广泛性、针对性、直观性等六大显著特征。

(一)现实性

演讲属于现实公众活动范畴,不属于艺术活动范畴,它是演讲者通过对社会现实的判断和评价,直接向广大听众公开陈述自己的主张和看法的现实活动,时代色彩十分强烈。一般来说,演讲者要以时代提出的任务、形势发展的要求和人们的迫切愿望作为自己的基本主题,义不容辞地去促进社会的进步和发展。

现实性是演讲的生命力所在。从古希腊的演说家亚里士多德、德摩西尼,到我国先秦时代的演说家盘庚和诸子百家;从自然科学家伽利略、居里夫人、爱因斯坦,到我国无产阶级革命家毛泽东、周恩来等,他们演讲的内容都有着鲜明的时代烙印。

(二)艺术性

演讲的艺术性是指现实活动的艺术。演讲为了达到启迪心智、感人肺腑的目的,需要借助一些艺术表现手段创造艺术感染力。这种艺术性既具有朗诵艺术色彩和富有感召力的体态语言所形成的和谐统一的协调之美,使演讲中的各种因素如语言、声音、表演、形象、时间、环境等,形成一种相互依存、相互协调的美感,同时也具备戏剧、曲艺、舞蹈、雕塑等艺术门类的某些特点,并将其与演讲融为一体,形成具有独立特征的演讲活动。

(三)鼓动性

演讲的含义决定了演讲必然具有鼓动性的特点。演讲要通过演讲者实现说服和感召听众的目的，因此鼓动性是检验演讲活动成功与否的一个重要标志。没有鼓动性，就不能称为演讲。政治演讲也好，学术演讲也好，都必须具备强烈的鼓动性。

古希腊学者德谟克利特有一句名言："用鼓动和说服的语言来造就一个人的道德，显然是比用法律和约束更能成功。"《史记·陈涉世家》中陈涉在大泽乡起义时对他的"徒属"说："公等遇雨，皆已失期，失期当斩。借第令毋斩，而戍死者固十六七。且壮士不死即已，死即举大名耳，王侯将相宁有种乎！"寥寥数语，讲明事理，晓以利害，大义凛然，具有强烈而巨大的号召力，立即得到了同行 900 名戍卒的积极响应，也收到了"天下人赢粮而景从"的效果，从而掀起了中国历史上第一次声势浩大的农民起义。

(四)广泛性

演讲是一种工具，任何人都可以利用演讲这一工具来传授知识、交流思想、表达感情。从演讲者来看，不论什么阶层、什么行业、什么身份、什么性别和什么年龄层次，都有可能成为演讲者。中外演讲史上，那些发表过演讲的人，他们最初的身份有政治家、军事家、经济学家、文学家、艺术家、医学家、科学家，也有工人、农民、军人、教师等。例如，鲁迅是文学家，也是演讲家；闻一多是诗人、学者，也是演讲家。美国的林肯是总统，英国的丘吉尔是首相，他们同时又都是杰出的演讲家。

当今时代，演讲早已广泛深入到人类社会生活的方方面面，朋友聚会要演讲，宣传活动要演讲，欢庆纪念要演讲，求职面试要演讲，竞选职务、论文答辩、文化沙龙等都需要演讲。可以说，演讲已经成为一种群众性、大众化的社会实践活动，已经成为人们生活乃至生命的组成部分。

(五)针对性

演讲是一种社会实践活动。因此，演讲应具有社会现实的针对性，要与时俱进。演讲者的观点来源于对现实社会生活的归纳和提炼，只有这样，演讲才有说服力、感召力，才能引人深思、发人深省。例如，中国台湾著名节目主持人曹启泰在同济大学对大学生们所发表的演讲。

要学会乐观，就是要肯定已经发生的事情。不是一定要达到什么具体的目的，就是让自己比前一天活得更好，活得更快乐。并且坚持自己的想法，在别人看来在浪费时间的你，其实很清楚自己在做什么，自己要的是什么。态度决定一切！让曾经和你交往过的很多人都不会后悔。用了不起的心情对自己，用了不起的眼光看自己。

这次演讲之所以获得空前的效果，就是因为曹老师抓住了当代大学生的心理。

(六)直观性

直观性指的是演讲者与听众现场直接交流，零距离接触，用生动的口语表达，感染和打动听众，引起听众与演讲者的心灵共鸣。演讲现场是一个演讲者与听众彼此互为直观的时空环境。演讲者必须全力追求演讲的现场直观性效果，使演讲的内容能让大家听得到、听得清，所做的动作能让大家看得到、看得清。

四、演讲的作用

演讲作为一种社会实践活动，之所以从古到今发展得越来越兴旺，就是因为它有着不可估量的社会功效。通过演讲，人们可以得到理性上的启迪、知识上的丰富、思想上的教育、情感上的愉悦。演讲是一种武器，运用它可以捍卫自己，取得竞争优势；演讲是一条途径，运用它可以培养能力，获得自信和勇气；演讲是一种智慧，运用它可以增添机智，拥有幽默气质。演讲具有如此大的魅力，学好演讲，将会有希望像古希腊哲学家、演讲家苏格拉底说的那样——成为"最有才干的人，最能指导别人的人，见解最深刻的人"。

(一)启迪引导

演讲重在说理，重在阐述带有某种真理性的道理，以理服人，对听众产生启迪作用。演讲的首要作用是真理的启迪，没有启迪作用的演讲就不能在听众的心里留下理性的积淀，就不能对听众产生任何影响，也就没有什么社会作用可言。真理的启迪是多方面的，主要包括政治真理、科学真理、人生真理以及各种社会真理。真理的启迪作用，也是一种理性的教育作用，它可以使人认识社会现实和历史状况，辨别客观事物的美与丑、真与假、善与恶，可以帮助人们祛邪扶正，用真理取代谬误，从而使听众的情操得到陶冶，思想得到净化，道德得到规范。许多成功的演讲无不体现了这种作用。例如沈萍的《为了我们的父亲》的演讲。

同学们，你们见过青年画家罗中立的油画《父亲》吗？如果见过，还记得这位动人的中国老年农民的形象吗？让我们再看一看我们的父亲吧！这是一张忠厚善良、朴实慈祥的老年人的脸，在那一道道深深的皱纹中，仿佛隐藏了一生的艰辛。眼睛有些昏花，但却安详，没有悲哀和怨恨，有的却是无限的欣慰和期望。你看，他这双勤劳的大手，青筋罗布，骨节隆起，虽然粗糙的像干枯的树皮，但却很有力量。他把自己一生的精力和满腔心血都交付给了我们祖祖辈辈劳作生息的土地，交付给了正在成长发育的子孙。他已经到了安度余生的晚年，却仍然头顶烈日在田里耕作，用他仅有的精力，换来背后的满场金谷。他勤苦一生，创造了生活的一切，编织着美好的未来。

面对这样一位父亲，怜悯、同情、崇敬、热爱，万般思绪，一下子在我心头翻滚起来。特别是父亲那双欣慰、期望的眼睛，深深地印在我的心上。他为什么在历尽人间忧患之后，却感到无限的欣慰呢？在为时不多的晚年，他还热烈期待着什么呢？

(资料来源：陈建军. 演讲理论与欣赏[M]. 武汉：武汉大学出版社，2008.)

沈萍的演讲从罗立中的油画《父亲》说起，通过对画中艺术形象所蕴含的思想内容的分析，启发和引导听众从老农民的那双欣慰而期待的眼睛里看到祖国和人民对青年一代的殷切期望。

(二)激发情感

"水激石则鸣,人激志则宏",成功的演讲不仅能以理服人,还能以情感人。列宁曾指出:"没有人的情感,就从来没有也不可能有人对真理的追求。"我们经常说的"感人心者莫先乎情""通情才能达理"等,都是强调情感对于听众接受思想的重要性。演讲者在表达理性的内容时,是饱含情感的。例如对某一事物的看法,既有理性认识,又有情感体验,表达时也是带着情感的。而情感又必然在声音、语调、姿势、动作、表情等方面直观地表现出来,近距离地感染听众、激发听众,使听众无法平静,或激动欢呼,或愤愤不平,或热泪盈眶,或沉痛哀叹。1944年6月,盟军司令官蒙哥马利元帅在诺曼底登陆中对担负突击任务的士兵发表了如下演说。

"你们在干一件无与伦比的大事业。世界将通过你们完全变一番模样,历史将为你们树立一座丰碑,写上:你们是迄今最优秀的军人!这场世界上从未有过的拔河比赛,这些即将开辟第二战场的军人们所负的责任是成功地执行自己的任务,并最后作为一个自豪的人回到家里同亲人团聚。"

他的话顿时激发了突击队员们大无畏的战斗精神,士兵们高呼:"元帅的贝雷帽和演讲给了我们扑向死神的力量。"

(资料来源:王光华. 口才训练教程[M]. 北京:机械工业出版社,2005.)

没有情感激发力的演讲,往往就是冷冰冰的说教,使听众无动于衷,失去了可接受性,因而不会产生更大的社会作用。这种演讲就像朱光潜所说的"纯然客观,不动情感,不动声色,不表现说话人,仿佛也不理睬听众的那么一种风格",即所谓"零度风格"(zero style)。"零度风格"的演讲无法与听众建立起情感联系,无法产生情感激发作用,也就不能以情感人,而不能以情感人的演讲很难实现以理服人。所以,情感的激发作用是成功演讲所必有的作用之一。

(三)感染教育

演讲是一种实用艺术,具备直观性的艺术感染力,使听众在精神上产生一种愉悦、激动和满足。演讲的魅力也在于它可以"晓之以理,动之以情,授之以知,导之以美,明之以实,联之以身"。所以,演讲者在演讲时要做到用正确的道德情感来感染和影响听众,从而培养听众的情感,如爱国主义情感、国际主义情感、集体主义情感、革命英雄主义情感等。

1946年7月11日,闻一多的挚友、著名爱国人士李公朴被国民党特务暗杀于昆明。15日,治丧委员会在云南大学开会,闻一多主持大会,混进会场的特务分子吵嚷嬉笑,故意取闹。闻一多见特务如此猖狂,义愤填膺,怒不可遏,他用演讲痛斥了反动派的无耻行径。

"……杀死了人,又不敢承认还要污蔑人,说什么'桃色事件',说什么'共产党杀共产党',无耻啊!无耻啊!……"

闻一多的演讲情思逆发,口若悬河,激昂慷慨的声音载着烈火一样的语言在回响,

犹如暴风雨般震撼屋宇，使那些混进演讲会场的特务分子无容身之地。

(资料来源：王光华. 口才训练教程[M]. 北京：机械工业出版社，2005.)

古人说："思风发于胸臆，言泉流于唇齿"，足见演讲对听众情感的感染、影响作用之大，魅力之无穷。

(四)导发行动

真理的启迪，情感的激发，艺术的感染，会形成一种合力，对听众施加影响，最终导发听众产生符合演讲目的的行动。这是演讲的终极目标，也是演讲优于其他欣赏艺术之所在。

为纪念孙中山先生诞辰80周年，中央人民广播电台曾向台湾同胞发表了题为《在中山先生爱国精神感召下重新团结起来》的演讲，其激情浓郁的结尾再次召唤着海外华人回国回乡参加"国父"诞辰的决心，也导发着海内外华人对继承和发扬"国父"爱国主义精神、振兴中华民族的决心和斗志。

……归来吧！及时归来参加盛典，一叙契阔吧！祖国人民的洋溢热情，故乡田园的秀丽景色，社会建设的崭新面貌和你们白发倚间的双亲、望穿秋水的妻子儿女、兄弟朋友们都在向你们招手！让我们在中山先生伟大爱国精神的感召下重新团结起来吧！

一般来说，越是成功的演讲，它的导发作用越大、越持久，它不是作用于一代人，而是几代人；它不仅在一定区域内产生影响，还会超越民族和国家的界限，作用于全人类。伟大的马克思、恩格斯、列宁、斯大林等人的演讲，都具有这种导发作用。

演讲的启迪作用、激发作用、感染作用和导发作用是统一体现在一场具体的演讲之中的，我们不能只就某一方面做孤立的分析。真理的启迪需要情感激发的辅助。两者作用的实现，又离不开艺术的感染力。而没有行动的导发作用，其他各种作用则不能最终落实到听众的社会实践之中。但如果没有真理的启迪、情感的激发、艺术的感染作用，行动的导发作用则又不能单独实现。恰如刘勰所说："人禀七情，应物斯感，感物吟志，莫非自然。"演讲就是综合调动演讲要素，实现人们从心底生发的自然而然的向善向美之情。

第二节　演讲的分类

演讲的类型多种多样，其分类没有固定不变的规定，但每种分类都必须采用同一角度或同一标准。探讨演讲的分类，了解各种演讲的性质与特点、区别与联系，是演讲学研究的一个重要课题，对人们参加演讲实践具有一定的指导意义。根据演讲活动的性质和特点，可以对演讲进行不同的分类。

一、根据演讲的功能分类

从功能上分，演讲可分为告知式、信赖式、激动式、行动式和快乐式五种类型。

(一)告知式

告知式演讲是一种以传达信息、阐明事理为主要功能的演讲。它的目的在于使人知道、明白。例如，美学家朱光潜的演讲《谈作文》，讲了作文前的准备、文章体裁、构思、选材等，使听众明白了作文的基本知识，其特点是知识性强，语言准确。

(二)信赖式

信赖式演讲的主要目的是使人信赖、相信。它从"告知式"演讲发展而来。例如，恽代英的演讲《怎样才是好人》，不仅告知人们哪些人不是好人，而且还提出了三条衡量好人的标准，通过一系列道理论述，改变了人们以往的旧观念。再如，高震东的演讲《做人的道理》，以真实详尽的例子，告诉学生爱国是"天下兴亡，我的责任"，爱国是"勿以善小而不为，勿以恶小而为之"。观点独到、正确，论据翔实、确凿，论证合理、严密。

(三)激动式

激动式演讲意在使听众激动起来，在思想感情上与演讲者产生共鸣，从而欢呼雀跃。例如，美国黑人运动领袖马丁·路德·金的《我有一个梦想——在林肯纪念堂前的演说》，用几个"梦想"激发广大黑人听众的自尊感、自强感，激励他们为"生而平等"而奋斗。

(四)行动式

行动式演讲比激动式演讲进了一步，它可使听众产生一种欲与演讲者一起行动的想法。

罗斯福的演讲《一个遗臭万年的日子》"昨天，1941年12月7日——一个遗臭万年的日子——美利坚合众国遭到了日本帝国海空军部队突然和蓄谋的进攻"，曾激起了广大听众的同仇敌忾之心。法国前总统戴高乐在"二战"期间的英国伦敦做的《告法国人民书》演讲，号召法国人民行动起来，投身反法西斯的行列。

(资料来源：张弘，林吕. 演讲与口才[M]. 成都：电子科技大学出版社，2008.)

这类演讲的特点是鼓动性强，多以号召、呼吁式的语言结尾。

(五)快乐式

快乐式演讲是一种以活跃气氛、调节情绪、使人快乐为主要功能的演讲，多以幽默、笑话或调侃为材料，一般出现在喜庆的场合。其特点是材料幽默、使人愉悦、忍俊不禁、诙谐机智。例如，有一次里根总统在白宫钢琴演奏会上讲话时，其夫人南希一不小心连人带椅跌落到台下地毯上，观众发出惊叫，但是南希却灵活地爬起来，在众多宾客的热烈掌声中回到自己的座位上。正在讲话的里根看到夫人并没有受伤，便插入一句俏皮话："亲爱的，我告诉过你，只有在我没有获得掌声的时候，你才可以这样表演。"

二、根据演讲的内容分类

从内容的角度，演讲可以分为政治演讲、生活演讲、学术演讲、法庭演讲和宗教演讲。

(一)政治演讲

凡是为了一定的政治目的，出于某种政治动机，就某个政治问题以及与政治有关的问题而发表的演讲均属于政治演讲。它包括外交演讲、军事演讲、政府工作报告、各种会议上的总结报告、政治评论、就职演说、集会演讲、宣传演讲等。例如，丘吉尔出任首相后的首次演说、拿破仑的《在米兰的演说》等都属于这一类。政治演讲具有鲜明的思想性、严密的逻辑性和强烈的鼓动性。

(二)生活演讲

生活演讲是指演讲者就社会生活中存在的各种问题、风俗、现象而做的演讲，它表达了演讲者对这些问题的看法、见解和观点。这种演讲涵盖的内容更加广泛，如亲情友谊、贺词悼词、迎送词、祝酒词、答谢词等。例如，恩格斯的《在马克思墓前的讲话》、爱因斯坦的《科学的颂歌》等均属于此范畴。

(三)学术演讲

学术演讲是指演讲者就某些系统、专门的知识和学问而发表的演讲，一般是指学校和其他场合的专题讲座、学术报告、学术发言、学术评论、科学讨论、科学报告或信息报告、学位论文的答辩等。学术演讲主要用以传播交流科学知识、学术见解及研究成果，具有学术性、创造性、通俗性等特点，一般由学术大家主讲。演讲中要体现论证的科学性、理论及逻辑的系统性、见解的独创性。凤凰卫视的《世纪大讲堂》、中央电视台科技频道的《百家讲坛》中的一些学者的演讲都是学术演讲。

(四)法庭演讲

法庭演讲是指公诉人、辩护代理人在法庭上所做的演讲。它主要包括检察官的演讲(起诉词)、律师的演讲(辩护词)、社会起诉词、社会辩护词、被告的自我辩护等。施洋的《谁是真凶》、亚伯拉罕·林肯的《伪证罪之辩》等是这类演讲的典范。法庭演讲的突出特征是向法性、公正性和针对性。

(五)宗教演讲

宗教演讲是指宗教神职人员在教堂宣传宗教教义、教规，讲授宗教故事，或一切与宗教仪式、宗教宣传有关的激发宗教热情的演讲。它主要包括布道演讲(布道词)和一些宗教会议演讲，例如，神父、牧师等面对教徒们所做的训祷等。这种演讲在我国的影响不大，听演讲和做演讲的人都不多。宗教演讲的基本特征是语言通俗、事例丰富、精神感染力强，其典型的特征是进行伦理道德方面的说教。

三、根据演讲的表达形式分类

根据演讲形式的不同，演讲可以分为命题演讲、即兴演讲和论辩演讲三种类型。

(一)命题演讲

命题演讲，一般是指主办方给出一个既定的题目或者演讲范围，要求演讲者根据这个给定题目或范围进行演讲。命题演讲一般会给一定的准备时间。它包含两种形式：全命题演讲和半命题演讲。全命题演讲的题目一般是由演讲组织部门来确定；例如，某班举办演讲比赛，要求演讲者以《我的理想》为题参加比赛。半命题演讲是指演讲者根据演讲活动组织单位限定的范围，自己拟定题目进行的演讲；例如，某职业技术学院举办"珍爱生命，拒绝毒品"的主题演讲，要求演讲者围绕主题进行演讲，题目自拟。

(二)即兴演讲

所谓即兴演讲，就是在特定情境和主体的诱发下，自发或被要求立即进行的当众说话，是一种不凭借文稿来表情达意的口语交际活动。演讲者大都事先不做充分准备，而是随想随说，有感而发。即兴演讲大多出现在婚礼祝词、欢迎致词、丧事悼念、聚会演讲等场合，它要求演讲者要紧扣主题，抓住由头，迅速组合，言简意赅。

(三)论辩演讲

论辩演讲是指由两方或两方以上的人因对某个问题产生不同意见而展开面对面的语言交锋。其目的是坚持真理、批驳谬误、明辨是非。例如，常见的法庭论辩、外交论辩、赛场论辩，以及生活论辩等。它的特点是针锋相对、短兵相接。论辩演讲较之命题演讲、即兴演讲更难一些，要求演讲者必须具备正确的思想、高尚的品质、严密的逻辑性、较强的应变性。①

演讲的分类是由客观现实生活所决定，并为客观现实生活服务的。正如卡耐基所言："生命力、活力、热情是演讲者首先需要具备的条件。听众的情绪完全受演讲者左右。""最成功的演说家，他们的成功也就在于此：在特殊的时刻里绽放，如罕开的玫瑰，不多时便又凋谢不见，可是听众享受到的愉悦却绵绵不绝。"

第三节　演讲的心理

沟通是一对一的交流和分享，演讲是一对多的交流与共享。因此，它要求演讲的内容要言之有物、言之有序、言之有情，要求演讲者面对几个、几十个、上百个或上千、上万

---

① 张弘，林吕. 演讲与口才[M]. 成都：电子科技大学出版社，2008.

人能侃侃而谈，表情达意，而演讲的目的要能明是非、传递信息，要能鼓舞人、教育人。所以，任何一位成功的演讲者必须具备相关的演讲心理知识。

所谓演讲心理，是指演讲者和听众在演讲实践活动中所必然产生的心理活动和必然经历的心理体验及其心理过程。就演讲者而言，为什么要做这次演讲，选择一个什么样的题目，确立一个什么样的目标，又如何将这个目标贯穿于演讲的始终等，这些都是围绕着演讲而产生的心理活动。演讲者上台之前有没有怯场，上台以后是不是紧张，演讲过程中自我感觉如何，演讲以后自己对效果的评估等，这些都是演讲的心理体验。而心理活动和心理体验都有一定的过程，这个过程就是演讲的心理过程。

演讲心理是演讲实践的产物，所有的心理活动、心理体验、心理过程都随着演讲实践活动而进行并展开，又都为演讲实践活动所决定和制约。

一、听众的心理

听众心理是指听众对演讲所产生的一系列特殊心理活动，涉及听众的感知、注意、记忆、情感、想象、思维、兴趣等方面的特征和变化规律。听众心理是演讲心理研究的一个重要组成部分。听众心理与演讲者心理具有同质、同构的关系，演讲者要想获得最佳的演讲效果，就必须设身处地，从听众的愿望出发，把握听众各种心理的特点和各种心理产生、发展及其变化的规律。

在多数情况下，听众的构成是多元的。不同的听众在年龄、性别、身份、职业、修养等方面存在着差异，导致其在演讲实践中的心理活动和心理需求不尽相同。但是，他们在不同之中又具有某些相通的心理特点和某些共同的心理需求，这突出地表现在知识需求和审美需求两个方面。

(一)知识需求

英国人本主义心理学家马斯洛把人的需要分成 7 个不同的层次，求知属于"认知需要"的一个方面。在演讲活动中，听众听演讲的动机，主要是出于自己求知的需要。绝大多数听众想通过参加演讲活动来增长自己的见识，获得某些新的信息，以拓宽视野和知识面，从中获得一定的启迪。如果演讲者所提供的知识信息量少，就会令听众感到失望。一些学术性演讲尽管不够生动，却能使听众听得津津有味，正是其满足了听众对知识的需求。2009 年 3 月 31 日，中央电视台主持人白岩松在美国的耶鲁大学向耶鲁师生发表了题为《我的故事以及背后的中国梦》的演讲。白老师以自己出生的年份 1968 年作为开始，讲述了 1968 年、1978 年、1988 年、1998 年、2008 年五个年份的故事，讲述了自己如何从一个边远小城的绝望孩子，成长为见证无数重要时刻的新闻人，并以个人命运为线索折射了 40 年来中美关系发生的深刻变化，内容涵盖了社会经济发展、文化意识形态等多个方面，为自己和发展中的祖国赢得了赞许。

(二)审美需求

俗话说："爱美之心，人皆有之。"听众听演讲，除了想获得一些知识和信息以外，也希望能得到一种美的享受，满足自己的审美需求。从某种意义上讲，演讲活动也是一种审美活动。听众根据一定的审美标准，关注审美对象，在受到教育和启迪的同时，得到审美享受，获得精神上的愉悦和满足。听众的审美对象涉及演讲活动的方方面面，演讲环境、演讲者、演讲的内容、演讲的形式等，都可以纳入听众的审美视野之中。其中，演讲内容和形式则是听众审美注意力最集中的目标。演讲受众的个人阅历、文化水平、素质修养、审美标准等个体差异会造成同一场演讲存在着不同的接受体验，也可能会导致演讲大相径庭的审美判断与评价，正所谓"形象大于思维"。尽管听众在美感经验上存在着差异性和多样性的现象，但人们的基本诉求和认同大致相似。听众对审美的需求不外乎三个方面，那就是愉悦耳目的需要、愉悦情感的需要和愉悦理智的需要。

二、演讲者的心理

心理学是研究心理现象和心理规律的一门科学。人们的心理现象多种多样、丰富多彩，运用心理学原理研究、分析演讲者的个体心理现象，探究其特点和规律以指导实践，对于成功演讲非常重要。

(一)演讲者心理

演讲者心理是指演讲者在演讲实践中所产生的一系列心理状态、心理体验和心理过程。演讲者的心理主要包括静态性心理和动态性心理两个方面。静态性心理是指演讲者平时所具备的个性、气质、能力结构和人格修养等方面的心理素质。动态性心理主要是指演讲者在演讲过程中的心理活动状态。静态性心理与动态性心理，两者既有联系又有区别。静态性心理是动态性心理的基础，而动态性心理是静态性心理在演讲实践中的具体表现，它们共同构成演讲者的心理。

(二)演讲者的心理素质

简单地说，演讲者的心理素质，就是演讲者在整个演讲活动中表现出来的比较稳定的心理特点。演讲是一种复杂的综合性精神劳动。要获得理想的演讲效果，除了要求演讲者应具有较高的思想水平、文化修养、表达能力之外，还应具备良好的心理素质。

演讲者心理素质的好坏，直接关系到演讲的成败。心理素质好的演讲者，在演讲过程中不容易产生怯场、自卑等不良心理，即使偶尔产生也易于克服，因而演讲能力容易得到正常发挥；反之，心理素质差的演讲者，在演讲过程中容易产生一些消极心理，一旦产生便不易克服，从而影响演讲能力的正常发挥。这就要求演讲者平时加强心理训练，成就良好的心理素质。一般来说，成功的演讲者应具有如下的心理素质。

1. 充分的自信心

这是所有心理素质中最重要的一点。自信心是演讲者重要的心理支柱，演讲者自信心的强弱对于演讲的效果具有重要的影响。它可以坚定演讲者的意志，鼓舞演讲者的精神，

充分发挥演讲者的创造性。古希腊著名的哲学家亚里士多德曾经说过:"一个充满了感情的演说者,常常使听众和他一起感动,哪怕他所说的什么内容都没有。"饱满的情绪和充分的自信会在无声中感染听众、打动听众,给听众留下美好的第一印象。

2. 敏锐的观察力

优良的观察品质是演讲成功的必要条件。演讲者的观察视野涉及对演讲材料的感知和发现、对演讲环境的了解和熟悉、对演讲对象的外部行为和心理活动的洞察等方面。演讲者的观察要有目的性、敏锐性、准确性和全面性等特点。演讲者观察力的提高,不仅会增强演讲效果,也会促进其智力结构的综合发展。

3. 较强的自制力

自制力是指一个人控制自己的思想感情和举止行为的能力。演讲中,演讲者可能会遇到一些生疏、意外的情况,这些情况可能会使演讲者慌张失措、措手不及甚至难以招架。此时,特别需要演讲者保持镇定,凭借演讲经验,运用演讲规律与技巧沉着应对,机敏变化,切忌情绪激昂,言语失措,不能自控。

4. 强烈的成功欲

成功欲是演讲的重要内驱力。演讲的成功欲主要表现为一种获得交际表达效益的欲望和快感,它在演讲行为中起着巨大的推进作用。它可以触发演讲者的心理动机,激发演讲者的演讲潜能,使演讲者高度关切演讲结果,进而引起演讲者对演讲内容与演讲技巧的关注,促使演讲不断改进,以取得良好的效果。

5. 良好的记忆力

记忆力是识记、保持、再认识和重现客观事物所反映的内容和经验的能力,是一个人智力构成的重要因素。记忆力好的人,大脑中储存的信息量多,谈话时就能做到谈古论今,纵横捭阖,滔滔不绝,能言善辩。因此,演讲者平时要学会巧妙地运用记忆规律,掌握形象记忆、情绪记忆、逻辑记忆和运动记忆的方法。当然,演讲的记忆不是一般的死记硬背。当代演讲家李燕杰说过:"演讲,绝不是从记忆移入记忆,把现成的字句移到别人心中,而是要使自己心中的火与听众心中的火并燃。"

6. 科学的析推力

析推力包括分析能力和推理能力。分析能力是一种善于从相同的事物中发现不同,或从不同中看到相同的能力。在演讲尤其是即兴演讲过程中,其运作是高频率和高效率的。

推理能力的作用,是探索变化的原因以及推断未来的结果。喜欢推理的人,一般都有善于提问的特点,遇事总爱问个为什么。可以说,推理贯穿着演讲酝酿的全过程。从为什么要讲、讲什么,到如何讲,都需要表达者有良好的推理能力。分析能力是一种联想力,为推理提供素材;推理能力是一种判断力,为分析能力拓宽思路。

三、怯场心理及其克服方法

怯场心理是指演讲者在演讲中出现的胆怯害怕心理。怯场是一种常见的心理现象。许多著名的演讲家在初登讲台时也是心发慌，腿发抖。即便是一些著名的演讲家，演讲时也有过怯场的经历。著名政治家、演讲家、美国前总统林肯说，他初次演讲时，总有一阵畏惧袭上心头。英国前首相丘吉尔第一次演讲简直是哑口无言。古罗马的雄辩家西塞罗曾在一次演讲后说："演讲一开始，我就感到自己面色苍白，四肢和整个心灵都在颤抖。"

怯场并非不治之症，只要掌握了一定的方法，并通过反复的实践，怯场心理是完全可以克服的。

(一)充分准备，增强自信

在演讲之前做好充分的准备，可以最大限度地避免因临场恐慌而怯场。怯场大都与准备不足有关。准备不足，心中无底气，缺乏演讲成功的信心，结果由害怕演讲失败，到演讲必然归于失败。要做好演讲的充分准备，一方面，演讲者必须提前一段时间到场，熟悉和适应演讲环境，并对听众的基本情况和心理需求做一定的了解，以便有的放矢；另一方面，演讲者必须事先准备好自己的演讲稿以及演讲所需要的其他材料。

演说是否有充分的准备，其效果是大不相同的。林肯说过："即使是有实力的人，若缺乏周全的准备，也无法做到有系统、有条理的演说。"这是很有道理的。在演说前，演说者如果对观点和材料深思熟虑、反复熟记，并对情感的表达方式做必要的设计，对临场可能出现的特殊情况做好思想准备，那么演说者就会胸有成竹，从而产生一种安全感。

(二)反复演练，熟能生巧

俗话说："台上一分钟，台下十年功。"演练次数越多，对于演讲内容就越熟悉，演讲时的心理准备就越充分。演讲者只有选择了熟悉的演讲内容，才能在演讲中游刃有余，无所畏惧。当然，最好的练习莫过于实际的演说。正如学习一项新技术时，一开始会笨手笨脚，时间长了便会得心应手，胆怯的心理自然也会消失。

平时如战时，战时如平时。演说次数越多，紧张程度就越低，两者存在着反比关系。这就告诉我们，克服紧张感最奏效的方法就是多在相同规模的观众面前做演说。只有多多历练，才能熟悉技巧，才会感觉轻松，这似乎是个普遍的真理。只要勇敢地跨出这一步，演讲就会走向成功。

(三)捕捉信息，适应变化

如果原计划给二三十人做演讲，到场后却发现听众有二三百人，怎么办？准备了一份非常正式的演讲稿，走上演讲台后却发现大家都穿着牛仔和 T 恤衫之类的服装，将如何讲？准备了长达两个小时的内容，可上场前主持人说只有 15 分钟的演讲时间，又该怎么办？诸如此类的情况在演讲中绝非偶然。所以，如果被邀请演讲，不要忘了事先收集论题范围、听众成分(包括人数、年龄、性别、受教育程度、宗教信仰、工作性质以及参加演讲的原因等)、演讲地点(包括其地理位置、场地大小、有无话筒等内部设施)、演讲时间、听众提问等信息。

(四)降低标准，自我减压

不是所有演讲都一定会成功，就像并不是所有人都能登上长城做好汉。我们对自己最合适的要求就是"尽人事知天命"，学会总结，战胜自我，放下压力，一往无前。如果能达到庄子所提倡的"无我"之境，完全忘记名利得失、成败荣辱，只将应该准备的、应该讲的内容熟记于心，适当表达，演讲效果可能会更好。

(五)重视亮相，留下美好

对演讲者来说，出场时的亮相是一个非常重要的环节。演讲者精神饱满、稳重大方，会给人以信心十足、胸有成竹之感，会给听众留下美好的第一印象。演讲者进入会场时，步伐要稳健、沉着，要以亲切的目光迎向听众。走到讲台站定或落座后，要自然地扫视全场听众，尽量与听众的视线接触，进行感情交流。这样做不仅会使演讲者与听众之间有一种信任感，为整个会场营造一种友善的氛围，而且有助于演讲者稳定情绪，避免怯场，为即将进行的演讲做好铺垫。

(六)积极暗示，获得力量

怯场心理，往往产生于演说者对演讲结果的过度关注。有的人把演讲当作实现自我价值的机会，而忽略演讲的内容，结果导致演讲的失败。其实，有经验的演讲者，总是把自己的思想集中于演讲本身，从不让个人的得失来干扰自己演讲的思路。正如华盛顿曾说过的那样："当我对听众演讲时，我不考虑我的说辞来日将会得到怎样的评论。因为我只知道有眼前的听众，而我的说辞，正是为眼前的听众而说的。"

初次参与演讲的人，演讲时难免会出现口干舌燥、喉咙发紧、出汗脸红等现象，这时该做些什么呢？首先应该不断地自我暗示，用"我可以""我一定行""我是最棒的""别人也是这样的""我行，我比一般人强""我已做好充分的准备，不会出错""潇洒讲一回，百分之百的成功属于我"等积极话语来安慰自我。

积极暗示是克服怯场心理、增强自信心的一种行之有效的方法，可以缓解紧张情绪。古希腊的演讲家德摩斯梯尼早年就是运用这种方法跨越心理障碍的。

(七)转移注意，放松身心

演讲前要积极听取主办人和听众的意见，并通过做深呼吸、均衡运动转移注意力，更好地放松身心。

(1) 做深呼吸。做深呼吸的目的是帮助演讲者更好地控制自己的声音。这里所讲的"呼吸"当然指的是腹呼吸而不是肺呼吸。歌唱家和演员们都知道腹呼吸在控制声音方面的重要性。

(2) 均衡肌力。均衡肌力是指有意识地让身体某一部位的肌肉有规律地紧张和放松。例如，可以先握紧拳头，然后松开；也可以固定脚掌，先做压腿动作，然后放松。均衡肌力的目的在于让身体某一部分肌肉紧张或放松来更好地放松整个身心。

(八)带点幽默，缩短距离

幽默是演讲中的食盐。优秀的演讲者和有吸引力的演讲内容只有加上恰到好处的幽默，才能创造出成功的演讲。例如，白岩松在美国给耶鲁大学学生做《我的故事以及背后的中国梦》演讲时，讲述 1988 年自己的爱好和喜欢的明星："那个时候，我已经开始非常疯狂地喜欢上摇滚乐了。那个时候，正是迈克尔·杰克逊长得比较漂亮的时候。"在场的人闻言大笑起来。

在有些尴尬的场合，运用自嘲话语能使自尊心通过自我排解的方式得到保护，而且还能体现出说话者宽宏大度的胸怀。

单项技能训练

一、小组讨论引起演讲心理紧张的原因，并为自己量身定制消除演讲恐惧心理的计划。

二、参加"动物聚会"。全班同学按照十二生肖，即鼠、牛、虎、兔、龙、蛇、马、羊、猴、鸡、狗、猪分组，然后每组出两人，面对面站立，学自己组所属动物的叫声。不要怕"出丑"，学叫的声音越大、越准确，越能锻炼自己的胆量。

三、结合自己的兴趣、爱好、个性特点撰写一份自我简介，当众剖析自己的心理健康因子，时间为 3～5 分钟。

四、设计结束语。以"读万卷书，行万里路"读书节为背景，设计两种以上的演讲结束语，小组评比。

五、分别以在校生和毕业 20 周年学子的身份，撰写母校百年校庆典礼时的答谢词。

综合技能训练

一、小组推荐和介绍自己喜欢的演讲，并进行表演。

二、阅读与评析罗斯福的演讲《一个遗臭万年的日子》。

三、参加班级演讲比赛。要求：着装整齐、姿态自然；主题鲜明、贴近生活；语言流畅、音量适中；气氛活跃，引起高潮。

第二章 口才理论

【案例导入】

1986年，上海电视台举办了一个江、浙、沪越剧演唱大奖赛。经过激烈的争夺，一位越剧新秀一举夺魁。他在致答谢词的时候说："今天，我捞到了第一名……""捞"字一出口，全场哗然，"新秀"形象顿时在观众的心目中暗淡了许多。

1991年11月，中国电影最高奖"金鸡奖"与"百花奖"在北京同时揭晓。李雪健因扮演电影《焦裕禄》中的主角焦裕禄，同获这两项大奖的"最佳男主角"奖。李雪健在颁奖会上致答谢词的时候说："苦和累都让一个好人——焦裕禄受了；名和利都让一个傻小子——李雪健得了……"话音刚落，全场掌声雷动。[①]

李雪健巧妙地运用对比，既赞扬了人民的好干部焦裕禄，也表达了自己赢此大奖受之有愧的心情，让听众对他赞誉有加，更为钦佩，这是口才的魔力。现代社会离不开口才，口才在一定程度上影响生活质量、事业成败。那么如何才能提高语言表达能力？什么样的口才是我们最需要的？

【本章要点】

- 口才概述。
- 口才素质的形成。
- 口才应具备的能力。
- 口才的作用。

第一节 口才概述

新世纪人才的必备素质之一是人际语言沟通技能。是人才者未必有口才，而有口才者必定是人才，而且是不可多得的通才。美国哈佛大学心理学教授威廉·詹姆斯对大学生进行研究，得出了一个令人吃惊的结论：一个大学生一生所发挥出的能量，仅仅是他应该发挥能量的10%~15%。换句话说，也就是还有85%~90%的能量应该发挥而没有发挥。美国流行一句话：智商(IQ)决定录用，情商(EQ)决定提升。只有具备多种商数，才能构建良好的人际关系，而人际交往的基础则是语言的沟通。[②]

先秦荀子的《大略》篇里说："口能言之，身能行之，国宝也。"随着现代载体和传播媒介的发展，地球的半径在缩短，而舌头却"伸"得更长。口才的作用已渗透到社会生

[①] 黄雄杰. 口才训练教程[M]. 北京：高等教育出版社，2010.
[②] 许利平. 职业口才训练教程[M]. 北京：北京交通大学出版社，2010.

活的各个领域——大到解决国际争端，小到个人生活，处处都有口才的参与。

济南一家电子公司的总经理，普通话准确流利，才思敏捷，反应很快。他不仅对自己从严要求，还要求公司的员工都要会说话、有口才，并把这一条作为招聘条件和培训目标。他说："我们公司经营电子产品，总要同天南地北各种各样的人打交道。如果我们公司的人一张嘴就词不达意、语无伦次，那么就会被人家瞧不起，就会有损我们公司的形象，能够做成的生意也就做不成了……"[1]

一、口才的含义

简单地说，口才是指人们运用口语表达思想、进行沟通的能力。在现代语言交际活动中，它表现为以个人的综合素质为基础的规范化的口语表达形式，即指一个人在交谈、演讲、论辩时，综合运用思想品德、思维辨析、知识学问、语法修辞、文学艺术等多方面的修养，来表情达意的一种语言表达能力。它是一种以口头语言为外壳的德、能、才、学、识的综合体，是现实社会生活中最普遍的有意识的交际活动。[2]

语言的表现形式可分为书面语和口语。作为最重要的交际工具，语言交际也可分为书面交际和口语交际。口才是在口语交际中展现出来的，一般来说有以下三种要素。

(1) 口语交际必须有语言活动的主体，包括说话者和受(听)话者。无论是表达还是接受(实际情形往往是表达与接受交替转换)，都必须有明确的说或听的目的，没有目的的交谈是没有意义的。

(2) 口语交际必须有具体的语言交际环境。口语交际具有明确的目的性，进入具体的语言交际环境，就要思考选择什么样的话语内容和表达方式才能使对方愉快地接受，并进而使对方采取相应的反馈行动。

(3) 口语交际的工具主要是口语，辅之以体态语。就是说交际要考虑如何恰当地使用有声语言和体态语言。

在这三个要素中，语言处于交际活动的核心，因为没有语言也就没有口语交际活动。口语交际是具有特定目的的人(包括听、说双方)，在特定的环境里，选择适当的话语内容和表达方式来进行思想交流和信息传递的一种语言活动。这种语言活动的主要表现形式是交谈、演讲和论辩。

二、口才的特点

口才是在人际交往和社会实践中表现出来的，人是这种语言活动的主体，而这种语言活动又产生了积极的效果。因此，口才具有以下几个主要特点。

---

[1] 黄雄杰. 口才训练教程[M]. 北京：高等教育出版社，2010.
[2] 许利平. 职业口才训练教程[M]. 北京：北京交通大学出版社，2010.

(一)明确的目的性

口语交际中，表达者说话的目的虽然多种多样，但概括起来集中地表现在以下六个方面。

(1) 明了。让听者懂得所传递的信息或明白、理解所不知晓、不了解的事情。

(2) 说服。让听者在弄懂对方思想观点、立场看法的基础上接受对方的观点并信服，同时能产生相应的行动。

(3) 感动。让听者随着讲说者的表达而产生情感、心境的变化，同悲同喜，同忧同乐，产生心灵相通、精神共鸣的效应。

(4) 拒绝。让听者明白自己的观点、看法、要求，表示出不被接受。拒绝是一种逆向交流，尤其需要注意讲究方式与技巧。

(5) 反驳。指出对方观点、要求的不合理乃至荒谬性。

(6) 赞许。认为对方的表达正确而加以称赞。

(二)表达的灵活性

在口语交际时，情形往往较为复杂，表达者为实现特定目的，在因人、因事、因物、因景而进行的讲说中，必须会灵活机智地选用特定的表达方式和技巧以切合语言内容，切合特定语境，切合自己的身份和交际对象的特点。只有具有高度灵活性的表达，才能创造出效果良好的口才佳品来，否则将会适得其反。

(三)素质的综合性

优秀的口才是一个人素质和能力的综合反映。素质主要包括思想境界、道德情操、知识学问和天赋秉性。能力则主要包括观察能力、思维能力、决断能力、记忆能力、表达能力、交际能力和应变能力。人的素质和能力的综合形成，需要一定的文化储备，并在特定的语境中，通过想象和联想、发挥和创造，为讲说者提供讲说材料和讲说方式，为实现口语表达的目的起积极作用。所以，从根本上讲，好的口才，是表达者学识、素养和能力的综合表现。

三、口才的基本要素

现代理论家认为，"德、识、才、学"是口才家的必备四要素。"德、识、才、学"四要素奠定了口才的基础，一个人要想具有一流的口才，就必须"浇筑"好"德、识、才、学"这四大基石。四者之中，"学"是基础，"德"是灵魂，"识"是方向，"才"是核心。口才取决于学问和知识，学可以丰才，可以增识，可以益德。

(一)"德"是口才的灵魂

法国谚语说：人而无德，生而何益。"德"是一个人的灵魂所在，其内涵主要包括政治素质、事业心和责任感、务实作风和心理素质等。口才只有在"德"的指挥下，才能站

得住、立得稳。

(二)"识"是口才的方向

口才家应是"有识之士",应该博古涵今、学贯中西,具备"一览众山小"的卓识,做到"腹有诗书气自华",开人心智,给人智慧。"识"可分为政治领域的识和业务领域的识。口才要产生震撼人心的力量,最好具有一定的前瞻性,即表现为口才家的"识"。优秀的口才家表达的观点都带着一定的方向性和预见性,给人以精神的撼动、智力的启迪、实践的勇气,恰如英国哲学家培根所说:"知识就是力量。"

(三)"才"是口才的核心

"才"是一个优秀口才家的标志。不是掌握了语言表达技巧的人就可以称为口才家。因为口才是人的综合才能,除了语言表达才能外,还要培养记忆、观察、思维、想象、创新和应变才能等。多种才能的有机结合才会孕育出一个出色的口才家。

(四)"学"是口才的基础

虽说"三百六十行,行行出状元",但天才是 1%的灵感加上 99%的汗水,状元的诞生建立在"书山有路勤为径,学海无涯苦作舟"的基础之上。常言道:"工欲善其事,必先利其器。"要想会说话、说好话,首先必须充实学识,要让自己见他人所未见、学他人所未学,然后才能够厚积薄发;其次要提高自己的个人气质、人文底蕴、艺术修养、组织协调能力、统筹规划能力等,因为口才是一门综合性的艺术,影响表达效果的不仅仅是清晰、生动的口语,还有体态和神情动作等因素;再次要学会反思,善于积累。

荀子说:"不积跬步,无以至千里;不积小流,无以成江海。"要想成为一名口才高手,就必须付出艰辛的努力,讲究方法,不断积累,贵在实践,假以时日,一定可以即兴发挥、出口成章、谈吐高雅、字字珠玑。

第二节 口才素质的形成

"说话"——张开嘴巴并发出某种声音来,对人们来说是非常简单的事,因为掌握并运用语言的能力是人类与生俱来的天赋。但是能够掌握并运用语言是否就意味着有口才,甚至是有好口才呢?答案显然是否定的。人生来不具备口才,没有哪一个婴儿的第一声啼哭是玉润珠圆的词句。

日本首相田中角荣,口齿流利,擅长交谈。但他在少年时代竟是个口吃患者,课内答题时,常会窘得满脸通红,结结巴巴,说不出话。后来,他除了常朗读诗文外,还独自一人对着镜子纠正口形和舌根部位;跑到山间,迎着狂风,高呼"有志者事竟成",力争把这句话一口气说完,不停顿,不口吃,并争取登台演戏。长期的刻苦训练,最终使田中角荣成为一位口才出众的外交家、政治家。

口才是恰当的语言与熟练的应用技巧的结合,所以"能说话"只是形成口才的一个基本条件,"会说话""说得好"才是口才的突出特征,它的形成还有重要的素质条件。

有人将形成口才的智能结构比喻成一座"金字塔"。又宽又厚的塔基是知识积累,它包括人的知识素养、品德修养、心理素质等;塔身是思维能力,包括思辨能力、想象能力和应变能力;塔顶则是口语表达能力。在这三个层次中,知识积累、思维能力属于一个人内在的素质修养,是通过后天努力提炼、升华、积淀而成的,须借助口头表达能力才能得以外现;而增强口头表达能力,必须从提高素质修养入手。

一、加强品德修养

品德,是人品和道德整合的一个词,是指人的思想品质和道德观念,它包括一个人的世界观、人生观、价值观、审美观、幸福观、使命感和责任感等内容。人而无德,胡不遄死。在生活中小胜凭智,大胜靠德。"德"是才的灵魂,它威力巨大,是一个人立于不败之地的脊梁,更是挖掘内在学问、激活思维品质的保障。《礼志》中说:"无德于人,而求用于人,罪也。"这正说明了"德"对一个人的重要性。

判断品德修养的高低,主要依据四个方面的标准:一是有崇高的理想信念;二是有高尚的道德情操;三是有优良的心理素质;四是有良好的仪表风度。

二、不断积累知识

知识是人们在社会实践活动中所获得的认识和经验的总和,是口语表达内容的坚实基础,也是形成优秀口才的必备条件。"在这个世界上,全新的事物实在太少了。即使是伟大的演说者,也要借助阅读的灵感和来自书本的资料。"一个人知识素养的形成,主要体现在对专业知识、社会人文知识和自然科学知识的综合掌握上。

(一)专业知识

专业知识包括专业理论知识和理论指导方法两个层面。专业理论知识是行业性的专业基础知识。俗话说"干啥的吆喝啥""隔行如隔山",作为一名优秀的口才家,要扎实熟练地掌握所从事专业与全面的而不是片面的、系统的而不是杂乱的知识,做一个专业上的"内行"人,并形成内化后的专业知识理论体系。理论指导方法主要是指世界观和方法论。要学会全面、深入、发展地看问题,防止片面性、主观性和简单化;要学会对具体情况做具体分析,用比较的方法观察和分析事物。这样在表达时才会信手拈来,为我所用。

(二)社会人文知识

专业知识只能表现一个人口语表达上的科学性,口才的形成还必须有更广泛的社会人文知识,这样才能做到运用自如。社会经验、生活常识、天文地理、乡土人情、风俗习惯、名人名言、成语典故、名篇习作、逸闻趣事、街谈巷议等都属于社会人文知识范畴,一个优秀的口才家对此都应有所涉猎。此外，口语交际的对象是人，表达者还应了解心理学、行为学、教育学、人际关系学等方面的知识，只有这样才能在交流表达过程中谈笑风生、儒雅淡定。

(三)自然科学知识

自然科学是研究大自然中有机或无机事物和现象的科学。自然科学包括物理学、化学、地质学、生物学等。系统地、要点式地掌握一定的自然科学知识，对口才形成具有不可忽视的积极作用，能使表达左右逢源、神采飞扬，增强表达效果。

三、提高思维能力

思维是人脑对客观事物的一般特性和规律性的一种概括、间接的反应过程。人的思维决定于外界的客体，但是外界的客体并不是直接、机械地决定着思维，而是通过人的内部条件，即人脑对感性材料进行加工的过程而间接地决定的。

思维能力主要包括逻辑思维能力、形象思维能力和灵感思维能力三种。逻辑思维是以提示和把握事物的内在本质为根本任务，依据一定的系统知识、遵循特有的逻辑程序而进行的思维活动。形象思维是通过感知形象，运用想象、联想和幻想等手段来把握事物的思维活动。灵感思维是一种通过某种下意识(潜意识)直接把握对象的思维活动，是在人的知识经验积累的基础上，在目的明确、意识高度集中的思维中，在外界事物的参考和诱导下，产生形象、概念思维的快速撞击，而出现的认识突变的思维过程，因而带有顿悟性、突发性和意外性。

思维能力的高低对口语表达的优劣、成败往往起决定性作用。主要表现为：思维的选择性和创造性制约着语言活动，思维的内容决定了语言表述的意义，思维的质量决定着语言表达的效果。

"语言是思维的物质外壳"，恩格斯在《自然辩证法》中既肯定了语言推动思维发展的作用，同时又强调"脑髓和为它服务的感官、愈来愈明白的意识以及抽象力和推断力的发达，对劳动和语言又起着反作用，给二者的进一步发展以一个常新的推动力。"由此可见，语言的发展可以促进思维的发展，而思维的发展又可以反过来促使语言的进一步发展。

四、丰富语言素养

口语表达成功的关键是运用语言的能力，只有具有较高的语言素养，才有可能表现出较强的运用语言的能力。口语表达所需要的语言素养，主要从以下三种途径获得。

(1) 系统地学习语法、修辞和逻辑方面的知识、法则，以提高口语表达的正确性、生动性和严谨性。

(2) 系统地学习和掌握有声语言特征和体态语言等方面的知识，以便更好地展现表达者的精神风貌、情绪感受和个性特征。

(3) 坚持积累和吸收优秀的语言养料。例如，学习和借鉴经典名家的演讲、大量阅读中外名著、学习那些在现实生活中有生命力的鲜活语言等，都是行之有效的办法。

第三节　口才应具备的能力

口才就是在说话、交谈、朗读、论辩、讲课、演讲等社会交际活动中所具有的口语交际才能。它是一个人的道德修养、文化积累、知识结构、思维方式、价值判断、心理素质、语言艺术和仪态仪表等综合素质的集中反映。从人们的语言交际实践来看，口才主要表现为说话的六种才能，或者说六种能力。

一、说明能力

说明能力，即把话说得准确明白的能力。一般认为，口才就是说话表达能力，即把自己心里想的话说出来的能力，这是最基本的要求。其实，能把意思讲准确、讲明白，使听者一听了然，也不是一件很容易的事。有的人手很巧，有技术，但不见得说得出来。例如，数学家陈景润，非常有学问，曾经写过不少专著，但由于语言表达能力欠缺，在讲授数学课的时候，很难让学生听得明白，最后只能离开讲台，转向对数学理论的研究。

二、吸引能力

吸引能力，即通过说话把别人的注意力吸引住的能力，也就是吸引周围的人倾听自己说话，使之愿意听，能听进去，并有所乐、有所得的能力。余秋雨的很多作品，如《文化苦旅》《行者无疆》等都为人们所推崇。在现实生活中，余秋雨不但有文才，还有口才，与人谈话经常是妙语连珠、出口成章。其语言的精辟、知识的广博，常常使聆听者浑然忘我。说话要亦谐亦庄、风趣幽默，要把听众的注意力吸引过来，并且让他们听进去。如果听众不愿意听、听不进去，即使说服力再强，说得再清楚，也没有用。

三、说服能力

说服能力，即通过言语的表达，使人心悦诚服的能力。口才好的人，并不一定讲得多，妙就妙在能够了解别人的想法，对症下药，三言两语就能使人折服。说服能力要求言语行为具有明确的目的性。例如，《战国策》中触龙成功说服赵太后的故事。

赵太后新执政，秦兵攻打甚急，求救于齐，齐却要以太后最疼爱的小儿子为质。赵太后盛怒，斩钉截铁地说："有复言令长安君为质者，老妇必唾其面！"面对秦兵不退，齐兵不出，赵国危在旦夕的局面，触龙请求拜见。见太后，触龙由起居饮食谈起，逐步进入正题。整个说服过程，技巧娴熟，从"入而徐趋，至而自谢"，如清泉出山，自然流淌，既不柔媚，也不生硬，成功说服赵太后"为长安君约车百乘，质于齐"。

四、感人能力

感人能力，即用语言感动人的能力，也就是要求讲话人以自己的真情感动听者，获得以情动人的效果。例如，1972年尼克松总统访华时在答谢宴会上的祝词：

"昨天，我们同几亿电视观众一起，看到了名副其实的世界奇迹之一——中国的长城。当我在城墙上漫步时，我想到了为了建筑这座城墙而付出的牺牲；我想到它所显示的在悠久的历史上始终保持独立的中国人民的决心；我想到了这样一个事实，就是，长城告诉我们，中国有伟大的历史，建筑这个世界奇迹的人民也有伟大的未来。"

面对宴会中的中国官员，作为美国总统的尼克松热情赞扬了中国人引以为豪的长城，既淡化了两国意识形态的分歧，也表明对中国未来的认同，感动了在座的每一个人。

(资料来源：http://dlteacher.com.)

五、创造能力

面对初见端倪的知识经济，人们逐渐认识到，唯有不断创新才能使一个国家、一个民族立于不败之地。创造能力，即讲话中根据思想表达的需要创造语言的能力，或者说是创造性地运用语言来表达自己思想的能力。例如，一位同事不怀好意地问刚刚休完产假回公司上班的王娟："听说你女儿出生时头发稀少，你怎么不带她去看医生，还来上班，傻呀？"王娟笑着回答说："哈哈，你放心，我女儿浓发后长，后劲十足呢。长大了，一定不会靠植发来度余生。"王娟以"浓发后长"创造性地解释了女儿头发稀少的原因，暗讽了同事无知、无礼，以及看别人笑话的阴暗心理。

六、控制能力

控制能力，即控制自己语言所能引起的后果的能力。也就是说，只会把话说出来，却不会顾及自己说的话所能引起的后果，实际是瞎说一通，这算不上有口才。控制自己语言所能引起的后果的能力，表现在以下三个方面。

(1) 准确把握说话分寸的能力，既要把意思说到，又不说过头，说得恰如其分。

(2) 针对不同的听话人和不同的情况，准确预测和有效控制听话人对自己语言所能做出反应的能力，例如，向别人提问某件事，就要考虑能不能问、从哪个角度问、用何种语气问、对方将做出怎样的回答等问题。考虑提问的后果，需要说话时加以预料和控制。

(3) 当说话过程中出现问题时，改用恰当的语言进行补救的能力。例如，生物学家达尔文曾被邀做一次《进化论》的报告性演讲。演讲时，有一位年轻漂亮的女士向他提出问题："照你的理论，人类是由猴子变来的，这理论用到你身上还是很可信的，难道我也属于您的论断之列吗？""那当然了。"达尔文白了她一眼，彬彬有礼地回答，"不过您不是由普通猴子变来的，而是由长得非常漂亮的猴子变来的。"达尔文的话语既应对了突发事件，回应了这位女士的不礼貌行为，同时也坚持了自己的观点。

第四节　口才的作用

一、口才在政治生活中的作用

"一语可以兴邦，一言可以辱国"，这充分说明了口才艺术的政治价值。口才与政治生活息息相关，它直接服务于政治生活的各个领域，并发挥着重要作用。

我国历史上的春秋战国时期，由于政治思想上的活跃和文化的繁荣，形成了百家争鸣的局面。名士、辩才凭"三寸不烂之舌"游说诸侯，贵为谋臣卿相，在安邦治国平天下中担当重任。五四运动前后，进步知识分子大张旗鼓地集会演讲，唤起民众，推动了中国革命运动的蓬勃发展。

进入近代和现当代社会，政治生活内容更加丰富多彩，体现在政治演讲、外交谈判、法律辩护等诸多方面的口才艺术，更是发挥了不可替代的作用。许多优秀的政治家，在风云变幻的政治舞台上，凭借良好的口才，挥洒自如，做出了不可磨灭的贡献，留下了千古美名。例如，在中美恢复邦交的多次谈判中，时而委婉含蓄，时而攻势凌厉，方法灵活多变，使谈判频频成功。

二、口才在经济生活中的作用

当前，人们把以计算机为代表的科学技术水平、以旅游业为代表的富裕程度、以公共关系为代表的经营管理效能作为衡量一个国家发达程度的三大标志。在市场经济条件下，公关口才是公关人员演讲、论辩中不可缺少的一项技艺；营销人员的口才在很大程度上决定着工作成效；导游员的口才在旅游业发展中起着至关重要的作用。可以说，口才艺术在当今经济生活的诸多领域都发挥着重要作用。

三、口才在日常生活中的作用

在日常生活工作中，人们的社交离不开口才。口才在密切人际关系中发挥的作用是可感、可知的。话有三说，巧说为妙。和风细雨，善解人意，可以使人倍感亲切，产生相见恨晚之感；诙谐幽默，巧言妙语，能使人心神愉悦，乐不可支；胸有成竹，直抒胸臆，会使人感觉精明干练，才智过人。总之，口才在日常生活工作中具有融洽感情、密切关系、增进友谊、促进协作的重要作用。例如，有一位年轻人想到大发明家爱迪生的实验室工作。他对爱迪生谈了自己伟大的抱负："我想发明一种万能溶液，它可以溶解一切物品。"爱迪生立即问道："那么，你用什么器皿盛放它呢？"爱迪生抓住年轻人思维自相矛盾的地方，巧妙地点醒年轻人的思维漏洞。

单项技能训练

一、发散性思维的训练。

分小组按照顺接、逆接、浪子回头等三种方法开展成语接龙游戏。

成语接龙顺接方法是下一个成语的字头接上一个成语的字尾，例如快心满意 → 意到笔随。逆接法是下一个成语的字尾接上一个成语的字头，例如典章文物 → 朝章国典。浪子回头法又叫连环扣，四个成语，第一个成语的字尾和第二个成语的字头一致，第二个成语的字尾和第三个成语的字头一致，第三个成语的字尾和第四个成语的字头一致，第四个成语的字尾和第一个成语的字头一致，接第一个成语的第二个字，例如成年累月→月下老人→人命关天→天平地成。

二、口才自我训练。

1. 自我暗示。每天清晨默念 10 遍"我要发言，我要成功地在人前大声说出来！从今天开始，我要踏上做一名演讲高手的征途。"

2. 想象训练。每天晚上至少花 10 分钟的时间回忆自己当天在公众场合的讲话，假设机会重来，想象自己会如何做。

3. 自我调整与自信练习。每天梳妆时，至少 5 分钟在镜前练习演讲的仪态。

三、口才自主锻炼。

1. 每天至少与 3 个人有意识地交流思想。

2. 每天大声朗诵或大声讲话至少 5 分钟。

3. 每天选一段长短合适、有一定情节的文章，最好是小说或演讲词中叙述性较强的一段，进行朗读，并用录音机把它录下来，和同学一起评析。

四、思维拓展练习。

请准确说出下列名称。

1. 列举出 10 种以上有腿不会走的东西。

2. 快速说出中国的 10 种乐器名称。

3. 快速说出中国的 10 种新兴职业。

4. 快速说出 10 个国家的名称。

5. 快速说出 10 种水果的名称。

6. 快速说出 10 种字体。

7. 快速说出 10 本世界名著。

8. 快速说出 10 种……

(资料来源：王光华. 口才训练教程[M]. 北京：机械工业出版社，2005.)

五、著名作家刘绍棠到国外进行学术访问期间，一位外国记者心怀鬼胎地问："刘先生，听说贵国进行改革开放，学习资本主义先进的科学技术和管理方法，这样一来，你们

第二章 口才理论

的国家不就变成资本主义了吗？"面对这一刁难问题，猜猜我们的刘老师是如何机智妙答，反戈一击，让这位记者哑口无言的？

综合技能训练

一、阅读分析下面的案例，谈一谈出版商为我们留下了哪些成功的经验。

在西方，不少出版商为推销书籍而绞尽脑汁，奇招层出不穷。有一位聪明人想出了一个绝妙的办法，他给总统送去一本书，并三番五次地征求意见。忙于公务的总统不愿与他多纠缠，便回他一句：这书不错！出版商如获至宝，大做广告："现有总统喜欢的书出售。"于是，这些书被一抢而空。不久，这个出版商又有书卖不出去，便照方抓药，再送一本书给总统。总统上过一次当，这次学乖了，便奚落出版商说："这书糟透了！"不承想还是中了出版商的计。出版商又以此话大做广告："现有总统讨厌的书出售！"人们出于好奇争相抢购，书又售尽。第三次出版商又如法炮制，将书送给总统，总统接受了前两次的教训，干脆紧闭"金口"，不予理睬。但最终仍被出版商钻了空子，这次他做的广告是："现有总统难以下结论的书，欲购从速！"居然又被一抢而空。

二、请根据案例进行分析，为什么同样一个意思，两个人说出来会有不同的结果。

朱元璋当了皇帝以后，他贫贱时的两个朋友来拜见。第一位说："我主万岁！当年微臣随驾扫荡芦州府，打破罐州城，汤元帅在逃，拿住豆将军，红孩儿当关，多亏将军。"朱元璋听了以后十分高兴，封他做了御林军的总管。

第二个朋友说："我主万岁，您还记得吗？从前你和我都替人家放牛。有一天，我们在芦苇荡里，把偷来的豆子放在瓦罐里煮，还没有等到煮熟，大家就抢着吃，一不小心连红草叶子也送进嘴里了。叶子哽在喉咙里，吞不下也吐不出。还是我出的主意，叫你用菜叶子放在手上一拍吞下去，才把红草叶子带下肚子里了……"没等这位朋友说完，朱元璋不干了，嫌这位朋友不会说话，给自己丢了人，还没听完就连声大叫："推出去斩了！推出去斩了！"

三、一位刚入学的大学生给班主任写了一封热情洋溢的信，信中高度称赞班主任是一位伟大的思想家、一位无与伦比的教育大师、一位神级的极品班主任等。班主任读完信后，马上给他回信说："谢谢你的溢美之词，说实话，我只是一位普普通通的人民教师，与伟大的思想家、无与伦比的教育大师、神级的极品班主任之间还有很远很远的距离。"

请问：

1. 这位班主任面对学生的赞美为什么不太高兴？
2. 如何让别人愉快接受自己的赞美之情？

第三章 有声语言

【案例导入】

"中国诗歌节"自 2005 年在安徽省马鞍山市举办以来，截至 2021 年已经举办了六届，其诗歌论坛、诗歌采风交流创作、诗歌大讲堂、诗歌沙龙、诗歌快闪、民族管弦乐诗歌音乐朗诵会等丰富多彩的主题活动，对进一步传承民族精神，不断增强文化自信，推动诗歌艺术的繁荣发展起到了重大作用。

近年来，随着传统媒体和新媒体平台的积极宣传，人们对诗歌的关注度持续攀升。2016 年，由中央电视总台自主原创的大型文化季播节目"中国诗词大会"开播，这个旨在弘扬中华优秀传统文化，通过"赏诗词之美、寻文化之根、铸民族之魂"的节目，在同时段节目收视率中常常"霸榜"，被国人赞誉为最值得全程守候的"中国最纯美声音"。

"中国诗歌节""中国诗词大会"之所以能获得很大成功，除了活动和节目主题极具鲜明的时代精神、诗歌内容极富浓厚的文化底蕴和人生智慧外，还与朗诵者普通话标准、声音优美动听、语调抑扬顿挫等有很大的关系。因此要想提高语音规范度和语言传导贴切度，为学习演讲口才打下良好的基础，就必须从"有声语言"训练开始。

【本章要点】

- 有声语言概述。
- 有声语言训练内容。
- 有声语言训练技巧。
- 朗诵技巧。

第一节 有声语言概述

有声语言是演讲活动中的一个重要媒介，对演讲效果起着至关重要的作用。如果演讲者的声音悦耳、语调优美、节奏富有变化，那么整个演讲活动就能够像磁石一样吸引听众。

一、有声语言的含义及作用

有声语言是演讲活动中传递信息和表达思想最主要的物质表达手段，也是演讲者思想情感的载体。它以流动的方式，运载着演讲者的主张、见解、态度、感情，并将其传达给

第三章 有声语言

听众，从而产生说服力、感召力，使听众受到教育和鼓舞。可以说，离开了有声语言的运用，也就无所谓演讲活动。

二、有声语言的特点

有声语言的特点主要体现在声、音、调等方面。

(一)口语化、简洁化、激情化

口语化是指演讲者在演讲时所使用的语言，以人民群众常用的口头语言为基础，经过加工提炼后让听众一听就能明白的语言。简洁化是指演讲者用最少的字句，准确而简明地表达出所要陈述的思想感情。激情化是指演讲的语言声情并茂，通过温暖而富有激情的话语，唤起听众的想象和联想，引起听众的共鸣。

(二)语音美、语调美、节奏美

语音美是指演讲者的语言悦耳动听，吐字清亮、咬字准确、声音圆润。语调美是指演讲语言抑扬顿挫、起伏有致、灵活多变。节奏美要求演讲者的语调富有节奏感和音乐美，能够激起听众欣赏的兴趣。

三、有声语言与演讲的关系

有声语言是演讲获得成功的重要条件。优美的有声语言不仅能使演讲准确清晰、圆润和谐、生动有趣，而且能够凸现出演讲绚丽多彩、跌宕起伏、音义兼美的艺术魅力，形成一种境界，使言辞的表现力和声音的感染力达到最佳状态，从而使听众受到"德的熏陶、智的启迪、美的洗礼"。

因此，要想成为一位出色的演讲者，就必须对有声语言进行有意识的研究与训练，娴熟地掌握有声语言的特点和规律，使自己的声音达到清脆、圆润、悦耳、舒心的最佳境界。而要做到这一点，就必须首先从语音的标准化入手。

第二节 有声语言训练内容

有声语言的训练内容主要为普通话语音辨正。普通话是中华民族的声音，也是世界上最美的语言之一。普通话是口耳之学。学好普通话，要在熟练地掌握"汉语拼音"的基础上，找准重点，突破难点，多听、多说、多悟、多模仿，方可见效。

一、普通话语音规范

普通话语音规范，就是演讲者演讲时必须要讲普通话。普通话是以北京语音为标准音,以北方话为基础方言,以典范的现代白话文著作为语法规范的现代汉民族共同语。[①]《中华人民共和国宪法》规定:"国家推广全国通用的普通话。"推广普通话,有利于民族的昌盛、国家的统一;有利于增强民族的凝聚力,弘扬优秀的传统文化;有利于加快中国特色的社会主义现代化建设,提高社会主义精神文明程度。

二、普通话语音辨正

方言和普通话的差距主要体现在语音方面。学习普通话语音,一是学会普通话里有而自己方言里没有的音;二是记住普通话与自己方言读音不同的字的普通话读音。

(一)声母辨正

普通话共有 21 个声母(包括零声母共 22 个)。汉语中一般一个汉字有一个音节(儿化音除外)。

声母是音节开头的辅音,不同的声母是由不同的发音部位和发音方法决定的。声母发音的主要特征是气流在发音器官中受到一定的阻碍,由于阻碍的部位和消除阻碍的方式不同,就产生了不同的声音。

普通话的声母中有三组音在很多方言地区容易混淆,应该注意分辨。

1. z、c、s 与 zh、ch、sh

发舌尖前音(即平舌音)z、c、s 时,舌尖抵住或接近上齿背,舌尖平伸。

发舌尖后基音(即翘舌音)zh、ch、sh 时,舌头放松,舌尖轻巧地接触或接近硬腭前部,舌尖翘起。

1) 平翘舌音交错练习

zh—z	正宗 zhèng zōng	种族 zhǒng zú	沼泽 zhǎo zé	知足 zhī zú
	职责 zhí zé	壮族 zhuàng zú	追踪 zhuī zōng	宅子 zhái zi
	振作 zhèn zuò	主宰 zhǔ zǎi	正在 zhèng zài	转载 zhuǎn zǎi
z—zh	杂志 zá zhì	增值 zēng zhí	作者 zuò zhě	在职 zài zhí
	做主 zuò zhǔ	诅咒 zǔ zhòu	组织 zǔ zhī	座钟 zuò zhōng
	栽种 zāi zhòng	造纸 zào zhǐ	赞助 zàn zhù	自治 zì zhì
ch—c	差错 chā cuò	穿刺 chuān cì	尺寸 chǐ cùn	吃醋 chī cù
	炒菜 chǎo cài	揣测 chuǎi cè	纯粹 chún cuì	成才 chéng cái
	陈醋 chén cù	储藏 chǔ cáng	初次 chū cì	出操 chū cāo
c—ch	擦车 cā chē	财产 cái chǎn	餐车 cān chē	催产 cuī chǎn
	错处 cuò chù	操场 cāo chǎng	促成 cù chéng	彩车 cǎi chē
	残春 cán chūn	操持 cāo chí	仓储 cāng chǔ	残喘 cán chuǎn

[①] 张斌. 简明现代汉语[M]. 北京:中央广播电视大学出版社,2000.

sh—s	生死 shēng sǐ	哨所 shào suǒ	失散 shī sàn	上司 shàng sī
	胜诉 shèng sù	神色 shén sè	食宿 shí sù	深思 shēn sī
	输送 shū sòng	绳索 shéng suǒ	伸缩 shēn suō	十四 shí sì
s—sh	私事 sī shì	死水 sǐ shuǐ	苏轼 sū shì	四声 sì shēng
	桑树 sāng shù	扫射 sǎo shè	损伤 sǔn shāng	私塾 sī shú
	唆使 suō shǐ	算术 suàn shù	松鼠 sōng shǔ	随时 suí shí

2) zh、ch、sh 和 z、c、s 对比训练

(1) 字的对比。

尊—谆　增—蒸　暂—站　怎—枕　字—志　仔—纸　灾—摘
才—柴　村—春　参—陈　催—吹　蚕—搀　曹—朝　册—撤
窜—串　四—是　素—树　桑—伤　嗓—晌　孙—吮　塞—晒

(2) 词语对比。

散(sǎn)光—闪(shǎn)光　　鱼刺(cì)—鱼翅(chì)　　物资(zī)—物质(zhì)
从(cóng)来—重(chóng)来　赞(zàn)助—站(zhàn)住　丧(sàng)生—上(shàng)升
一层(céng)—一成(chéng)　塞(sāi)子—筛(shāi)子　暂(zàn)时—战(zhàn)时
仿造(zào)—仿照(zhào)　　搜(sōu)集—收(shōu)集　栽(zāi)花—摘(zhāi)花
私(sī)人—诗(shī)人　　　三(sān)角—山(shān)脚　肃(sù)立—树(shù)立
资(zī)源—支(zhī)援　　　三(sān)哥—山(shān)歌　木材(cái)—木柴(chái)
祠(cí)堂—池(chí)塘　　　近视(shì)—近似(sì)　　阻(zǔ)力—主(zhǔ)力

(3) 绕口令练读。

山前有四十四只石狮子，山后有四十四个野柿子，结了四百四十四个涩柿子。涩柿子涩不到山前的四十四只石狮子，石狮子也吃不到山后的四百四十四个涩柿子。

2. f 与 h

f 和 h 的不同主要是发音部位的不同。发唇齿音 f 时上齿与下唇内缘接近，唇形向两边展开。发舌根音 h 时，舌头后缩，舌根抬起和软腭接近，注意唇舌部位不能接触。

1) 唇齿音舌根音交错练习

f—h　返回　分化　腐化　发话　符合　饭盒　分红　繁华
h—f　划分　画舫　护法　豪放　挥发　耗费　化肥　话锋

2) f 和 h 的对比训练

(1) 字的对比。

发—哈　非—黑　方—夯　粉—很　夫—呼　帆—寒
饭—汗　扶—壶　房—杭　愤—恨　凤—横　富—户

(2) 词语对比。

理发—理化　发钱—花钱　舅父—救护　附注—互助　花费—花卉
防虫—蝗虫　风干—烘干　福利—狐狸　发生—花生　开花—开发

房后—皇后　仿佛—恍惚　凡是—环视　西服—西湖　废话—会话

3) 绕口令练读

红饭碗，黄饭碗，红饭碗盛满饭碗，黄饭碗盛饭半碗。黄饭碗添了半碗饭，红饭碗减了饭半碗。黄饭碗比红饭碗又多半碗饭。

3. n与l

鼻音 n 与边音 l 都是用舌尖抵住上齿龈或齿龈后，即都是舌尖中音，发 n 时，舌的两侧与口腔上部完全闭合，封闭口腔通道，气流从鼻腔出来；发 l 时，舌的两侧松开，气流从舌头两边透出。

1) 鼻边音交错练习

n—l　　奶酪　耐劳　脑力　内力　努力　奴隶
l—n　　冷暖　留念　流年　来年　老年　烂泥

2) n 和 l 的对比训练

(1) 字的对比。

那—辣　讷—乐　内—类　脑—老
你—里　闹—涝　难—蓝　聂—裂
暖—卵　女—吕　虐—略　逆—力
尿—料　妞—溜　怒—路　娘—凉

(2) 词语对比。

脑子—老子　男鞋—蓝鞋　难住—拦住
女客—旅客　黏合—联合　泥巴—篱笆
呢子—梨子　内线—泪腺　鸟雀—了却
老农—老龙　无奈—无赖　允诺—陨落
留念—留恋　浓重—隆重　女伴—旅伴

(3) 绕口令练读。

男教练，女教练。吕教练，兰教练。兰教练不是男教练，吕教练不是女教练。兰蓝是男篮主力，吕楠是女篮主力。男教练在男篮训练兰蓝，吕教练在女篮训练吕楠。

(二)普通话韵母辨正

普通话韵母共有 39 个，韵母主要由元音构成。单韵母由单个元音充当，复韵母由两个或三个元音复合而成，鼻韵母由元音加上鼻辅音 n 或 ng 构成。

1. 单韵母辨正

1) i 和 ü 的区分

客家方言、闽方言区等经常会出现 i 和 ü 都念成 i 的情况，如"大鱼"念成"大姨"。

(1) 读准 i 和 ü。

体育 tǐyù　奇遇 qíyù　其余 qíyú　提取 tíqǔ　器具 qìjù　纪律 jìlǜ　崎岖 qíqū
拘泥 jūnì　聚集 jùjí　急剧 jíjù　预计 yùjì　与其 yǔqí　羽翼 yǔyì　寄予 jìyǔ

(2) i 和 ü 对比训练。

饥(jī)民—居(jū)民　　意(yì)见—遇(yù)见　　聚(jù)会—忌(jì)讳　　白银(yín)—白云(yún)
于(yú)是—仪(yí)式　　名义(yì)—名誉(yù)　　美意(yì)—美育(yù)　　姓李(lǐ)—姓吕(lǚ)

2) e 和 o (uo)的区分

北方有些方言会把韵母 o 念成 e，如把"坡""破""摸"的韵母读成 e；西南有些方言会把韵母 e 念成 o 或 uo，如把"歌""和""棵"的韵母读成 o 或 uo。

(1) 读准 e 和 o。

蘑(mó)菇　　伯(bó)父　　哥(gē)哥　　天鹅(é)　　喝(hē)水　　毒蛇(shé)　　刻薄 kè bó
叵测 pǒ cè　　波折 bō zhé　　客车 kè chē　　色泽 sè zé　　泼墨 pō mò　　婆婆 pó po　　恶魔 è mó

(2) e 和 o 对比训练。

没破(pò)—没课(kè)　　不摸(mō)—不喝(hē)　　下坡(pō)—下车(chē)　　内膜(mó)—内阁(gé)
大伯(bó)—大河(hé)　　油墨(mò)—游客(kè)　　高歌(gē)—高坡(pō)　　脖(bó)子—格(gé)子

2．复韵母辨正

1) ai 和 ei 的区分

败北 bài běi　　代培 dài péi　　内债 nèi zhài　　内海 nèi hǎi　　黑白 hēi bái

2) ao 和 ou 的区分

保守 bǎo shǒu　　手套 shǒu tào　　毛豆 máo dòu　　矛头 máo tóu　　酬劳 chóu láo

3) ia 和 ie 的区分

跌价 diē jià　　家业 jiā yè　　嫁接 jià jiē　　接洽 jiē qià　　佳节 jiā jié

4) ei 和 uei 的区分

累赘 léi zhuì　　泪水 lèi shuǐ　　对垒 duì lěi　　垂危 chuí wēi　　畏罪 wèi zuì

5) ie 和 üe 的区分

解决 jiě jué　　谢绝 xiè jué　　灭绝 miè jué　　决裂 jué liè　　血液 xuè yè

6) iao 和 iou 的区分

校友 xiào yǒu　　交流 jiāo liú　　娇羞 jiāo xiū　　料酒 liào jiǔ　　牛角 niú jiǎo

7) uai 和 uei 的区分

毁坏 huǐ huài　　外汇 wài huì　　快追 kuài zhuī　　诡怪 guǐ guài　　快慰 kuài wèi

3．鼻韵母辨正

鼻韵母中前鼻韵母和后鼻韵母在许多方言中普遍相混。前鼻韵母发音时，元音发出以后，舌头向前移动，舌尖抬起顶住上齿龈形成阻碍，使气流从鼻腔透出，用鼻辅音 n 作为音节的收尾。

后鼻韵母发音时，元音发出后，舌头后缩，舌根抬起顶住软腭，使气流从鼻腔透出，用鼻辅音 ng 收尾。

1) 读准 an 和 ang

(1) 词语训练。

商贩 shāng fàn　　昂然 áng rán　　暗藏 àn cáng　　班长 bān zhǎng　　反抗 fǎn kàng

擅长 shàn cháng　产房 chǎn fáng　当然 dāng rán　畅谈 chàng tán　商战 shāng zhàn
繁忙 fán máng　胆囊 dǎn náng　担当 dān dāng　长叹 cháng tàn　帮办 bāng bàn

(2) 对比训练。

反问—访问　　担心—当心　　泛滥—放浪　　心烦—心房　　水干—水缸
施展—师长　　开饭—开放　　赏光—闪光　　冉冉—嚷嚷　　女篮—女郎

2) 读准 ian 和 iang

绵羊 mián yáng　演讲 yǎn jiǎng　现象 xiàn xiàng　坚强 jiān qiáng　险象 xiǎn xiàng
想念 xiǎng niàn　向前 xiàng qián　香甜 xiāng tián　两面 liǎng miàn　沿江 yán jiāng

3) 读准 en 和 eng

(1) 词语训练。

奔腾 bēn téng　能人 néng rén　真正 zhēn zhèng　承认 chéng rèn　缝纫 féng rèn
登门 dēng mén　人生 rén shēng　成本 chéng běn　纷争 fēn zhēng　诚恳 chéng kěn

(2) 对比训练。

瓜分—刮风　　分子—疯子　　针眼—睁眼　　真气—争气　　每份—每逢
放盆—放蓬　　根好—更好　　沉重—称重　　申诉—声诉　　登高—灯高

4) 读准 in 和 ing

(1) 词语训练。

品行 pǐn xíng　心灵 xīn líng　民兵 mín bīng　进行 jìn xíng　定亲 dìng qīn
亲情 qīn qíng　金星 jīn xīng　灵敏 líng mǐn　民营 mín yíng　拼命 pīn mìng

(2) 对比训练。

频繁—平凡　　禁止—静止　　不信—不幸　　人民—人名　　印度—硬度
弹琴—谈情　　很亲—很轻　　林子—绫子　　金银—经营　　很近—很静

(三)普通话声调辨正

声调是汉语音节的高低升降的变化形式。声调包括调值和调类两个方面。调值是声调的实际读音，也就是音节的高低、升降、曲直、长短的具体变化形式。描写声调高低通常用"五度标记法"。普通话有四种基本调值，故有四个调类，也就是人们通常所说的"四声"。

(1) 阴平。发音时，声带绷到最紧，保持高音始终没有明显变化。如春天花开、公司通知、息息相关、乡村医生。用五度标记法表示，就是从 5 到 5，书写为 55。

(2) 阳平。发音时，声带从不松不紧开始，逐渐绷紧，到最紧为止。如圆形循环、人民银行、牛羊成群、儿童文学。用五度标记法表示，就是从 3 升到 5，书写为 35。

(3) 上(shǎng)声。发音时，声带从略微有些紧开始，立刻松弛下来，稍稍延长，然后迅速绷紧，但不要绷到最紧。如永远美好、处理稳妥、演讲草稿、远景美好。用五度标记法，就是从 2 降到 1 再升到 4，书写为 214。

(4) 去声。发音时，声带从紧开始，到完全松弛为止。如世界教育、爱护备至、胜利闭幕。用五度标记法表示，就是从 5 降到 1，书写为 51。

(四)音变训练

音变是指语音变化。人们说话时，不是孤立地发出一个个音节，而是将音节组成一连串自然的语流。由于相邻音节的互相影响，就会产生语音方面的变化，这就是语流音变。普通话的音变主要包括变调、轻声、儿化和语气词"啊"的变化。

1．"一""不"的变调

"一""不"在单用或在句末时读本调，而在去声音节前，一律变阳平，在词语中间读轻声。在非去声音节前，"一"要变去声，如一般、一些、一边、一群、一碗、一体；"不"不变声。

2．上声的变调

(1) 上声在非上声前，其调值由214变为21，念半上声，也就是只降不升，近似于低平调。例如：

老师 lǎo shī　　导游 dǎo yóu　　考试 kǎo shì　　每月 měi yuè

(2) 两个上声相连，前一个上声的调值由214变为35，念阳平。例如：

品种 pǐn zhǒng　　厂长 chǎng zhǎng　　演讲 yǎn jiǎng　　处理 chǔ lǐ

3．轻声

轻声是一种特殊的变调现象。普通话的每一个音节都有它一定的声调，但是在词和句子里很多音节常常失去原有的声调，念成一个既轻又短的调子，这就是"轻声"。普通话里有些词或词组靠轻声音节与非轻声音节区别意义和词性。

1) 有规律的轻声词语
(1) 语气助词"啊、吗、啦、吧、呢、哇、嘛、呀"等读轻声。
(2) 助词"的、地、得、着、了、过"等读轻声。
(3) 名词和代词的后缀"们、子、头、么"等读轻声。
(4) 表示趋向的词"去、来、过来、起来、上、下、上来、下去"等读轻声。
(5) 表示方位的词"上、下、里、边、面"等读轻声。
(6) 重叠动词和重叠名词的第二个音节以及夹在重叠动词当中的"一"或"不"读轻声。

2) 没有规律的轻声词语

巴结	巴掌	包袱	本事	荸荠	编辑	爱人	扁担	别扭	薄荷	簸箕	不是
裁缝	苍蝇	柴火	称呼	出息	畜生	炊帚	刺激	聪明	凑合	耷拉	大方
大爷	大意	大夫	耽搁	合同	灯笼	嘀咕	地道	地方	地下	东西	动弹
豆腐	对头	多少	哆嗦	耳朵	翻腾	分析	风筝	高粱	胳膊	疙瘩	功夫
街坊	结识	戒指	精神	开通	口袋	窟窿	困难	喇叭	烂糊	老婆	老实
老爷	冷战	篱笆	里脊	厉害	痢疾	粮食	趔趄	铃铛	溜达	琉璃	啰唆
萝卜	骆驼	麻烦	马虎	买卖	玫瑰	棉花	明白	名堂	名字	蘑菇	模糊
脑袋	念叨	奴才	暖和	佩服	朋友	琵琶	机灵	便宜	葡萄	千斤	亲戚

琢磨	清楚	情形	人家	认识	软和	商量	烧饼	少爷	牲口	生意	石榴
招呼	实在	使唤	事情	收成	收拾	舒服	算盘	踏实	抬举	太阳	体面
头发	妥当	外甥	晚上	窝囊	稀罕	吓唬	先生	相声	消息	笑话	心思

4. 儿化

儿化是指一个音节带上卷舌的动作，其韵母发生音变，成为卷舌韵母即儿化韵。儿化有一定的表意作用。

1) 读作 ar、iar、uar、üar、ier

刀把儿 dāo bàr　　板擦儿 bǎn cār　　小辫儿 xiǎo biànr　　一块儿 yí kuàir
小鞋儿 xiǎo xiér　　杂院儿 zá yuànr　　号码儿 hào mǎr　　半截儿 bàn jiér

2) 读作鼻化的 ar

鼻梁儿 bí liángr　　赶趟儿 gǎn tàngr　　打晃儿 dǎ huàngr　　天窗儿 tiān chuāngr

3) 读作 er

嗓门儿 sǎng ménr　　一会儿 yí huìr　　石子儿 shí zǐr　　开春儿 kāi chūnr

4) 读作鼻化的 er、or

眼镜儿 yǎn jìngr　　板凳儿 bǎn dèngr　　小葱儿 xiǎo cōngr　　药瓶儿 yào píngr

5) e、o、uo 的儿化

被窝儿 bèi wōr　　模特儿 mó tèr　　小说儿 xiǎo shuōr　　火锅儿 huǒ guōr

6) ou、iou 后的儿化

衣兜儿 yī dōur　　加油儿 jiā yóur　　棉球儿 mián qiúr　　小丑儿 xiǎo chǒur

7) ao、iao 后的儿化

面条儿 miàn tiáor　　跳高儿 tiào gāor　　开窍儿 kāi qiàor　　口哨儿 kǒu shàor

8) eng、u 后的儿化

提成儿 tí chéngr　　麻绳儿 má shéngr　　有数儿 yǒu shùr　　泪珠儿 lèi zhūr

5. "啊"的音变

语气词"啊"用在句尾，时常受到其前面音节的末尾音素的影响而发生变化。具体情况如下。

1) "啊"在音素 a、o、e、i、ü 后，读 ya

真辣呀　　大雪呀　　真破呀　　糯米呀　　去呀

2) 在音素 u、ao、iao 后，读 wa

大叔哇　　跳舞哇　　过桥哇　　冷笑哇　　好哇

3) 在 n 后，读 na

难看哪　　当真哪　　狂奔哪　　稳哪　　真金哪

4) 在 ng 后，读 nga

帮忙啊　　冷啊　　长征啊　　真行啊　　太穷啊

5) 在 -i(前)后读 za

儿子啊　　写字啊　　深思啊　　无私啊　　诗词啊

6) 在-i(后)后或 er 后读 ra

无知啊　　　天使啊　　　　省事啊　　　　同志啊　　　光天化日啊

第三节　有声语言训练技巧

"声音是听得见的色彩,色彩是看得见的声音。"每个人的声音色彩各不相同,其中有先天因素,也有后天因素。但通过科学、规范的训练,都可以得到不同程度的提高。演讲的语言来自生活,它是加工后的口语,演讲时必须做到准确、清晰、优美、动听、圆润、明亮、持久、有力。那么如何才能有效地使演讲者在短时期内练就优美动听的声音呢?科学发声训练非常重要。

一、声带训练技巧

在通常情况下,人们说话时声带的振动频率大约在 60～350Hz 之间。声带的振动频率决定了发音的音响、音高、音色。声带对发音的影响很大。每个人声带的好坏,既有先天因素,也靠后天的训练和保护。恰当地运用和训练声带,既可以改变声带条件,也能起到保护声带的作用,对提高语音素质非常重要。

(一)声带训练方法

声带训练最基本的方法是清晨在空气清新处"吊嗓子",方法是吸足一口气,身体放松,张开或闭合嘴,由自己的最低音向最高音发出"啊"或"咿"的连续声响,还可以做高低音连续变化起伏的练习。

(二)声带运用技巧

在演讲之前,声带要做准备活动。将声带放松,用均匀的气流轻轻地拂动它,使之发出细小的抖动声,就像小孩子撒娇时喉咙里发出的那种声音,并逐渐加大到一定音量,使声带启动,以适应即将到来的长时间运动。

在人数较多或场合较大的地方讲话时,发音要轻松自然,处理好节奏、停顿的位置,注意起音要高低适度,调节好音量,充分利用共鸣器的共鸣作用,并运用"中气"的助力来说话,不能直着嗓子叫喊;否则,声带负担过重,会导致声带不堪重负,变得嘶哑,影响演讲效果。

另外,为了保护自己的嗓子,要有意识地少抽烟、少喝酒,甚至不抽烟、不喝酒,少吃或不吃有强烈刺激性的食物,并注意不喝过烫或过冷的水。

二、呼吸训练技巧

气息是声音的动力来源。充足、稳定的气息是发音的基础。说话时,横在呼出气流通道上的两条声带，迅速地一开一闭，把稳定的气流切成一串串的喷流，进而转换成听得见的峰音，随着舌、唇、腭等器官的运动，不断改变声道的声学性质，将峰音变成能区别的语音，通过胸腔、喉腔、咽腔、鼻腔、口腔组成的共鸣器放大而发出声音。

在正常情况下，说话是在呼气时而不是在吸气时进行的，停顿则是在吸气时进行的。如果是持续时间较长的讲话或朗诵，必然要求有比平时更强的呼吸循环。气息的运用与呼吸、声带、共鸣器等有着直接的关系。

(一)掌握正确的呼吸方法

正确的呼吸方法，应当采用胸腹式联合呼吸法(也称丹田呼吸法)，即运用小腹收缩，靠丹田的力量控制呼吸。胸腹式联合呼吸介于胸式呼吸和腹式呼吸两者之间，是两者的结合。

(1) 吸气。小腹向内即向丹田收缩，而大腹、胸、腰部同时向外扩展，可以感觉到腰带渐紧，前腹和后腰分别向前、后、左、右撑开的力量。用鼻吸气，做到快、静、深。

(2) 呼气。小腹差不多始终要收住，不可放开，使胸、腹部在努力控制下，将肺部储气慢慢放出，均匀地外吐。呼气要用嘴，做到匀、缓、稳。在呼气过程中，语音一个接一个地发出后，组成有节奏的有声语言。

以上呼吸方法可以使腹部和丹田充满气息，为发音提供充足的"气"；同时，由于小腹向内收缩，胸前向外扩张，以小腹、后腰和后胸为支柱点，为发音提供充足的"力"。"气"与"力"的融合，为优美的声音奠定了坚实的基础。

(二)协调讲话和呼吸的关系

(1) 尽可能轻松自如，吸气要迅速，呼气要缓慢、均匀，吸入的气量要适中。尽可能在讲话中的自然停顿处换气，不要等讲完一个长句才大呼大吸，以免显得讲话很吃力。还要根据自己的气量来决定是否使用中途不便停顿的长句，不要为了渲染和增强表达效果而勉强使用。

(2) 讲话时的姿态要尽可能有利于呼吸。无论是站姿还是坐姿，都要抬头舒肩展背，胸部要稍向前倾，小腹自然内收，双脚并立平放。这样，胸、腹、喉、舌等发音的关键部位，才能处于良好的呼吸准备和行进状态之中。

(三)经常进行呼吸练习

(1) 闻花香。仿佛面前有一盆花，深深地吸进其香气，控制一会儿后缓缓吐出。

(2) 吹蜡烛。模拟吹灭生日蜡烛的动作，深吸一口气后均匀缓慢地吹出，尽可能时间长一点，达到25～30秒为合格。

(3) 牙缝出气。咬住牙，深吸一口气后，从牙缝中发出"咝——"声，力求平稳、均匀、持久。

(4) 数数字。从1数到10，往复循环，一口气能数多少遍就数多少遍，要数得清晰响亮。

(5) 说绕口令。出东门，过大桥，大桥底下一树枣儿，拿着竿子去打枣，青的多，红的少。一个枣儿，两个枣儿，三个枣儿，四个枣儿，五个枣儿，六个枣儿，七个枣儿，八个枣儿，九个枣儿，十个枣儿……这是一个绕口令，一口气说完才算好。

开始做练习的时候，中间可以适当换气，练到气息有了控制能力时，逐渐减少换气次数，最后要争取一口气说完，甚至多说几个枣儿。

三、共鸣训练技巧

声带所产生的音量是很小的，只占人们讲话时音量的 5%左右，其他 95%左右的音量需要通过共鸣腔放大得来。共鸣腔是决定音色的重要发音器官，而直接引起语音共鸣的是声带上方的喉、咽、口、鼻四腔。此外，胸腔和头腔也有共鸣作用。

说话用声以口腔共鸣为主，以胸腔共鸣为基础。共鸣器以咽腔为主，可以分为高、中、低三区共鸣。高音共鸣区，即头腔、鼻腔共鸣，音流通过该区共鸣，可以获得高亢响亮的声音。中音共鸣区，即咽腔、口腔共鸣，这是语音的制造场，是人体中最灵活的共鸣区，音流在这里通过，可以获得丰满圆润的声音。低音共鸣区，主要是胸腔共鸣，音流通过该区共鸣，可以获得浑厚低沉的声音。

要想使说话的声音好听和持久，就要正确地运用共鸣器。而运用共鸣器的关键在于处理好"畅"与"阻"的对立和统一关系。所谓"畅"，就是整个发音的声道必须畅通无阻，胸部舒展自如，喉部放松滑润，脊背自然伸直，以便声音不憋不挤，形成一个声柱，流畅地奔涌出来。所谓"阻"，并不是简单地把声音阻挡住，而是不让声音直截了当地通过声道奔涌出来，让它通过共鸣器加工、锤炼，变得洪亮、圆润、雄浑、优美动听。

(1) 放松喉头，用"哼哼"音唱歌。

(2) 模拟鸭叫。挺软腭，口腔张开成一圆筒，边发gaga音边仔细体会，共鸣运用得好的gaga音好听，共鸣运用得不好的gaga音枯燥、刺耳。

(3) 学牛叫声。类似打电话的"嗯"(什么？)和"嗯"(明白了)。

(4) 牙关大开合，同时发出"啊"音。

(5) 模拟汽笛长鸣声。既可平行发音，也可由大到小或由小到大地变化发音。

(6) 做扩胸运动，同时发尽量高亢或尽量低沉的声音。

(7) 夸张四声。选择韵母较多的词语或成语，运用共鸣技巧做夸张四声的训练。

(8) 大声呼唤。假设某人在离自己 100 米处，大声呼唤：滕——老——师——，快——回——来——！喂——，那——里——危——险——，快——离——开——！

四、吐字归音训练技巧

吐字归音是学习演讲必须练习的一项重要基本功，它将一个音节的发音过程分为出字、立字、归音三个阶段。出字是指声母和韵头(介音)的发音过程，立字是指韵腹(主要元音)的发音过程，归音是指音节发音的收尾(韵尾)过程。

　　汉语的发音遵循汉字的音节结构特点，要求一个音节的发音过程有头有尾，即以声母、韵头为一端，韵尾为一端，韵腹为核心，构成一个"枣核型"形式，以达到字正腔圆。

(一)字正腔圆的含义与要求

　　"字正腔圆"是人们衡量吐字发声的最基本标准。所谓"字正"主要包括字准、字真、字纯三个方面；"腔圆"指的是声音运用得集中、圆润、灵活、自如。具体可以概括为准确、清晰、集中、圆润、流畅五个方面。

　　(1) 准确——字音要准确、规范，即声母、韵母、声调必须准确，发音部位、发音方法必须准确。

　　(2) 清晰——字音要清晰，即声、韵、调都不得含糊，唇、齿、舌、喉的活动必须协调，不可"吃字"，也不可含糊不清。咬紧字头，发响字腹，收全字尾。

　　(3) 集中——字音要有气息，有共鸣，要充实、响亮。

　　(4) 圆润——字音要明亮、饱满、优美、动听。

　　(5) 流畅——字音要轻快连贯，切勿"蹦"字。

(二)吐字归音的含义与训练要领

　　吐字归音是指对字头、字腹、字尾的完整处理过程。"吐字有力，归音到位"是吐字归音的基本要求。出字准确有力，有叼住弹出之感；立字拉开立起，明亮充实，圆润饱满；归音趋向鲜明，迅速"到家"，干净利索。字的中间发音动程大，时间长，字的两头发音动程小，关合所占时间也短，力求"珠圆玉润"。

　　(1) 出字——要求声母的发音部位准确、弹发有力。例如：绿水、报告、白塔。

　　(2) 立字——要求韵腹拉开立起，做到"开口音稍闭，闭口音稍开"。例如：缥缈、花朵、美妙。

　　(3) 收尾——要求归音到位，不拖泥带水，应做到声音虽止，余味无穷。例如：汇兑、悠久、帮忙。

第四节　朗　诵　技　巧

　　朗诵是有声语言中最具传情的一种艺术，也是演讲与口才训练中最具特色的一道风景。

一、朗诵的含义及作用

　　朗诵就是把作用于视觉的书面文学作品，熟读背记，转化为作用于听觉的表情达意的有声语言，以引起听众共鸣的一种语言艺术。朗诵的魅力是迷人的，其作用也是巨大的。

(一)规范语言，提高语言准确性

朗诵有规范语言的功能，人们通过朗诵训练，可以不断纠正错误的发音，提高普通话的水平。朗诵的过程实际上也是一个学习、摄取、积累的过程。朗诵的作品中，其精美的词语、生动的修辞和妥帖的表达方法，可以极大地丰富朗诵者的知识，提高朗诵者的语言表达能力。

(二)陶冶情操，增强语言感染性

优秀的文学作品凝结着前人对人生、社会、自然万物的文化观察，闪现着人类宝贵的精神品格，其滋养是悄无声息的，抚慰也是触及心灵的。声情并茂的朗诵，既能提高朗诵者自身的思想认识、精神境界和口才水准，也能引导听众进入作品佳境，沉醉自然景致、感受豪迈情怀、理解思乡愁绪、见证国家荣耀，进而净化心灵，丰富人生。

二、朗诵前的准备

朗诵是朗诵者的一种再创作活动。这种再创作，不是脱离朗诵材料去另行一套，也不是照字读音的简单再现，而是要求朗诵者通过原作的字句，用有声语言传达出原作的主要精神和艺术美感，不仅要让听众领会朗诵的内容，而且要使其在感情上受到感染。为了达到这个目的，朗诵者在朗诵前就必须做好一系列准备工作。

(一)合理选择朗诵材料

朗诵是一种传情的艺术。朗诵者要很好地传情，引起听众共鸣，就要特别注意材料的选择。选择材料时，首先，要注意选择那些语言具有形象性而且易于上口的文章。一般来说，抒情色彩较浓的文学作品适宜作为朗诵的文本。其次，要根据朗诵的场合和听众的需要，以及朗诵者自己的爱好和实际水平，在众多作品中选出合适的作品。

(二)正确把握作品内容

听众是敏锐的，他们不会被虚情所动。因此，准确地把握作品内容，透彻地理解其内在含义，是朗诵的重要前提和基础。虽然，在朗诵中各种艺术手段的运用十分重要，但是如果离开了对作品内容的准确把握，艺术技巧就会成为无源之水、无本之木，成为一种纯粹的形式主义。准确透彻地把握作品内容，应注意以下几点。

1. 正确理解

朗诵是运用有声语言把作者的思想感情传达给听众的一种语言艺术。朗诵者要把作品的思想感情准确地表现出来，需要透过字里行间理解作品的内在含义。

首先，要清除障碍，搞清楚文中生字、生词、成语典故、语句等的含义，不要囫囵吞枣、望文生义。

其次，要把握作品创作的背景、作品的主题和情感基调，理解作者的写作心境。如高

尔基的《海燕》，采用象征手法，通过暴风雨来临之前、暴风雨逼近和即将来临三个画面的描绘，塑造了一只不怕电闪雷鸣、敢于搏风击浪、勇于呼风唤雨的海燕——这一"胜利的预言家"的形象。朗诵时要把握其主题——满怀激情地呼唤革命高潮的到来，把握其情感基调——对革命高潮的向往、企盼。

2. 深刻感受

有的朗诵，听起来也有着抑扬顿挫的语调，可就是打动不了听众。如果不是作品本身有缺陷，那就是朗诵者对作品的感受还太肤浅，没有真正走进作品，而是在那里"挤"情、"造"性。朗诵者要想唤起听众的感情，使听众与自己同喜同悲同呼吸，必须仔细体味作品，进入角色，进入情境。

3. 丰富想象

在理解、感受作品的同时，还需要调动丰富的想象，使己动情，让作品的内容在自己的心中和眼前活动起来，就好像亲眼看到、亲身经历一样。例如，陈然的《我的自白书》，既是一个共产党员崇高内心世界的真实写照，又是对蒋家王朝必然灭亡的庄严宣判。全诗感情真挚，充满了激情，充分表现了先烈坚定的革命信念和大义凛然的革命气节。朗诵的时候，可以设想自己就是陈然(重庆《挺进报》的特支书记)，面对国民党的酷刑，视死如归、坚守信仰。

(三)认真练好普通话

要使自己的朗诵优美动听，必须使用标准的普通话语音。这样既可以使自己的朗诵优美动听，也便于不同方言区的人理解、接受作品的思想内容和感情，达到有效沟通交流的目的。

三、朗诵的技巧

朗诵时，一方面要深刻、透彻地把握作品的内容；另一方面要合理地运用各种朗诵技巧，准确地表达作品的内在含义。朗诵的技巧包括吐字技巧、发声技巧和副语言技巧等。因为吐字技巧、发声技巧在前面已有所涉及，这里主要谈一谈停顿、重音、语速、句调等副语言技巧。

(一)停顿

停顿是指语句或词语之间的语音间歇，主要包括生理停顿、语法停顿和强调停顿。停顿既是朗诵者表达思想感情和把握句子结构的需要，也是给听者一个领略和思考、理解和接受的余地，帮助其理解文章的含义，加深印象。

1. 生理停顿

生理停顿即朗诵者根据气息需要，在不影响语义完整的地方作一个短暂的停歇。要注意，生理停顿不要妨碍语意表达，不割裂语法结构，如北京故宫｜金碧辉煌。

2．语法停顿

语法停顿反映一句话里面的语法关系，在书面语言里表现为标点符号。一般来讲，语法停顿时间的长短同标点符号大致相关。例如：句号、问号、叹号后的停顿时间比分号、冒号长；分号、冒号后的停顿时间比逗号长；逗号后的停顿时间比顿号长；段落之间停顿的时间则长于句子停顿的时间。

3．强调停顿

为了强调某一事物，突出某个语意或某种感情，而在书面上没有标点、在生理上也可不做停顿的地方做了停顿，或者在书面上没有标点的地方做了较大的停顿，这样的停顿称为强调停顿。

强调停顿主要是靠仔细揣摩作品，深刻体会其内在含义来安排的。如"周｜总理，我们的｜好｜总理，你在哪里啊，你在哪｜里？"这种几乎一字一顿、泣不成声的朗诵，很好地传达出了人民痛失周恩来总理的深切悲哀以及对总理的深切怀念、爱戴之情。

(二)重音

重音是指朗诵、说话时把一个词或一个词组里的某个音节或语句的某几个音节读得重些，强些，一般用增加声音的强度来体现。重音有语法重音和强调重音两种。

1．语法重音

在不表示什么特殊的思想和感情的情况下，根据语法结构的特点，把句子的某些部分重读的叫语法重音。语法重音的位置比较固定，一般有以下几种情况。

(1) 一般短句子里的谓语部分常重读。
(2) 动词或形容词前的状语常重读。
(3) 动词后面由形容词、动词及部分词组充当的补语常重读。
(4) 名词前的定语常重读。
(5) 有些代词也常重读。
(6) 用来作比喻的词语常常要重读。例如：像花儿一样鲜艳，像露珠一样晶莹。
(7) 如果一句话里成分较多，重读也就不止一处，往往优先重读定语、状语、补语等连带成分。例如：潮水般的人群涌过来。

值得注意的是，语法重音的强度并不十分强大，只是同语句的其他部分相比较，读得比较重一些罢了。

2．强调重音

强调重音是指为了表示某种特殊的感情和强调某种特殊意义而故意说得重一些的音，目的在于引起听者注意自己所要强调的某个部分。语句在什么地方该用强调重音并没有固定的规律，而是受说话的环境、内容和感情支配的。同一句话，强调重音不同，表达的意思也往往不同。例如，我去过上海 (回答"谁去过上海")；我去过上海(回答"你去没去过上海")；我去过上海(回答"上海、北京等地，你去过哪儿")。

在朗诵时，首先要认真研读作品，正确理解作者意图，才能较快较准地找到强调重音之所在。强调重音与语法重音的区别主要表现在以下几个方面。

（1）从音量上看，语法重音给人的感觉只是一般的轻重有所区别；而强调重音则给人鲜明突出的印象。强调重音的音量大于语法重音的音量。

（2）从出现的位置看，强调重音可能与语法重音重叠，这时语法重音服从于强调重音，只要把音量再加强一些就行了。有时，两种重音出现在不同的位置上，此时，强调重音的音量要盖过语法重音的音量。

（3）从确定重音的难易上看，语法重音较容易找到，在一句话的范围内，根据语法结构的特点就可以确定；而强调重音的确定却与朗诵者对作品的钻研程度、理解程度紧密相连。

(三)语速

语速是指说话或朗诵时每个音节的长短及音节之间连接的松紧。说话的速度是由说话人的感情决定的，朗诵的速度则与文章的思想内容相联系。

一般来说，热烈、欢快、兴奋、紧张的内容速度快一些；平静、庄重、悲伤、沉重、追忆的内容速度慢一些。而一般的叙述、说明、议论则用中速。现举例如下。

周：梅家的一个年轻小姐，很贤惠，也很规矩。有一天夜里，忽然地投水死了。后来，后来——你知道吗？(慢速)(周朴园故作与鲁侍萍闲谈之状，以便探听情况)

鲁：这个梅姑娘倒是有一天晚上跳的河，可是不是一个，她手里抱着一个刚生下三天的男孩，听人说她生前是不规矩的。(慢速)(回忆悲痛往事)

鲁：我前几天还见着她！(中速)

周：什么？她就在这儿？此地？(快速)(吃惊和紧张)

鲁：老爷，您想见一见她么？(慢速)(故意试探)

周：不，不，不用。(快速)(慌乱和心虚)

周：我看过去的事不必再提了吧。(中速)

鲁：我要提，我要提，我闷了三十年了！(快速)(极度的悲愤)

(四)语调

在汉语中，字有字调，句有句调。通常称字调为声调，是指音节的高低升降。而句调则称为语调，是指语句的高低升降。句调是贯穿整个句干的，只是在句末音节上表现得特别明显。根据表示的语气和感情态度的不同，句调可分为四种：升调、降调、平直调、曲折调。

（1）升调，前低后高，语势上升。一般用来表示疑问、反问、惊异等语气。

（2）降调，前高后低，语势渐降。一般用于陈述句、感叹句、祈使句，表示肯定、坚决、赞美、祝福等感情。

(3) 平直调，这种调子，语势平稳舒缓，没有明显的升降变化，用于不带特殊感情的陈述和说明，还可表示庄严、悲痛、冷淡等感情。

(4) 曲折调，全句语调弯曲，或先升后降，或先降后升，往往把句中需要突出的词语拖长着念，这种句调常用来表示讽刺、厌恶、反语、意在言外等语气。例如：

《囚歌》

叶挺

为人进出的门紧锁着，	(平调)(冷眼相看)
为狗爬出的洞敞开着。	(平调)(冷眼相看)
一个声音高叫着：	(曲调)(嘲讽)
爬出来吧，给你自由！	(曲调)(讽刺)
我渴望自由，	(平调)(庄严)
但我深深地知道——	(平调)(一般叙述)
人的身躯怎能从狗洞子里爬出！	(升调)(蔑视、愤慨、反击)
我希望有一天地下的烈火，	(平调)(语意未完)
将我连这活棺材一起烧掉。	(降调)(毫不犹豫)
我应该在烈火与热血中得到永生！	(降调)(沉着、坚毅)

四、朗诵、朗读与演戏的区别

朗诵是有声语言中难度比较大的一种表达方式，也是运用语言技巧最为充分的一种表达方式。朗诵不同于朗读。朗读的材料宽泛，任何文章均可；而朗诵的材料只能是文学作品。朗读是用清晰、响亮的声音把文章读出来，以传达文章的思想内容；朗诵则是用清晰、响亮的声音把文章背出来，以传达文章的思想内容和感情。可见，朗诵的要求比朗读要高，它要求不看作品，面对观众，除运用声音外，还要借助眼神、手势等体态语帮助表达作品感情，引起听众共鸣。

朗诵不同于演戏。朗诵主要通过声音把感情传达给听众，引起听众共鸣，其手势、姿态等的运用不能过多、过火；而演戏需要演员扮演剧中人物，并模仿其语言、动作，对态势语言的要求更高。

单项技能训练

一、读准下列词语。

车轴	加压	斜切	催税	抛锚	筹备	贫民	解决	毁坏	翠鸟	枷锁	邪门儿
血液	别扭	顶端	陪葬	失去	宁静	从容	窗框	渊源	响亮	装潢	拔尖儿
黄蜂	桑葚	鹏程	软缎	逞能	加强	病人	满怀	巴结	宣布	留念	病号儿
惩罚	迟缓	称赞	话剧	哨所	挖掘	或者	功夫	凶狂	寻找	船员	豆芽儿

二、练习夸张四声，寻找共鸣的感觉。

山——穷——水——尽——   清——正——廉——洁——
轻——描——淡——写——   非——常——想——念——
高——朋——满——座——   光——明——磊——落——
五——光——十——色——   虚——怀——若——谷——
英——雄——好——汉——   海——枯——石——烂——
妙——手——回——春——   聚——少——成——多——

三、朗读下列句子(注意语气词"啊"的变读)。

1. 原来新校区建在那个又高又陡的大山坡上啊!
2. 今天难得相聚，大家尽情地唱啊!
3. 多么好的同学啊!
4. 她不愧是党的好女儿啊!

四、读准下列儿化词。

香瓜儿 水波儿 台阶儿 风车儿 玩意儿 板凳儿 棋子儿 刀把儿 小辫儿
一块儿 小鞋儿 杂院儿 号码儿 半截儿 鼻梁儿 脸蛋儿 棉球儿 提成儿
面条儿 模特儿 火锅儿 小说儿 名牌儿 背影儿 冒烟儿 加油儿 马驹儿

五、读准下列绕口令。

1. 街南来了个瘸子，右手拿着个碟子，左手拿个茄子；街上有个橛子，橛子绊倒了瘸子，右手摔了碟子，左手扔了茄子。
2. 白猫黑鼻子，黑猫白鼻子。黑猫的白鼻子，碰破了白猫的黑鼻子。白猫的黑鼻子破了，剥个秕谷皮儿补鼻子；黑猫的白鼻子不破，不必剥秕谷皮儿补鼻子。
3. 东洞庭，西洞庭，洞庭山上一根藤，青青藤条挂金铃，风吹藤动金铃响，风停藤静铃不响。
4. 四是四，十是十。十四是十四，四十是四十。要想说对四，舌头碰牙齿。要想说对十，舌头别伸直。
5. 报纸是报纸，刨子是刨子，报纸能包刨子不能包桌子，刨子能刨桌子不能刨报纸。
6. 进了门儿，倒杯水儿，喝了两口运运气儿，顺手拿起小唱本儿，唱一曲，又一曲。练完嗓子练嘴皮儿。
7. 红砖堆、青砖堆，砖堆旁边蝴蝶追，蝴蝶绕着砖堆飞，飞来飞去蝴蝶钻砖堆。
8. 黄花飞，翻粪肥。肥混粪，粪混灰，不知是灰混粪还是肥混灰。
9. 黑化肥发挥，灰化肥发黑；黑化肥发挥不发黑，灰化肥发黑不发挥。
10. 红凤凰，黄凤凰，粉红墙上飞凤凰。凤凰飞，飞凤凰，红黄凤凰飞北方。
11. 牛郎恋刘娘，刘娘念牛郎，牛郎牛年恋刘娘，刘娘年年念牛郎，郎恋娘来娘念郎。
12. 任命是任命，人名是人名，任命不能说成是人名，人名也不能说成是任命。
13. 板凳宽，扁担长。扁担长，板凳宽。扁担没有板凳宽，板凳没有扁担长。扁担绑在板凳上，板凳不让扁担绑在板凳上，扁担偏要板凳让扁担绑在板凳上。
14. 老农恼怒闹老龙，老龙恼怒闹老农，龙怒龙恼农更怒，龙闹农恼龙怕农。

15. 陈是陈，程是程，姓陈不能说成是姓程，姓程也不能说成是姓陈。禾旁是程，耳朵是陈。程陈不分，就会认错人。

16. 哥哥弟弟坡前坐，坡上卧着一只鹅，坡下流着一条河，哥哥说宽宽的河，弟弟说肥肥的鹅。鹅要过河，河要渡鹅。不知是鹅渡河，还是河渡鹅。

六、朗读下面的材料，注意停连、重音、语气和节奏。

——在苍茫的大海上，狂风卷集着乌云。在乌云和大海之间，海燕像黑色的闪电，在高傲地飞翔。一会儿翅膀碰着波浪，一会儿箭一般地直冲向乌云，它叫喊着，——就在这鸟儿勇敢的叫喊声里，乌云听出了欢乐。在这叫喊声里——充满着对暴风雨的渴望！在这叫喊声里，乌云听出了愤怒的力量、热情的火焰和胜利的信心。海鸥在暴风雨来临之前呻吟着，——呻吟着，它们在大海上飞蹿，想把自己对暴风雨的恐惧，掩藏到大海深处。海鸭也在呻吟着，——它们这些海鸭啊，享受不了生活的战斗的欢乐：轰隆隆的雷声就把它们吓坏了。

蠢笨的企鹅，胆怯地把肥胖的身体躲藏在悬崖底下……只有那高傲的海燕，勇敢地，自由自在地，在泛起白沫的大海上飞翔！

七、朗诵余光中的《乡愁》，注意语法停顿和强调停顿。

小时候，
乡愁是一枚小小的邮票，我在这头，母亲在那头。

长大后，
乡愁是一张窄窄的船票，我在这头，新娘在那头。

后来啊，
乡愁是一方矮矮的坟墓，我在外头，母亲在里头。

而现在，
乡愁是一湾浅浅的海峡，我在这头，大陆在那头。

综合技能训练

一、诗文朗读训练检测。一名同学抽取样题准备 3 分钟以后，按要求进行朗读，其他同学记录朗读情况并评议打分。

1. 毛泽东的《沁园春·长沙》
2. 朱自清的《匆匆》
3. 张爱玲的《爱》
4. 周国平的《面对苦难》
5. 臧克家的《有的人》
6. 李白的《将进酒》
7. 纪弦的《你的名字》
8. 徐志摩的《再别康桥》

9. 梁遇春的《吻火》

10. 刘湛秋的《我常常享受一种孤独》

二、每人挑选一篇自己喜爱的作品,按以下步骤进行认真准备,并参加班级朗诵比赛:第一步,扫清语言障碍;第二步,深入理解作品;第三步,把握并调动感情;第四步,运用所学的朗诵知识和技巧进行朗诵。

第四章 态势语言

【案例导入】

英国哲学家培根说过:"相貌的美高于光泽的美,而秀雅合适的动作美又高于相貌的美,这是美的精华。"某学院成功举办了一场"祖国在我心中"的演讲比赛。在演讲过程中,王某某同学以其俊朗的外表形象、优雅的态势语言,给听众留下了深刻而美好的印象,最终摘得本次大赛的桂冠。

历史上真正成就伟大事业的人都把祖国的命运(右手伸出,腹部略弯曲,头部随右手微转,眼睛注视右手指向的方向)与自己的命运(左手伸出,腹部略弯曲,头部随左手微转,眼睛注视左手指向的方向)紧密联系在一起(两手掌心向内合拢在一起),在他们的胸怀里(将合拢的双手分开,掌心向上),始终跳动着一颗追求至真、至善、至美的爱国之心(两手收回,右手放在胸口)。

文雅的仪表、悦人的仪态,是人们表达思想、抒发感情的第二语言。而今,随着人际交往的日益频繁,其作用更是备受关注。那么什么叫态势语言,在演讲中又如何正确运用呢?

【本章要点】

- 态势语言概述。
- 体态手势使用技巧。
- 表情眼神使用技巧。
- 态势语言四忌。

第一节 态势语言概述

演讲者留给听众的第一印象,往往是从主体形象开始的。在演讲过程中,运用富有煽动力的态势语言表达思想感情,让文采在"一言一行"中自然流露,可以取得很好的演讲效果。

一、态势语言的含义

态势语言也称无声语言或肢体语言,是一种运用手势、表情、体姿来表情达意的特殊语言,主要由仪表系统、姿态系统、手势系统和面部表情系统等组成。

二、运用态势语言的原则

在演讲过程中，态势语言起辅助性作用，运用时必须遵循以下四个原则。

(一)目的性原则

演讲过程中，演讲者所运用的表情、手势、体态，往往都是为了表情达意的需要，具有明显的目的性。在日常的交谈活动中，我们也使用下意识的态势，如挥手、摆头，身子前倾或后仰等，但这种态势一般与说话内容没有必然的内在联系，只是生理上的要求而已，没有明确的目的性。

(二)准确性原则

所谓准确，就是演讲者要能根据演讲内容的需要，恰当地设计并运用态势语言，表达思想和感情，千万不可节外生枝，多用、滥用。

(三)自然性原则

自然性原则，要求演讲者仪态大方，自然得体，反对矫揉造作，反对刻意作秀。因为夸张生硬的刻意表演，会让听众觉得滑稽可笑，从而失去听讲的兴趣。

(四)个性化原则

态势的表现与演讲者的性格气质紧密相连，个人的性格气质往往"规定"了态势特点。性格开朗爽直的人，其表情动作，尤其是手势动作，一般比较急速、频繁、果断、有力；而性格内向的人，其表情动作，一般比较缓慢，尤其是手的活动范围较小，变化也不多。运用态势语言进行表达、交流的时候，必须保持自己的个性特征，显示自己的风格，不必一味模仿他人。

第二节 体态手势使用技巧

在语言实践活动中，恰当灵活地运用体态手势，既可以辅助有声语言承载强调、解释、补充意义的作用，还可以诉诸听众的视觉器官，使听众产生与听觉同步的效应，增强有声语言的艺术感染力，使演讲更具感染性、鼓动性，达到最佳演讲效果。

一、身体形态

身体形态也可简称为体态，是态势语言的一种，主要包括仪容的修饰和躯体的造型两个方面。仪表和容貌、站姿和走姿，互相联系、互相转化，呈现多姿多彩的情形，能给人以动态美。

(一)仪表和容貌

一个人的外表，体现了其气质与风度，对树立演讲主体形象，集中听众注意力，调动听众情绪起积极重要的作用。仪表一般包括服饰与修饰。容貌一般包括面容与发式。

1．服饰与修饰

(1) 服饰。伟大的戏剧作家莎士比亚说过："服装往往可以表现人格。"演讲者的服饰，要与自己的身份、年龄、职业相称，做到整洁大方、庄重朴素、轻便协调、色彩和谐。青年人张扬青春风采，以淡妆体现自然美、个性美。中年人展现成熟风韵，以高雅体现成稳、俊逸之美。老年人突出深沉理性，以平和体现睿智、淡定之美。

(2) 修饰。修饰是一门艺术，也是一种文化、一种无声的语言，更是透视个人形象的重要窗口。演讲者的修饰，要与演讲内容相吻合，千万不能过度，更不可佩戴过多装饰品。浓妆艳抹、珠光宝气者，纵然口吐莲花、舌绽春蕾，也绝不会使听众产生钦佩之感。

2．面容与发式

(1) 面容是人的仪表之首，也是最为动人的地方。每个人都应该通过科学修饰，使自己容光焕发、充满活力，给别人留下美好的印象。牙齿要保持清洁，坚持每天早晚刷牙，并采用正确的刷牙方法，防止或消除口腔异味。

(2) 干净整洁是演讲主体形象的第一要素。头发要清洗干净、修剪整齐。男士头发最好不要披肩，女士头发不能有过多的装饰及怪异的造型。

(二)站姿和走姿

1．站姿与禁忌

(1) 站姿。优雅的站姿是动态美的起点，是第一引人注意的姿态。站得挺拔，能给人留下深刻的印象。亭亭玉立、玉树临风常常被人们羡慕和称赞。演讲者的站姿，要求：头部抬起，双目平视听众(或前方)，脖颈挺直，面带微笑，精神饱满。双肩下沉外展，两臂自然垂于身体两侧，挺胸、收腹、立腰，富有朝气。臀部略收，双腿并拢直立，重心落于脚掌，挺拔自然。

男生可以选择平行分列步(两脚并拢或稍微分开)站立。女生可以选择双手自然交握于腹部上位(右手轻握左手指部位)，双脚跟并拢，脚尖分开成 30 度，或双脚成"丁字步"身体略侧的"舞台姿态"站立。

(2) 禁忌。两脚叉开，让人觉得傲慢；两脚并拢、上身僵硬，显得呆板；一前一后"稍息"状态，腿不停地抖动，给人不严肃、不稳重的印象；低头不面向听众，摆弄衣角或纽扣，给人以胆怯之感；耸肩，转动身体，或将手插入衣兜内，给人以懒散的感觉。

2．走姿与行礼

(1) 走姿。优美的走姿直接反映出一个人的精神面貌、性格特征。行得从容，能够给人以自然、轻盈、稳健的美感。演讲者的走姿主要指上下讲台的过程，演讲时则无须过多地移动。

演讲者离开座位走上讲台时，头部抬起，双目平视前方(约 5 米处)。挺胸、收腹、立腰，上身略前倾。双肩自然下沉，手臂放松，手指自然弯曲，以肩关节为轴，上臂带动前臂摆动，两臂前后摆动的幅度不得超过 30 度。每迈出一步，前脚跟到后脚尖之间的距离，一般为 1~1.5 个脚长。女生行走时两脚内侧着地的轨迹应在一条直线上。男生行走时两脚内侧着地的轨迹应在两条直线上。走上讲台后，要选择适当的位置停下，自然转过身来。演讲过程中，如果需要移动位置，可单脚一步一步地移，不能碎步或大步移动。下台时的走姿和上台一样，做到轻松自然、潇洒稳健。

(2) 行礼。在演讲活动中，演讲者的情感传达和信息传递，可以由鞠躬等全身动作来展现。演讲者行鞠躬礼，以 45 度为宜。男生双手自然放在身体的两侧，女生自然交握于腹部上位(右手轻轻握住左手指部位)，上身前倾 45 度，目视下方点头，然后抬头起身，目视听众，表示对听众的谢意。

二、手势动作

手势由掌、臂、拳、指等不同造型及伸、摇、摆等动作构成，其描摹的状貌、传递的意义、抒发的情感有许多是约定俗成，为大家共同接受的。在演讲过程中，大方得体的手势，能够增加个人形象魅力指数。

(一)手掌

手掌在整个手势的运用过程中占首位，其基本方法和作用如下。

(1) 手掌向上，胳膊伸向上方(肩部以上)或斜前方，表示激越，大声疾呼，发出号召，以及对未来的憧憬、希望等内容。例如：

让我们携起手来，共同奔向美好的明天吧！(手掌指向斜上方表示号召)

同志们：大灾面前有大爱，伸出你的援助之手，把我们的爱洒向汶川！(手掌指向斜前方，既表示汶川，也表示大声疾呼)

(2) 手掌心向上，胳膊居身体中位(胸以下腹部以上)，表示叙述事实、说明情况或表示请求、承认。例如：

我和你们永远是最要好的朋友！(手掌居身体中位，在说到"你们"时指向前方的听众，指代"你们")

我的父亲是上海市人，为了支援山区，他 20 岁就来到襄阳的一个小县城！(说到"来到"两个字时可将手掌居身体中位两手平摊，表示"来到")

(3) 手掌心向下，居身体的下位(腹部以下)，胳膊微曲，有时斜劈下去，表示神秘、压抑、反对、制止、不愿意、不喜欢、鄙视。例如：

这种损人利己的行为，我们是坚决反对的。(手心向下横劈，表示制止)

你的所作所为，太让我失望，你走开！(手心向下横劈，表示厌恶)

(4) 两手掌心由合而分，多表示空虚、失望、分散、消极无奈。例如：

一个人如果没有远大理想，那么他将一事无成。(两手掌心向上由合而分，表示失望)

这件事情，我也没办法。(两手掌心向上由合而分，表示无奈)

(5) 两手掌心由分而合大多表示亲密、联合、和好、接洽、团结的意思。例如：

他们经过种种考验，有情人终成眷属。(两手由分而合，表示和好)

为了一个共同的目标，我们走到了一起！(两手由分而合，表示团结)

(6) 单手掌劈、砍、点、顶，借助于猛力伸出、摆动，表示信心力量、无所畏惧、气魄雄伟、否定等意思。例如：

从今往后，我们一刀两断！(单手掌猛劈，表示断绝)

中国人民是无所畏惧的，就是天塌下来，我们也顶得住！(单手猛出，以手心向上推向头顶，表示雄伟气魄)

(二)手指

手指在演讲时运用不是很多，但也有表意作用。

(1) 大拇指伸出表示赞颂、崇敬、钦佩、夸奖、第一、老大之意。例如：

我们的武警官兵真了不起！(大拇指伸出，表示赞颂)

他是我们医院最棒的大夫。(大拇指伸出，表示最棒)

(2) 食指伸出表示指点事物的数目和方向，也可以是批评、指责、命令。例如：

今天到会的有 1、2、3、4……(伸出食指，表示清点到会的人数)

你为什么要这样做？(伸出食指指对方，既明确对象又表示指责)

(3) 小拇指伸出表示卑下、低劣、无足轻重的意思。例如：

别看他人长得英俊，但做起事来是这个。(说到"这个"时伸出小拇指，表示对方做事"卑下")

你是家里的老大，我是老幺。(说到老幺时伸出小拇指，表示自己无足轻重)

(4) 特殊含义。

① 食指和中指向上伸，成 V 形，一般理解为"胜利"与"和平"的意思。我国表示数字"二"。欧美国家表示胜利和成功。英国手心向外表示胜利，手掌向内表示贬低人、侮辱人的意思。

② 大拇指和食指搭圆，其他三指伸直，构成 OK，一般表示赞扬或允许的意思。在我国、法国表示零的意思。美国表示同意、了不起、顺利的意思。日本、缅甸、韩国表示金钱的意思。

③ 双手的食指由分而合，在戏曲舞台上通常表示夫妻二人结为连理、珠联璧合的意思。

④ 五指张开招手表示招呼，左右摇晃表示拒绝。

(三)拳头

拳头在富有激情的演讲中用得最多，经常用于政治、法律、道德等内容的演讲。

(1) 在身体上位握紧拳头，有誓死捍卫、决心、团结、奋斗的意思。例如：

人生需要目标，目标需要奋斗！(握紧拳头放于肩部以上，表示决心)

小红，千万挺住！(握紧拳头放于肩部以上，表示团结奋斗)

(2) 在身体中下位握紧拳头，表示怒火燃烧而又强忍或警告、威胁的意思。例如：

好小子，总有一天我让你后悔莫及！(握紧拳头，表示怒火燃烧、强忍)

你……你再说，我揍扁了你。(握紧拳头放于两腿侧面，伴有咬牙切齿，有警告、威胁的意思)

三、使用技巧

《南方人物周刊》负责人曾说："我们所界定的魅力，不是从脸蛋上散发出来的，而是从一个人的浑身上下，从一个人公开和私下场合的言谈举止里，散发出的综合气息。"演讲时手势的运用有以下几个基本要求。

(一)自然协调

自然协调是使用手势的基本要求。演讲者在运用手势时，要做到三个协调：一是和口语表达保持协调，不能先出手或为做手势而做手势；二是和身体协调，要求肌肉不紧张，腿、脚、肩部放松，伸胳膊时肩部不能上耸，胳膊伸直就是伸直，不能弯弯曲曲，显得小气、不大方；三是和情感基调协调，话到伤心处才泪花满面流，没有情感的波澜，冷不丁做一个手势，这样做动作很搞笑，听众会鼓倒掌、喝倒彩。

(二)幅度适中

演讲中的"演"不是表演，只是借助"演"来提高"讲"的效果。因此，手势动作幅度要适当，不可夸张。活动范围不能太大，表达强烈的感情可以单手伸直，指向斜上方，其他情况幅度一定要小，表明意思即可。

(三)次数适当

在一次演讲中，手势有三五次就可以了，不宜过于频繁。如果过于频繁，会让人感觉在打手势表演哑语，不但不能帮助演讲成功，反而破坏演讲的效果。

四、使用手势的禁忌

手势在演讲活动中必不可少，但必须恰到好处，避免以下几种情况。

(一)手势重复

反复出现某一种手势，听众要么认为你紧张、怯场，要么认为你不够谦虚，而产生厌烦心理。节目主持人王小丫的"四指并拢，手掌快速伸出，又快速缩回"的请回答手势，虽然体现了其个人风格和魅力，也得到观众的认可，但也只能在活动开始时做，不能贯穿其始终。

(二)幅度过大

动作过于夸张，是舞台表演的需要，而不适合演讲。演讲者如果在台上不停地手舞足蹈，那么即使讲得神采飞扬、滔滔不绝，听众也是不愿意听的。

(三)刻意表演

演讲中心的"演"，是演讲者思想情感的真实流露。虽然演讲者非常希望通过种种表演，使演讲生动形象、深入人心，可是如果刻意而为，往往会弄巧成拙，吃力不讨好，引起听众的反感。

(四)不用手势

演讲，要求既演又讲。演讲者在演讲的过程中，要恰当地运用手势，以增强有声语言的情感张力。如果直直地站在讲台上，嘴皮一张一合，像背书一样进行演讲，那么整个演讲的效果肯定不好。

手势是演讲活动中"演"的重要组成部分，我们除了要从理论上了解其重要性外，还必须在演讲的实践活动中设计手势、运用手势，只有这样方能发挥其作用。

第三节　表情眼神使用技巧

人的面部表情主要由眼神、脸色、眉语、唇形等构成，它是最准确、最微妙的"晴雨表"，也是人们"喜、怒、哀、乐"这些心灵情感的荧光屏。

一、表情

面部表情的丰富和生动，应该根据演讲内容和演讲者的情绪而定，做到一笑一颦与演讲内容合拍，一举一动把听众引入所希望达到的境界，把听众的情绪由低潮引向高潮，从而使台上、台下产生共鸣。

(一)面部表情使用技巧

有人说，美国总统罗斯福演讲时，全身好像一架表现感情的机器，满脸都是动人的感情。听众从演讲者的面部表情，可以看到其情感世界，可以更好地理解演讲内容。人的面部表情非常丰富，仅眉毛就可以表达几十种表情：眉飞色舞、眉开眼笑、双眉紧锁、横眉冷对、低眉顺眼、扬眉吐气……恰当使用，有利演讲。

(1) 叙述性演讲，面部表情要平和、喜悦等。例如：陈坤的《人生路莫慌张》演讲。

(2) 政治性演讲，面部表情要庄严、肃穆等。例如：孙中山的《走向共和》演讲。

(3) 鼓动性演讲，面部表情要急切、充满期待等。例如：郭沫若的《科学的春天》演讲。

(二)面部表情使用三忌

(1) 忌拘谨木讷。演讲者如果上台后面无表情、冷若冰霜、呆板僵硬，不是死盯着演讲稿不放，就是目不斜视，像小学生背书，其演讲是不可能感染听众的，也不可能有好的效果。

(2) 忌神情慌张。初次上讲台的演讲者，往往容易犯手足无措、面红耳赤、汗出如浆的毛病，这就需要通过多上台、多锻炼加以克服。

(3) 忌故作姿态。故作姿态虽有感情的表露，但它不真实、不自然，不会真正感染听众。有的演讲者讲到得意之处，自作多情，却让听众莫名其妙，这样的多情只会影响演讲效果。

二、眼神

面部表情最生动的部分就是眼神，意大利文艺复兴时代的著名艺术大师达·芬奇说过："眼睛是心灵的窗户。"人的喜怒哀乐，许多具体、复杂甚至难以言传的思想感情都可以通过眼神反映出来。例如，俯视表示爱护、宽容，仰视表示尊敬、崇拜，平视表示自信、坦率。

在演讲与交谈活动中，眼神具有重要的表情达意和控制会场的作用。有经验的演讲者总是能够恰如其分、灵活巧妙地运用自己的眼神去表达千变万化的思想感情，调节演讲现场气氛，影响听众，以收到最佳演讲效果。

(一)眼神使用技巧

对于眼神技巧，我们既要掌握其表情的方法，又要正确使用，只有这样，才能使自己的演讲轻松自如，易于成功。

1) 角度技巧

(1) 纵向角度。眼神要落向最后一排听众的头顶，并注意目光保持平视。视线太低(俯视)，只看到前几排，这样照顾不了大多数听众；视线太高(仰视)，又会使听众感到趾高气扬、盛气凌人，似乎看不起听众。

(2) 横向角度。适当横向扫视，或从左到右，或从右到左，不能长时间停留在某一点上，但也不能过快地扫视。

2) 视觉技巧

(1) 前视法。前视法主要指演讲者的视线平直地向前流动，统摄全场。一般来说，视线的落点应放在全场中间部位听众的脸上，在此基础上适当变换视线，照顾到全场听众，并用弧线在全场流转，不可忘掉任何一个角落的听众，这样可使听众认为演讲者在关注自己，从而认真听演讲。

(2) 环视法。环视法是指有节奏或周期性地把视线从全场或教室的左方扫到右方，再从右方扫到左方，从前面到后面或从后面到前面，以便不停地观察和发现听众的动态，增加双方的情感交流。

(3) 虚视法。虚视法要求似视非视，"目中无一人，心中有所有人"，这种方法既可以克服紧张的毛病，显示出端庄、大方的神态，又可以把精力集中在演讲内容上。为了把听众带入想象的世界，对于初次登台的演讲者而言这一方法十分有效。不过，也要转换，不可长用此法。

(4) 点视法。点视法是指在环视的过程中，发现哪里不安静，便投去制止性的目光或者专注的目光加以控制；对有疑问的个别听众，便投以启发性的目光；对认真听演讲的听众，也可以投以交流鼓励的目光，这样会使演讲全场安静，从而顺利完成演讲。

3) 交流技巧

演讲者的眼神与听众的目光"亲密"接触，这是演讲通向成功的关键一步。演讲时最大的禁忌是眼睛盯向天花板、窗户外面或墙面，不看听众，不与听众交流。

(1) 及时交流。演讲者一走上讲台，就应该抬头平视听众，环视会场四周，扫视全场。

(2) 注意变化。在演讲过程中，演讲者要用眼神的变化表达自己内心丰富的感情。例如，讲到高兴处，就睁开眼，散发兴奋的光芒；讲到哀伤处，可让眼皮下垂，或呆滞一会儿，显露哀伤之情；讲到愤怒处，可瞪大眼睛，固定眼珠，让眼睛射出逼人的光芒；讲到愉快处，可放松眉眼，让眼神充满喜悦的光彩。

(3) 适当调整。一般情况下，整个演讲过程都是采用平视的目光，但也要根据内容的需要，让眼睛的视线或近或远，或轮转环视，或用询问、亲切友好的目光寻求听众的支持。

(二)眼神使用原则

对演讲而言，使用眼神，首先要目光炯炯，给人以健康、精力旺盛、热情自信的印象。目光迟钝或神秘狡黠是演讲中很少用的。其次，环顾或专注都不能过度，过多环顾，眼睛溜转不停，不断循环往复，不但不能照顾全场，反而分散听众的注意力。再次，眼睛和表情要和演讲内容协调一致，密切配合。例如，当表示希望、请求、祝愿和思索时，头微微抬起，视线也随着上升；当表示沉痛情绪时，头稍稍低下来，视线也应下垂，即目光与整个体态表情相协调。

第四节　态势语言四忌

在演讲活动中，要想让态势语言真实可信地反映自己的思想、情感以及心理活动与变化，真正发挥其辅助功能的作用，必须注意以下几点禁忌。

一忌指指画画。不要使用随意的没有逻辑基础的手势动作，如一句话一个动作摆弄不停，甚至还十分夸张。有些演讲者以为指指点点、比比画画忙个不停就能够引起听众的注意，加强演讲的说服力，殊不知恰恰相反，这样只能在听众面前暴露自己的不良习惯。

二忌机械重复。机械重复是演讲中最为常见的一种表现形式。它单调、呆板，最不费脑筋,最讨嫌,也最容易引起听众的误会。例如,有人从演讲一开始,就一只手直搓着脸不放,以致听众误以为他是牙疼。还有的人总是伸长脖子、歪着脑袋讲话,样子显得很吃力,听众看着、听着几乎都在为他使劲,只觉得心里堵得慌,很不舒服。

三忌刻意表演。刻意表演,即刻板地运用姿态手势动作去"表演"内容,这样做往往弄巧成拙,吃力不讨好,容易引起听众的反感。

四忌无态势语言。有的演讲者站在台上,或双手相握,或手按讲台,除了嘴一张一合,全身一动不动。呆板拘谨的形象,不仅大大减少了信息传播量,而且使听众感到十分疲倦。

总而言之,态势语言是演讲表达的重要方式之一。它不仅能够有效地帮助演讲者传情达意,塑造形象,还能感染听众,给听众留下深刻的印象,使演讲获得成功。

单项技能训练

一、目光训练:两人一组,眼睛对眼睛相视1分钟。

二、微笑训练:双颊肌肉用力向上抬,嘴里念 E 音,用力抬高口角两端,注意下唇不要过分用力;或者口中含一根细长的筷子,对着镜子,做最使自己满意的表情,到离开镜子时也不要改变它。最后,用一张白纸遮住眼睛以下部分,让同学猜测自己是否正在微笑。

三、每天坚持做5次"坐如钟"(正襟危坐)和"站如松"(挺身直立)训练,逐步养成与人谈话时的良好身姿习惯,纠正失礼、失当的不良身姿。

四、按学号顺序,训练坐姿、走姿、站姿、鞠躬等态势语言。

综合技能训练

一、观看优秀演讲家的演讲录像片段,仔细观察其态势语言,并分析其所流露的情感信息。

二、根据下文内容及情感的表达需要,设计态势语言。

大家晚上好,在这金秋的季节,丹桂飘香,我们迎来了老同学的盛大聚会。我对老同学的到来表示热烈的欢迎!人生漫长,弹指一挥间,一晃二十年过去了。那时的我们"恰同学少年、风华正茂",有的是精力,有的是年华。

二十年后的今天,我们各自有了家庭和事业,交往少了许多。今天是个千载难逢的好机会,愿大家相聚在这里,畅谈友谊,开怀畅饮,举起我们手中的酒杯,为我们的友谊和将来干杯,祝大家尽兴开心!

三、学生以演讲者的身份走上讲台,鞠躬行礼,环顾会场后,正视前方,然后下场。

要求:

仪表——服饰整洁、得体。

表情——面带微笑、精神饱满。

走姿——轻快、稳健，目视前方，上身略前倾。

站姿——抬头、挺胸、收腹。两臂自然垂于身体的两侧。女生，丁字步；男生，平行分列步。

鞠躬——上身前倾45度，目视下方点头，然后抬头起身，目视听众。

正视——目视正前方，可集中看一点，也可不聚焦某一点某一人，而把听众作为一个整体来看。

环视——面带微笑，以诚挚的目光正视前方，以正视方向为起点，眼睛随头部摆向左方(或右方)45度，然后转向右方(或左方)45度。

第五章　拟稿演讲

【案例导入】

演讲改变命运，口才决定人生。演讲能力是衡量一个人思想水平高低的标尺，也是检验一个人才干和人格魅力的标杆。

1865年，美国内战结束后，陶克将军与他手下的一名叫约翰·海伦的士兵，共同竞选国会议员。演讲前，几乎所有人都认为，胜利一定属于陶克将军。竞选演讲开始了，陶克将军慷慨激昂，以一种胜利者的高姿态，列举了自己在战场上的赫赫战功。而约翰·海伦则非常谦逊，只说自己作为一名普通士兵，如何在极其恶劣的环境中，坚守岗位，恪尽职守。竞选结果，约翰·海伦以真实的内容、亲切的形象，出乎意料地赢得了选票和最终胜利。

(资料来源：刘玉贤. 将军为什么输给了士兵[J]. 演讲与口才，2005，290(1).)

一位是功勋卓著的将军，一个是普普通通的士兵。为什么将军败给了士兵？因为，约翰·海伦的演讲更贴近民众，符合民众的心理需求，让民众信赖。写演讲稿是形成演讲逻辑起点的关键，也是演讲走向成功的重要保证。掌握演讲稿的写作方法，以及有备演讲的技巧，显得尤为重要。

【本章要点】

- 拟稿演讲的含义及作用。
- 拟稿演讲的特点。
- 演讲稿的种类。
- 演讲稿的写作技巧。
- 演讲稿的写作要求。
- 拟稿演讲技巧。
- 演讲词记忆、再创造技巧。

第一节　拟稿演讲的含义及作用

真的火种、善的使者、美的旗帜，是演讲艺术的亮丽标志；深刻的思想、真诚的感情、生动的表述，是镶嵌在演讲艺术桂冠上的三颗明珠。[1]演讲在实现人生价值或人际交往乃至国际交往的过程中，都起着极其重要的作用。

---

[1] 景克宁. 演讲与口才[J]. 演讲与口才，2005，292(2).

第五章　拟稿演讲

一、拟稿演讲的含义

演讲的类型以形式为标准分为拟稿演讲、即兴演讲和论辩演讲三种类型。拟稿演讲，也叫有备演讲。它是针对一定的场合，面对特定的对象，拟写好书面文稿后，再进行演讲的一种演讲形式。

二、拟稿演讲的作用

演讲应该是一段有目的的旅程，必须事先绘好行程图。拟稿演讲规范了演讲的内容和形式，其作用如下。

(一)有的放矢

演讲最忌信马由缰、毫无目的的纵横驰骋，最忌东拉西扯、言不及义的古今漫谈。拟稿演讲，可以使演讲者在拟写演讲稿的过程中，根据听众的需要、演讲的目的和主题要求，精心选择材料，以保证演讲自始至终有的放矢，具有针对性，为取得引人入胜的演讲效果做好准备。

(二)谋篇布局

无中心、无主次、杂乱无章的演讲是没有听众缘的。拟稿演讲，演讲者可以通过认真充分的准备，使演讲的主题鲜明集中，篇章结构自然清晰，语言表达形象生动。

(三)轻松有数

初次登台演讲，一般人都会有点儿紧张情绪。如果拟写了比较满意的演讲稿，再加上事先的模拟演练，心中有文，走上讲台就会胸有成竹、充满信心，拥有比较好的心理感觉。演讲过程中即使偶有疏漏，也可凭手稿提示不着痕迹，从容应对。

(四)控制时限

演讲一般都会对时间做出限制。写好了演讲稿，演讲者可以按字数的多少，反复测定语言表达的速度和节奏，从容不迫地在规定时间内完成演讲。

第二节　拟稿演讲的特点

拟稿演讲是演讲者就人们普遍关注的具有某种意义的事物或问题，运用口头语言，面对一定场合的听众，直接发表意见，以达到与听众进行双向交流的一种社会实践活动。它具有以下几个特点。

一、针对性

拟稿演讲是演讲者为了达到某种目的而采取的有备演讲。演讲的内容，首先要有一定的现实针对性，能够满足某个特定的宣传任务和听众的实际需要。其次要根据不同的对象，采用相应的形式，以缩短与听众的心理距离。

二、情感性

唐代诗人白居易说过："动人心者，莫先于情。"演讲的目的和作用就在于打动听众，使听者对演讲者的观点或态度产生认可或同情感。拟稿演讲更能够把火热的激情洋溢在字里行间，抒发在声调中，感染人、打动人。

三、传声性

演讲的本质是将无声的书面语言转化为有声的口头语言。因而，拟稿演讲必须适应这一要求，做到演讲稿的句子简短，句式多变，声调抑扬，语气自然，语言晓畅，用词准确。只有这样，才能使文稿讲起来上口，听起来入耳，取得良好的演讲效果。

四、鼓动性

鼓动，就是用声调、词句、姿态激发听众的情绪，使他们行动起来。拟稿演讲，演讲者可以运用各种修辞手法增强演讲词的鼓动性，以更有效地对自己的论题、主张进行阐述，从而使听众对演讲的内容产生休戚相关的真挚感情，起到触动心灵的作用。

第三节　演讲稿的种类

演讲稿又称演说词，其种类可以从不同的角度来划分。了解演讲稿的种类，根据不同的种类行文，可以使演讲稿的写作更加得心应手。

(1) 按用途分类，演讲稿可分为竞选演讲稿、就职演讲稿、欢迎演讲稿、告别演讲稿、学术演讲稿等。

(2) 按地点分类，演讲稿可分为街头演讲稿、广场演讲稿、厅堂演讲稿、墓前演讲稿等。

(3) 按保密性分类，演讲稿可分为秘密演讲稿、公开演讲稿等。

(4) 按准备情况分类，演讲稿可分为有备演讲稿、即兴演讲稿。

(5) 按内容分类，演讲稿可分为政治演讲稿、经济演讲稿、社会生活演讲稿、文化演讲稿等。

(6) 按主题分类，演讲稿可分为专题演讲稿、自由演讲稿。

(7) 按表达方式分类，演讲稿可分为叙述型演讲稿、议论型演讲稿、抒情型演讲稿等。

第四节　演讲稿的写作技巧

写演讲稿不同于写一般的文章，它需要有一个把视觉转换为听觉的过程。这就要求写演讲稿时要把书面语言还原为口头语言，把语言写活。演讲稿通常包括标题、称呼、开头、主体和结尾几个部分。

一、标题写作技巧

标题是一篇演讲稿不可或缺的有机组成部分，是演讲的"眉目"。好的标题，能够给人留下鲜明而深刻的印象，引起听众浓厚的兴趣。标题主要有以下几种形式。

(一)揭示型

揭示型标题，主要包括揭示主题和揭示场合两种。例如：《在挑战中走向辉煌》《智慧的语言创造财富》《别让诚信抛弃自己》《勇敢地表现自己》等属于揭示主题型；《在诺贝尔文学奖颁奖典礼上的演讲》《在护士节庆祝会上的演讲》《在中国海洋大学校庆大会上的演讲》等属于揭示场合型。

(二)含蓄型

含蓄型标题是运用比喻或象征等修辞手法，把抽象的哲理或某种象征意义具体化、形象化。例如：《打开信任的口袋》《给爱加个砝码》《过滤生命的杂质》等。

(三)祈使型

祈使型标题是运用祈使句，提醒听众，以激起警觉，使之猛醒。例如：《大学生，请用优美的语言包装自己》《注意，路上处处有红灯》等。

(四)抒情型

抒情型标题是抒发自身的主观情感，以情感人，具有浓厚的感情色彩。例如：《演讲艺术，我爱你》《我骄傲，我是"90后"》《我的地盘，我做主》等。

(五)新闻型

新闻型采用正题加副题的形式，正标题揭示主题，副标题补充说明。例如：《拼搏——永恒的旋律》《巴菲特与比尔·盖茨——两位富翁的忘年交》《未来与现在——写在毕业之前》等。

二、称呼写作技巧

称呼写在正文首行顶格的位置,并根据受听对象和讲演的需要决定称呼内容。常用"同志们:""朋友们:""女士们、先生们:"等;也可加定语渲染气氛,如"年轻的朋友们:""亲爱的同学们:"等。当然,也可根据演讲场合不用称呼,自然进入演讲。

三、开头写作技巧

演讲能否成功,关键在于开始的一两分钟内是否吸引听众。有了好的演讲开头,就等于成功了一半。作为演讲者,要因时、因地、因人精心设计开头,力争使开头像"凤头"那样精美,像磁铁那样吸引人。下面介绍几种常见的开头方式。

(一)物品开篇,吸引眼球

演讲的利他性,要求演讲者心中必须有观众。物品开篇,可以对观众造成一种视觉上的冲击,继而产生聆听的强烈愿望。例如,《关于我自己的故事》的开头:

今天我给大家带来了一个礼物(举起并指着小铜盒)。我珍藏它已经五年了。它不仅使我改变了自己的命运,更让我明白了自己肩上的重担不止千斤。你们一定想知道它是什么吧?那就请听一个关于我自己的故事。

(二)场景开篇,拉近距离

场景开篇是一种极富感染力的开头方式,它能在最短的时间内拉近与听众的距离,拨动其心弦。例如,一位新上任的班长的就职演说的开头:

班主任安排我当班长,如果说上任之前我对当好班长还有顾虑的话,那么现在我是信心十足了!为什么?因为从大家热烈的掌声中,从一双双明亮的眼睛中,我看到了两个字:"信赖"!同学们,还有什么比信赖更使人鼓舞的?

(三)问题开篇,启发思考

问题开篇,可以满足听众的好奇心,激发其思维的火花,将其带进演讲者所设定的演讲艺术氛围之中。例如,《诚信》演讲稿的开头:

在刚刚结束的北京奥运会上,每当中国健儿摘取了金闪闪、沉甸甸的金牌时,每当鲜艳的五星红旗冉冉升起时,我们每一位中国人都为之激动和自豪。而现在,新一轮的诚信大赛又将开始,作为在建设诚信社会中应发挥核心作用的政府机关,又该如何行动呢?

(四)故事开篇,激发兴趣

叙述故事可以将概念的东西情节化,抽象的道理通俗化,激发观众的兴趣。例如,钱

第五章　拟稿演讲

谷融在上海文艺理论研讨会上的演讲开头：

　　请允许我讲一个故事。有位先生原来有妻室，是父母包办的婚姻，虽然妻子很贤惠，但感情这东西不像数学公式"1＋1＝2"那样简单清楚。他在社交中认识了某位女士，一来二往，两人就情投意合，就是说情已他移。这难以多责怪，因为他们确有共同语言，真正感受到恋爱的甜蜜。然而，他却很苦恼，尽管非常爱她，却不敢挽着这位女士的手臂走进公共场合，而是专心地带着他的老婆，还要在脸上堆着笑，显得很恩爱。更叫他疑虑重重的是，不少人尽可以私下里赞同他的恋爱观，可是如果一到了公开场合，准会侧目以待，甚至慷慨陈词，所以他只能苦恋着。——诸位，我就是那位先生，那位女士就是我的《论文学是人学》！但是今天，我终于把她带到大庭广众中来了！

　　　　　　　　　　　(资料来源：钱谷融. 论文学[M]. 上海：华东师范大学出版社，2008.)

(五) 体会开篇，引起共鸣

　　体会开篇是一种最温柔、最心平气和的开头方式，它既能引起观众情感上的共鸣，也能触动观众思想上的碰撞。例如，《你妈我妈都是妈》的开头：

　　今天，我要借这个演讲台，向各位讲一下我和我爱人结婚的第一个晚上讲的第一句话是什么。结婚的那天晚上，我妻子羞答答地碰碰我说："哎！有一件事跟你说一下。"我高兴地赶快说："说吧，说吧！尽管说。"妻子说："我家在农村，条件不好，我妈培养我上学也不容易。毕业后我参加了工作，每月都要给我妈寄点钱回去。现在我们结婚了，你说以后还寄不寄？"我万万没有想到妻子会问这么一个问题。我怎么回答呢？我说："从今天起，你妈就是我妈，那我妈呢？"妻子笑笑说："当然也是我妈了。"好，我就给大家讲一下：《你妈我妈都是妈》。

(六) 直言开篇，主旨明确

　　开场"亮相"，单刀直入，直奔主题，可以给听众留下深刻、鲜明的第一印象。例如，刘翔《中国有我，亚洲有我》的开头：

　　我从来都不认为自己今天的成功仅仅是个人的荣耀。北京时间2004年8月28日凌晨那12秒91毫秒，毫无疑问将成为我生命中为之自豪的瞬间，但我更愿意把那一刻的辉煌献给我亲爱的祖国，献给亚洲。

(七) 幽默开篇，轻松愉快

　　演讲中，幽默的开场白，可以让沉重的话题变得轻松，并在会心一笑中，有一种初见的美好。例如，美国黑人领袖约翰·罗克《解放黑人奴隶》的开头：

　　女士们，先生们！我来这里，与其说是发表讲话，还不如说是给这一场合增添一点"颜色"。

(八) 烘托开篇，拓宽视野

　　从不同的角度和侧面，对讲题进行烘托、渲染，能够使演讲者的观点在"云雾"中变得更加鲜明，使听众的视野更加开阔。例如，《新女性的赞歌》的开头：

有人推崇在事业上有所作为的女性，有人推崇生活中温柔、贤惠的女性，还有人推崇事业成功而在家庭中是贤妻良母式的女性。而我则推崇那些敢于自我否定、敢于向旧意识宣战的不断进步的新女性。

四、主体写作技巧

演讲稿的主体是指开头与结尾之间的文字，这是演讲的主要部分。一篇演讲稿是否内容充实、论证严密，主要是看主体部分写得如何。因此，演讲者要充分运用各种论据，调动各种论证方法，有条不紊地、巧妙地证明中心论点，突出主题。同时还应注意，由于主体部分内容较多，故特别需要讲究结构层次，以使读者能够把握演讲者的思路，领会所讲的内容。在主体的写作上，需要做到以下几点。

(一)承接好开场

开场白提出了问题，主体就要紧接着加以阐述。如果开头提出了一个问题，主体却去讲另一个问题，上下不衔接，就势必造成整篇演讲的结构松散，甚至文不对题。

(二)把握好重点

一篇演讲稿都有重点和非重点。重点是指那些能够体现演讲中心的、蕴含着深刻思想与充满感情的段落和语句。

(三)协调好层次

演讲稿的正文主要有叙述式和议论式两种结构模式。议论式结构模式，由提出问题、分析问题和解决问题三个部分组成。分析问题时可以采用并列、递进和对比三种结构层次。叙述式结构层次，以听众的心理线索安排结构，主要以趣味、情感打动听众。所叙述的几件事或以时间为序，或以空间为序，或以因果关系为序。

(1) 并列式。并列式即从几个方面并列地展开论证或说明一个问题，多角度、充分地论证。并列式的各层次之间地位是平等的，可以调换。例如，《我们的班风》主体部分采用四个小标题——我们的班风是友爱、我们的班风是提高、我们的班风是合作、我们的班风是进步，进行论述，条理清楚，说理充分。

(2) 递进式。递进式也称层层深入法。先将演讲主旨进行分析解剖，然后逐层进行论述和证明，从而形成剥笋式的论证步骤。它的层次一般是不可调换的。例如，《为了孩子的明天》开头——提出当前学生"高分低能"的事实后，分三层论述。第一层分析出现这种现象的外部和内部原因；第二层论述过分追求分数对孩子们的种种危害；第三层指出怎样将学生从"苦海"中解救出来的具体措施。

全文由现状分析到追究根源，又由根源到危害，最后提出解决问题的办法，步步深入，很自然地为结尾的号召作了铺垫。这种方式的特点是由表及里，由浅入深，步步推进，具有较强的说服力。

(3) 比较式。比较式即采用同类类比或正反对比进行论证，通过相近或相反材料的佐证，更容易使听众理解演讲者的观点。例如，《诚信，做人之本》一文，从诚信者如何步入成功，失信者如何走向失败正反两方面进行对比论述，给人以很大的启示。

(4) 记叙式。如果演讲词是以记叙事物发展过程和人物思想变化过程作为主体，通过叙述故事感染听众，那么在演讲稿中，可采取以时间为序、以空间为序或以因果关系为序三种方法进行写作。

(四)设计好高潮

高潮是演讲者感情最激昂、气势最雄劲的时刻，又是听者情绪最激动、精神最振奋的瞬间——即演讲者与听众感情上产生强烈共鸣的时刻。高潮的设计有以下几种方法。

(1) 由抑及扬。即通过"抑"铺垫，为"扬"蓄势，一旦水到渠成，可把演讲推向激情飞扬的高潮，使听众受到极大的感染和鼓舞。

(2) 欲直故曲。即先有意绕一个弯子，以此蓄势，接着用感叹性的疑问句，激起听众心中的义愤，再化曲为直，旗帜鲜明地亮出自己的观点。

(3) 对比反衬。通过"对比"蓄势，造成反衬的艺术效果，这样可使演讲产生动人心魄的气势，激起听众心灵的起伏和共鸣。

(4) 铺陈渲染。从各个角度、各个侧面对演讲中的有关事物进行铺陈渲染，把听众的思维引入特定的氛围之中，随着铺陈渲染的深入，就会积蓄起较大的情感力量，然后在此基础上揭示演讲主题，把演讲推向高潮。

(五)润色好语言

写演讲稿和写一般文章不尽相同。写文章，主要是给读者看的，而演讲稿则是用来讲给人们听的。有时候，看起来顺眼的文章，听起来却不顺耳；看起来明白的词句，听起来却不通俗清晰。演讲者的声音还具有稍纵即逝、不能重听的特征。因此，演讲者的语言不仅要口语化、通俗化，更要生动化、形象化。写演讲稿，一方面要化声音为文字，把口头语言变为书面语言，起到规范文字、有助于演讲的作用；另一方面要化文字为声音，把较为正规严肃的书面语言转化为好听易明的口语，使语言表达"上口""入耳"。演讲者可以通过运用比喻、象征、设问、反问等修辞方法，以及短而精的名言警句，使语言生动感人，具有较强的穿透力。

(六)安排好气势

写演讲稿时，还要特别注意运用排比句式，以增强语言的节奏感和旋律感。用它说理，可使论述细密严谨；用它叙述，可使事物集中完整；用它来抒情，可使情感激越奔放，使听众激情满怀、情绪高昂，宛如江河奔泻，势不可当。

五、结尾写作技巧

演讲稿的结尾,应该像虎豹之尾那样刚劲有力、斑斓多彩,给人鼓舞,耐人寻味,使听众获得始终如一的完整印象。结尾的写作主要有以下几种方法。

(一)总括全文

这种结尾就是把演讲的主要内容或中心思想加以概括,使要点或中心突出,让听众印象深刻。例如,《一个青年军人的思考》的结尾部分。

世上没有靠编织谎言而成名的诗人,也没有靠纸上谈兵而赢得胜利的将军,而只有靠自身的素质、实力和价值,靠学、靠干、靠拼,才能真正成为强者。一个国家,也只有自强才能跻身世界强国之林。

(资料来源:徐琼. 怎样有效地突出演讲的主题[J]. 演讲与口才,2005,310(11).)

(二)取喻明理

取喻明理是指在演讲结尾时运用具有常理性的警句名言进行说理,使内容更加感染听众。例如:"青山遮不住,毕竟东流去""真理是杀不完的,因为真理永远存在""冬天已经来临,难道春天还会远吗"。

(三)要点回顾

要点回顾是指把演讲的主要内容进行归纳,使听众对演讲内容留下完整印象。例如,《人文奥运促和谐》的结尾部分。

人文精神是由内而外的美,美在姿态,更美在内核,是点滴的累积,是文明的积淀。"人文奥运"的最重要主题在于,使北京奥运会成为歌颂人、尊重人、追求高尚精神文明的过程;使北京奥运会以独特的魅力体现"和谐、交流与发展"的文化主题,促进人类社会的和平、友谊和进步。

(四)激情鼓舞

激情鼓舞即用充满激情的句子展望胜利,展示希望,使听众受到感染和鼓舞。例如:"让我们用知识加汗水,以满腔热情,拥抱新希望,迎接这个机遇与挑战并存的 21 世纪吧!"

(五)展望未来

展望未来是指用祈使句直接动员听众,展望未来,鼓舞斗志。例如,《竞争万岁》的结尾部分。

睁眼看吧！朋友们，竞争它来了，那么生动而威仪地来了。竞争是风，疾风吹过，坚实的枝条上硕果累累、生机勃勃；竞争是雨，暴雨扫过，留下来的是岩石般的坚韧和无畏的忠诚；竞争是激越的战鼓，进取在豪情万丈，更加斗志昂扬；竞争是崎岖的山路，攀登者在一个又一个险峰上领略无限风光。竞争，我要大声地为你叫好：竞争万岁！

(六)诗句升华

诗句升华就是采用恰如其分的名言和诗句增添演讲结尾内容的分量，起到升华主题、留下思考的作用。例如，《让青春在宝来利来无悔的燃烧》的结尾。

"长风破浪会有时，直挂云帆济沧海。"让我们共同努力，上下齐心，趁着宝来利来发展的春风，站在新的起点，谋求新发展，为把宝来利来建设成为一个在中国生物科技界卓尔不群的品牌而奋发图强，为宝来利来创造更辉煌的明天而奋勇向前吧！

(七)诙谐幽默

诙谐幽默的结尾，出人意料，感人肺腑。例如，李肇星部长到某高山哨所慰问时的演讲结尾。

明天就是六一儿童节了，在伟大的祖国面前，我们每一个公民永远都是祖国母亲的孩子，在这个意义上，我祝大家节日快乐，天天向上。

(八)信赖支持

在结尾时为了赢得听众的支持，采用信赖的话语结束。例如，一位年轻的厂长在工厂面临困境时，对工人们进行的演讲。

面包会有的，工资会有的，奖金会有的！如果不能兑现，我就是拍卖我家的房子也给大家发工资！你们都是我的姐妹兄弟，相信我，有我的饭吃，就有大伙的饭吃！人心齐，泰山移。一年后，我们一定会走出低谷！

第五节　演讲稿的写作要求

演讲稿本身是不能改变世界的，但当众演讲是可以改变人的思想和感情的，而人是可以改变世界的。写演讲稿要注意以下几个方面的要求。

一、了解对象

演讲一定要看场合，看对象。只有了解听众对象，针对对象的特点与要求，在演讲稿中紧扣演讲主题来反映听众心灵的呼声，并采取喜闻乐见的演讲形式，才能使演讲产生更佳的效果。

二、语言通俗

好的演讲稿，语言一定要通俗、生动。如果只是思想内容好，而语言干巴巴的，那就算不上是一篇好的演讲稿。语言大师老舍说得好："我们的最好的思想，最深厚的感情，只能被最美妙的语言表达出来。若是表达不出，谁能知道那思想与感情怎样好呢？"

由此可见，要写好演讲稿，就要力求语言通俗易懂、生动感人。一是用形象化的语言，运用比喻、比拟、夸张等手法增强语言的形象色彩，把抽象化为具体，深奥讲得浅显，枯燥变成有趣。二是运用幽默、风趣的语言，增强演讲稿的表现力。这样，既能深化主题，又能使演讲的气氛轻松和谐。

三、主题鲜明

写文章均应有一个鲜明的主题。作为宣传鼓动性很强的演讲稿，更应具备鲜明的主题，赞成什么，反对什么，要旗帜鲜明、一目了然。并注意时时刻刻围绕主题展开演讲，切不可东拉西扯、离题万里。

四、事例典型

演讲，作为一种宣传、鼓动、教育性很强的方式，一定要以理服人、以情感人。然而，道理是较为抽象的，感情是较为内在的，要使道理形象化、具体化，要使情感外化可感，就必须借助于材料——尤其是具有故事性的事例。我们常说某某演讲空洞、贫乏，就是指没有充实的材料、没有实际的内容，只有一些空洞的口号、无力的说教。演讲稿的材料可以是事实材料、理论材料、历史材料、现实材料、正面材料、反面材料、趣闻材料、虚化材料等。

五、节奏恰当

演讲稿对于演讲速度和节奏的把握有着极其重要的作用。一方面，写作时，要不时地停下来，用自己的正常语速大声朗读，根据朗读的结果调整演讲的内容。另一方面，还要根据演讲时间的长短调整要讲的内容，做到整场演讲的音调有高低起伏，节奏有轻重缓急，情绪有高涨有低潮，波澜起伏、张弛有度。因为每一场演讲都是有时间限制的，少则一分钟，多则一两个小时甚至一天，演讲者必须把握自己演讲的速度和内容，既不能时间到了还没有讲完，也不能距离演讲结束还有一段时间，而演讲者已经无话可说了。

第五章　拟稿演讲

第六节　拟稿演讲技巧

演讲是一种复杂的生理与心理过程，要想获得理想的演讲效果，除了要求演讲者具有较高的思想水平、文化修养、表达能力之外，还需要学会记忆演讲稿，克服紧张怯场心理，灵活运用演讲技巧。

一、拥有自信

作为一个初学者，无论是别人安排或自愿在公众场合演讲，首先必须树立信心。信心的确立需要做到以下几点。

(1) 反复演练。演讲稿写完后，在烂熟于心的基础上，要进行多次小范围的试讲。

(2) 注意服饰。演讲之际整理好自己的服饰和发型。要求服饰自然、大方、美观、庄重，充满活力，符合自己的年龄和身份，不要穿戴任何会分散注意力的东西；发型也需根据自己的形象塑造，头发千万不能垂到脸上；还应穿双舒适的鞋子。

(3) 提前到场。演讲者要熟悉演讲大厅，特别是演讲舞台、话筒类型、组织者和其他人。尽可能多地和新面孔进行简短的交流，对陌生人微笑，开轻松的玩笑，让自己振奋起来。

(4) 放松身心。在等待上场的时候，坐在椅子上让自己放松，深呼吸，进行简短、安静的沉思，在脑海中想想自己最喜欢的旋律，想象朋友在向自己欢呼，或者想想自己过去的成功。然后集中思想注意观察会场情况。

(5) 沉着冷静。轮到自己上场时，要慢慢站起来，以正常步幅(不要太悠闲，以免显得懒散)自信地走上去，看看周围的人，微笑着环视一下全场，然后开始演讲。

二、保持自然

演讲精彩的关键，是要保持自我和自然，主要是不要让人看起来假，听起来也假，否则就会使演讲效果大打折扣。

(一)脱稿演讲

脱稿演讲既有助于增强听众对演讲者的信服感，也有利于更好地和听众交流；同时能以恰当的目光、潇洒的动作影响场上气氛，使人不易产生分心现象，也能胸有成竹地变换节奏，运用抑扬顿挫的不同语调进行演讲。

(二)姿势轻松

让自己的身体自然放松，不要过度紧张，出现笨拙僵硬的姿势。要给人堂堂正正的印

象,而不是畏畏缩缩的。参加演讲比赛的人大多会心理紧张,只有极少数经常在公众场合演讲的人才不会紧张。消除紧张心理的诀窍:一是张开双脚与肩同宽,挺稳整个身躯;二是想办法扩散并减轻施加在身体上的紧张情绪,如将一只手触桌边、手握麦克风等,但演讲时手不能插在口袋里。

(三)忍受注视

当你走到麦克风旁边,站立在大众面前的那一瞬间,来自听众的视线有时甚至会让你觉得刺痛。这时你可以一边演讲,一边从听众当中找寻对自己投以善意而温柔眼光的人,或者把自己的视线投向"点头"以示首肯的人,这样对保持自我和自然进行演讲具有一定的效果。

(四)控制表情

演讲时的面部表情无论好坏都会留给听众极其深刻的印象。演讲的内容即使再精彩,如果表情不合适,演讲就很容易变得缺乏说服力。因此,演讲者要尽量放松面部表情,让自己的视线主动与听众的视线接触,以吸引听众的注意力。

(五)把握腔调

声音和腔调乃是与生俱来的,不可能一朝一夕之间有所改善。不过音质与措辞对整个演讲的影响颇大。不管演讲者的声音和腔调如何,重要的是要让自己的声音清楚地并能抑扬顿挫地传达给听众。即使是音质不好的人,如果能够秉持自己的主张与信念,依旧可以吸引听众的热切关注。

(六)掌握语速

为了营造沉着的氛围,说话时放慢语速是很重要的,一般以每分钟约 130 个字为宜。另外还要注意节奏的起伏,一段之中要有高低句,一句之中也要有高低调。唐诗之所以有音律美,就是因为它讲究平仄,平音较低,仄音较高,而且平仄排列有一定的规则,要么平平仄仄平,要么仄仄平平仄。声音高高低低,低低高高,波浪起伏,连绵不绝,才显得韵味无穷。

(七)设计态势

态势语言在演讲前一定要有安排,不能在台上即兴发挥。动作要干脆利落,随演讲内容自然挥动。不要拖泥带水,欲动不动,似动非动,毫无意义地动两下又收回去,这样就会影响演讲效果。

第五章　拟稿演讲

第七节　演讲词记忆、再创造技巧

　　演讲，是以讲的内容为主、以演的形式为辅的一项与人的交流活动。成功的演讲，除了写好演讲稿外，就是把演讲词烂熟于心了。但烂熟于心的目的不是为了背稿，而是要在演讲词中投入自己的全部感情，也就是演讲者还要对演讲稿进行一次再创造。

　　演讲词的记忆和再创造可归纳为三句话：一要用眼睛——阅读；二要使口舌——响读；三要动心思——情读。只有整体地、综合地、全方位地记忆，才能深入人脑，打动人心。

一、阅读

　　通过阅读，可大体了解整体与细节，对稿子有个宏观和微观上的把握。宏观上主要把握题旨，微观上要掌握例证中所引述的事实、名人名言，以及具有说服力而又准确无误的数据等。

二、响读

　　响读是演讲词记忆的关键。朱熹曾说过：凡读书，需要读得字字响亮，不可误一字，不可牵强暗记。做到"逐句玩味""反复精读"，"诵之宜舒缓不迫，字字分明"，必须对每一个字的读音、每一句话的抑扬顿挫、每一个标点的作用和语气，都不能放过。只有如此，才能从有理有据、有情有感、有声有色的响读中加以体会和记忆。

三、情读

　　情读就是要理解、感受演讲词的情调，这是对演讲稿进行再创造的关键。演讲家李燕杰曾说：演讲，绝不是从记忆移入记忆，把现成的字句移到别人心中，而是需要使心中的火与听众心中的情一起燃烧。酝酿演讲情调，需要注意适度和真实，需要注意喜怒哀乐分明，切忌虚伪的感情表演，或者感情抒发缺乏控制。

　　如果能达到以上要求，演讲者即使在演讲过程中突然忘词了，也能灵活处理。例如，干脆丢掉忘记的那几句话，把下面的意思迅速地接上去；或者不慌不忙地瞟一眼讲稿；或者抓住自己已经说出的那句话的最后一个字或一个词作为下一句话的开头等，使自己的演讲回归到正常的演讲逻辑上来。

单项技能训练

一、下面是一些演讲稿的开头，阅读后请说出其所用方法。

1．《人生的支柱是什么》

有这样一个问题常在我脑海里萦绕：是什么力量使爱因斯坦名扬天下之后仍在攀登科学高峰呢？是什么力量使张海迪在死神困扰之时仍锐意奋进呢？这大概是当代青年，特别是我们大学生讨论最多的问题之一，也是我今天演讲的题目。

2．《珍惜时间》

同学们，你们看我手中拿的是什么？是一片落叶吗？不错。然而仅仅是一片落叶吗？不。它是穿过时空隧道的过客，是一叶凝聚的时间，是一首哀叹时间一去不回头的诗。我们读它，仿佛是在与那来去无踪的时间对话。从这里，我们看到了时间的力量和冷峻。绿叶婆娑，那是时间的恩典。黄叶飘零，那是时间的摧残。面对它，我们还有什么理由不加倍珍惜时间呢……

3．《不做改变社会风气的"局外人"》

前天的《齐鲁晚报》披露了这么一件事：山东泰安六中教师于元贞在大街上勇斗窃贼，被歹徒连捅六刀后倒在血泊中。当时有几百名群众围观了这一场面，但就是没有一个人站出来与于元贞并肩作战！而更令人心寒的是，歹徒扬长而去之后，围观者居然没有一个人站出来把于元贞送往医院抢救。于是，一个见义勇为的人民教师，就这样倒在血泊中一个多小时，终因失血过多而永远不能再站起来了！

4．《同一个世界 同一个梦想》

2001年7月13日，一个令人难忘的夜晚，国际奥委会主席萨马兰奇宣布："2008年奥运会的举办城市是中国北京。"一瞬间我们沸腾了，神州大地沸腾了，"我们赢了！北京申办奥运成功啦！"我们的热情犹如火山爆发一般迸发出来，在这一刻全球的目光凝聚在北京，整个华夏儿女沉浸在欢乐的海洋中，自此我们驻守着这份期待和向往。我们期待来自全世界体育健儿欢聚的那一刻，我们向往着奥林匹克圣火在我们的神州大地燃起的那一刻。

5．《用知识开拓美好的未来》

年轻的朋友，如果在你的面前，同时有金钱、爱情、名誉、知识，你准备选择哪一种呢？

6．《空心孝子》

我可以肯定地说，在座的都是孝子，起码也有一颗孝心吧。可是，我们不妨设想一下，每当新春佳节亲人团聚，而你却分文无几，不敢走进商场，只能往邮局里丢下一封书

信寄托拳拳孝心的时候；当年迈父母多病需要调理保养，而你只能面挂着两行痛苦的泪水守候在他们身边，却买不起半点补品的时候；当父母望子成龙盼你成家立业，而你却青春已过，家业一事无成，只能恼恨岁月流逝愧对父母殷切期待的时候……你还有勇气说自己就是孝子吗？

7.《共产党员，震区叫得最响的名字》

一场突如其来的大地震，撼动了整个中国。一幕幕揪心的场面，一张张痛苦的面孔，一座座毁灭的家园，我们的心，刺痛着……而此时此刻，一群群日夜奔波的身影，一声声气壮山河的誓言，一场场以命搏命的战斗，又让我们的心振奋着……

8.《拉长幸福》

人生就像种田，春天播下希望的种子，秋天就一定会收获沉甸甸的果实。幸福也好，成功也罢，都离不开平时一点一滴的积累与努力。人生的努力方向与价值取向的不同，造就了丰富多彩的人生。那些生活得相对好一些的人们，说到底，并不是上帝对他们多么偏爱，而是他们善于拉长自己的幸福，擅长经营自己的人生。

(资料来源：王虎林.拉长幸福[J].演讲与口才，2005，298(5).)

二、记忆演讲词段落训练。

1. 伍国锋在新加坡进修典礼上的演讲片段。

短短的一周，我们收获了很多、很多。今晚，我们在此欢聚，明天，我们就要离去，告别我们的老师，告别新加坡这块美丽的土地，告别这个年轻而富有朝气的国家。我们来也匆匆，去也匆匆，但我们不会忘记敬爱的老师们，师生情义永存！中国和新加坡的友谊万古长青。

2. 杨澜在莫斯科的"申奥"演讲片段。

北京是一座充满活力的现代都市，三千年的历史文化与都市的繁荣相呼应，除了紫禁城、天坛和万里长城这几个标志性的建筑，北京拥有无数的戏院、博物馆，各种各样的餐厅和歌舞场所，这一切的一切都会令您感到惊奇和高兴。我相信在座的许多人都曾为李安的奥斯卡获奖影片《卧虎藏龙》所吸引，这仅仅是我们文化的一小部分，还有众多的文化宝藏等待着你们去挖掘。除此之外，北京城里还有千千万万友善的人民，热爱与世界各地的人民相处，无论是过去还是现在，北京历来是各民族和各种文化的汇集地，北京人民相信，在北京举办2008年北京奥运会，将推动我们文化和全世界文化的交流。

3. 美国总统奥巴马在上海复旦大学的演讲片段。

……这是我首次访问中国，她的美丽壮观让我无比兴奋。在上海，我目睹了这里举世瞩目的发展成就——摩天大楼拔地而起，繁华的街道车水马龙，创业活动蓬勃兴起。看到这些标志着中国奔向21世纪的元素符号时，我惊叹不已。同时，我也非常渴望能参观那些讲述中国辉煌历史的文明古迹。明天和后天我将要去北京进行访问，我非常希望能有机会去游览雄伟壮丽的故宫和令人叹为观止的长城。这是一个拥有辉煌历史的国度，同时，这也是一个坚信拥有灿烂的明天的国度。

4. 俞敏洪《水的精神》演讲片段。

每一条河流都有自己不同的生命曲线，但是每一条河流都有自己的梦想——那就是奔向大海。我们的生命，有的时候会是泥沙。你可能慢慢地就会像泥沙一样，沉淀下去了。一旦你沉淀下去了，也许你不用再为了前进而努力了，但是你却永远见不到阳光了。所以我建议大家，不管你现在的生命是怎么样的，一定要有水的精神，像水一样不断地积蓄自己的力量，不断地冲破障碍。当你发现时机不到的时候，把自己的厚度积累起来，当有一天时机来临的时候，你就能够奔腾入海，成就自己的生命。

三、读下面两句妙语，说出句子里的言外之意。

1. 出身于泥瓦匠的德国前国防部长舒尔茨先生，学历虽然不高，但名言却留下了不少，所以在德国几乎无人不知。他担任国防部长时，有记者调侃地问他："部长先生，做国防部长与做泥瓦匠，两者都有什么共性？"没料到部长轻松地回答："两者都必须站在高处而不头晕。"

2. 有人向德国著名画家门采尔诉苦："自己画一幅画只需要一天，可是卖掉它却要等上一年。"门采尔认真地回答："换一下，画上一年，准在一天里卖出。"

四、音量大小、快慢、轻重练习。

1. 学习用丹田呼吸及说话，让声音如同撞击到墙壁般铿锵有力(丹田呼吸可增加肺活量，同时也可预防喉咙痛)。

2. 你练习演讲，可请他人用录音机从前排座位至后排座位持续录音，直到后排也能录到你的声音，并且对声音的表达能达到收放自如的效果为止。

五、演讲正确姿势练习。

1. 对着镜子练习演讲。让自己清楚地看到，在做演讲时，自己的一举一动是否在不断地前后摇摆，是否做一些不易察觉的但是无用的细微动作。观察，并且改正(因为往往是这些让人分心的小动作使得有水准的演讲变成了糟糕的演讲)。

2. 对着朋友练习演讲。让朋友给你提出问题，除了看内容有什么不妥之外，还要看你的姿势是否大方自然，包括演讲气势、手势、服饰、发式等有没有需要修正的地方，以便用良好的形象出现在听众面前。

综合技能训练

一、请从下面的题目中选择 1～2 个(或自己确定)写成演讲稿，并在全班进行演讲比赛。

1. 专业学习应该既重知识又重技能
2. 自我介绍或竞选演说(设想自己将要谋求或竞选某一职位)
3. 让青春飞扬
4. 为自己喝彩
5. 诚信感言
6. 有一种感觉叫温暖
7. 我的环保意识
8. 我想活多长时间
9. 我最喜欢什么样的人
10. 自扫门前雪与公民意识
11. 人与人该怎样相处
12. 就业的烦恼
13. 月是故乡明吗
14. 我们如何继承中国传统文化
15. 己所不欲，勿施于人
16. 上善若水
17. 一句话的力量
18. 中国有我

附：比赛评分标准(100 分)如下。

1. 仪表形象
(1) 着装整齐，大方得体。(10 分)
(2) 姿态自然，动作适度。(10 分)
2. 演讲内容
(1) 主题鲜明，符合主题内容。(25 分)
(2) 内容充实，事例动人，贴近生活，富有鲜明的时代感。(15 分)
(3) 行文流畅，用词精练，详略得当。(10 分)
3. 语言艺术
(1) 音量适当，发音标准、流利。(10 分)
(2) 节奏处理得当，技巧运用自如。(10 分)

(3) 表现力、应变能力强，能活跃气氛，引起高潮。(10分)

二、请阅读下列例文，并围绕后面提示进行评析。

【例文1】

把微笑送给自己

有一首歌唱道："岁月在晨昏中悄悄流去，身上的伤痛需要擦洗，放慢一点奔波的脚步吧，要把微笑送给自己……"

把微笑送给自己，就要为匆匆奔波的脚步减压。我们曾为自己的一份平常生活而自卑，为自己没有高贵的社会地位而自轻，在心灵的库房里堆满沮丧和叹息。其实，我们已经为创造美好的人生尽了最大的努力，至于生活给我们多少回报，让我们扮演一个什么样的角色，那都是生活本身的事情，有时并不能完全由我们自己决定。我们可以赞美他人的成功，羡慕他人的富有，但绝不能轻视自己的平凡。平凡也有平凡的价值，平凡并不是什么过错。人生没有固定的公式，每个人都可以找到属于自己的那份称心答案。只要自己对自己满意，那就是一种幸福和快乐。也许我们看不到他人敬慕的目光，但我们可以为自己鼓掌喝彩。

把微笑送给自己，就要为自己擦洗伤痛。人生之舟在生活的大海上航行，没有哪一只小船不与风浪碰撞，船身不都伤痕累累。睿智的水手不是"望伤兴叹"，而是及时修补船身继续远航。在生命之旅中我们必须有这样一种风度：失败与挫折，不过只是一个记忆，只是一个名词而已，不会增加生命的负重。带着伤痕把胜利的大旗插上成功的高地，在硝烟中露出自豪的笑容，才是人生的又一份精彩。大风可以吹落碎石，却永远吹不倒崇高的大山。

把微笑送给自己，就不要有太多的心情透支。我们需要学会过滤自己的心情，善于给自己的心情放假。不停地奔波，让我们的笑声带有几分苦涩。因此，要经常打扫心灵的库房，把昨日的烦恼清扫出去，腾出心灵的空间来存放更多今天的快乐。人生有时就是活一种心情，心情质量也是生命质量。巨石无法压垮的身躯，有时会被叹息拧弯。一个人没有一份好心情，物质上再富有也是一种"外强中干"。

把微笑送给自己，就要给自己一份从容。面对争奇斗艳的鲜花，我们会欣赏但不会陶醉；面对袭来的风雨，我们会应对但不会逃避。虽然我们不能停下奔波的脚步，但我们会掌握脚步的节奏。无论是在成功的大门外徘徊，还是站在风光的领奖台上，我们都会挥一挥手，继续坦然前行，生命的脚步多了几分稳健，那也是一份动人的美丽。

(资料来源：李含冰. 把微笑送给自己[J]. 演讲与口才，2005，290(1).)

评析要点提示：

1. 这篇演讲稿的开头采用了什么方法？
2. 这篇演讲稿的主体运用的是哪种结构方式？

3. 这篇演讲稿的语言具有什么特色？
4. 这篇演讲稿的高潮在哪里？

【例文2】

在诺贝尔文学奖颁奖典礼上的演讲

各位来宾：

对于刚才说的和给予我的，我真不知道该如何表达我所有的谢意。对我个人而言，我知道给予我的要远远超过我在书中所奉献的。我只有希望在今后写出的许多书中能够在某种程度上比我今晚所说的更能表达我的感受。真的，我只能以这份礼物最初的颁赠精神来接受它，即它所奖励的不仅仅是指过去已做过的事，而是为了奖励将来要做的事。我觉得，将来无论我写什么，只要想起今晚的情景，我都会受到教益和鼓舞。

我也代我的祖国——美利坚合众国接受此奖。我们是一个年轻的民族，我知道我们的力量还未充分发挥。这份奖，给的是一个美国人，但鼓舞的绝非一个人，而是所有美国作家，他们都为这样的慷慨认可而欢欣鼓舞。同时，我还要愉快地指出，把这项奖金颁发给一个女人对我们国家来说将会是何等重要。各位已经用这样的形式认可了贵国的塞尔玛·拉格洛夫(1909年诺贝尔文学奖获得者)，也在其他许多方面认可了女人的地位，然而各位或许无法完全了解，此刻站在这里的是一个女人这一事实在许多国家里会具有何等的意义。当然，我所说的不仅仅是为了作家、为了女人，同时也为了所有的美国人，因为对这份奖金来说他们每个人都有份。

假如我同时不为中国人民说几句话的话——尽管我完全以非官方的身份，我也就不是真正的我了，因为这么多年来我已把中国人民的生活完全当作我自己的生活。他们的生活将永远是我生活中的一部分，我的出生国美国和我的抚养国中国，在心灵上有许多共同之处，而其中最主要的便是我们对自由的热爱。真的，在今天我们将比任何时候都更能看到这一点：中国的民众正在进行着伟大的奋斗，即为他们的自由而奋斗。从更深一层的意义来说，决心追求自由乃是中国本质的基础，凭这一点我就能够了解她是不可被征服的。自由——在今天要比以往任何时候都可以看作是人类所拥有的最宝贵的权利。我们——瑞典和美国——将继续拥有这一权利。我的祖国虽然年轻，但她必将用特殊的友谊来欢迎你们——拥有古老的土地和自由的国家。

谢谢大家！

(资料来源：赛珍珠. 在诺贝尔文学奖颁奖典礼上的演讲[J]. 演讲与口才，2005，290(1).)

评析要点提示：

1．赛珍珠(1892—1973)，美国女作家，生于传教士家庭，自幼随父母长期侨居中国。在中国大学教过英语。1922 年起从事文学创作，先后写了 50 多部作品，大多取材于中国。本文是其 1938 年获诺贝尔文学奖时，在颁奖典礼上所做的精彩演讲。

2．这篇演讲稿的结构有什么特点？

3．这篇演讲词语言平白如话，其表达效果如何？请举例说明。

第六章 即兴演讲

【案例导入】

椰岛海南，风光旖旎，秀美多姿，碧海、蓝天、阳光、沙滩、椰风、海韵，迎来了全国各地的演讲精英。2005年9月26日，由共青团海南省委，演讲与口才杂志社联合举办的以"构建社会主义和谐社会"为主题的全国演讲大赛，在"椰城"海口隆重举行。整个大赛，精彩纷呈，扣人心弦，海南选手曹培培的即兴演讲《构建和谐社会的基石》将大赛推向了高潮。

各位评委、各位朋友：

你心中的和谐社会可能是一部风情万种的小说，也可能是一幅瑰丽多姿的画卷，而我心中的和谐社会是一座宏伟的摩天大厦。它的建立，需要无数坚不可摧的基石。

构建和谐社会大厦需要的第一种基石，是取自黄河之滨的鹅卵石。它们颗颗簇拥，相映生辉，代表着亿万颗炎黄子孙的赤诚之心。大家人人献力量，共同创繁荣，相互支持、相互补充、相互关爱。这是构建大厦的坚实根基。

构建和谐社会大厦需要的第二种基石，是取自泰山之巅的花岗石。它们是我们中华民族坚强不屈、正义和平的化身，代表着我们手握正义的利剑，心中有杆公平的秤，迈步走向民主法治、民富国强的崇高理想。这是构建大厦的深厚根基。

构建和谐社会大厦需要的第三种基石，是取自东海之滨的红礁石。它们观沧海、眺宇宙、搏风浪，具有最广博的胸怀、最坚毅的性格，代表着和谐社会需要我们有海纳百川的宽容，有与时俱进的远见卓识，以实现人际和睦、国际和平、人类与自然和谐相处的美好远景。这是构建大厦的宽广根基。

朋友们，构建和谐社会的基石就在你手中！其实构建和谐社会的大厦，你我他都是最好的基石。让我们从东海之滨采来红礁石，从泰山之巅采来花岗石，让我们自己成为一颗颗色彩斑斓的鹅卵石吧！把我们和谐社会大厦的根基打得更加坚实、更加深厚、更加宽广，不光是为了你我他今天的安宁与幸福，更是为了子子孙孙千秋万代的安宁与幸福！

(资料来源：曹培培. 构建社会主义和谐社会[J]. 演讲与口才，2005，291(2).)

曹培培的即兴演讲，紧扣主题，陈述己见，将鹅卵石、花岗石、红礁石巧比构建和谐社会所需要的三种基石。其巧妙的构思、形象的比喻，令人叹服，最终获得了即兴演讲环节的最高得分。

【本章要点】

- 即兴演讲概述。
- 即兴演讲的技巧。
- 即兴演讲的要求。

第一节 即兴演讲概述

即兴演讲是一种与拟稿演讲相对而言的演讲。它作为一种最能反映人们的思维敏捷程度和语言组织能力的演讲形式,已经渗透到社会生活的各个领域,受到人们的普遍欢迎。

一、即兴演讲的含义

即兴演讲,又称即席演讲或临时演讲,是一种不凭借文字材料来表达情意的语言交际活动。演讲者"兴之所至,有感而发",在事先没有准备或准备不充分的情况下,就眼前的场面、情境、事物、人物等,发表意见、看法或表达某种情感、愿望。

"兴之所至"是演讲者在特定的景物、人物、气氛的激发下,产生发表演讲的兴致和欲望。"有感而发"是演讲者在所处的环境中有所感悟,产生了某种感触和思想。"事先没有准备或准备不充分"是演讲者对特定的时空环境下讲不讲和讲什么都没有预期,但又被时空环境所迫不得不讲的情愫描述。

二、即兴演讲的特点

即兴演讲要求演讲者头脑清醒、思维敏捷,能迅速准确地将自己的思想、感情转换成口语,出口成"章"。因此,从有备演讲到即兴演讲,是一个难度较大的转变,要攀上这个台阶,需要培养即兴意识,掌握一定的技巧,不断提高心理素质、应变能力、语言水平和文化修养。

(一)临场性

有无演讲稿是拟稿演讲与即兴演讲的重要区别。即兴演讲大多只有几分钟的时间打腹稿,靠"临阵磨枪"、就地取材,或展开联想,或借题发挥。如张奶奶在孙子婚礼上应主持人临时邀请所作的致辞。

我今年 76 岁了,能亲自参加孙子的婚礼真是太高兴了,太高兴了!我们做长辈的不求别的,只求自己的儿孙们生活得平平安安、健健康康,比我们幸福,永远幸福美满!

(二)敏捷性

即兴演讲是在特定的时空环境下临时发表的演讲,要求演讲者在很短的时间内根据眼前的特定场合、对象等,有的放矢,进行构思,组织材料发表演讲。2020 年 2 月 15 日,中共常德市委书记周德睿在援助湖北省武汉市医疗队出征仪式上《风一程,雪一程,为君送一程》的即兴演讲:"作为男同志,就是要生当作人杰,死亦为鬼雄;作为女同志,身不得男儿列,心却比男儿烈。""你们必须完好无损、完美无缺、完璧归赵"。朴实无华的语言、铿锵有力的重托、深沉真挚的牵挂,极大地鼓舞了出征者的士气。

第六章　即兴演讲

(三)精练性

由于临时准备、即兴发挥，演讲者很难构思出长篇大论来，所以即兴演讲的内容单一，往往一个场景、一件事情、一个观点，短小精悍，用 1~5 分钟的时间，语言简洁、生动、形象。如瞿秋白《如何做好北伐战争宣传报道工作》的即兴演讲只有 26 个字——"宣传关键是一个'要'字，鲁智深三拳打死镇关西，拳拳打在要害上。"耶鲁大学原任校长理查德·莱温在耶鲁大学 300 年校庆时的演讲，也只有 1 分钟。

三、即兴演讲的类型

即兴演讲时，演讲者可以由事而发、因景而发或因情而发。根据其选择的自由度不同，即兴演讲大致可分为主动选题式、被动选题式和命题赛场式三种类型。

(一)主动选题式

主动选题式即兴演讲，虽然没有演讲稿，但有一定的思想准备。会议上的开场白、发言、总结，教师在主题班会、迎新仪式、毕业典礼上的讲话等都属于这一类型。如伍国峰在新加坡进修结业典礼上的即兴演讲。

大约一周前，我们飞到新加坡，刚走出机场我就跌了一跤，到今天我的腿还有点隐隐作痛。是道路不平吗？不是；我走路不小心吗？也不是。我是为新加坡优质的航空服务而倾倒！为新加坡的如画风光而倾倒！(掌声)七天之后，就在昨天晚上，我们在座的王光义同学也跌了一跤，他不是为新加坡的漂亮女郎而倾倒，也不是为新加坡的有序管理而倾倒，而是为讲课的老师们渊博的知识、高超的讲课艺术及周密的安排而倾倒！我现在代表全体同学向老师们辛勤的劳动表示衷心的感谢！

即兴演讲的关键是要借题发挥，演讲者借"跌倒"之题，巧妙引申为"倾倒"，语言幽默风趣，打动人心。这种类型的即兴演讲，在演讲之前就选准了话题，形成了思路，酝酿了腹稿，因而具有相对的主动权。

(二)被动选题式

被动选题式即兴演讲，是指在欢迎、欢送、哀悼、竞选、就职、答谢、婚礼、寿庆等场合所作的致辞。如刘贤在老同学新婚典礼上的致辞。

今天，阳光绚美，天上人间共同舞起了美丽的霓裳。今夜，星光璀璨，多情的夜晚又增添了两颗耀眼的新星。新郎夏天先生和新娘春小姐，情牵一线，踏着鲜红的地毯幸福地走进了婚姻的殿堂，从此，他们将相互依偎，牵手撑起一片爱的蓝天。我作为他们的同学，也是两人从小到大的朋友，此时也激动不已、幸福不已、高兴不已。

十月一日，一个特别吉祥的日子。天上人间最幸福的一对将在今天喜结良缘。今天，西班牙王储费利佩正式迎娶他美丽的平民新娘。而此时，夏天先生也与西班牙王子一样，幸福地拥有了人间最美丽的新娘。我要说，其实最幸福的当属我们眼前的这两位了。

这一婚礼致辞，刘贤事先并不知道，而是在老同学婚礼上，被主持人推举，与会者一致附和，自己又无法推脱的情况下的临场所为。被动选题式即兴演讲，无论是叙事状物，还是发表议论，都要动情于心，动情于人，讲真情，唱好主旋律。

(三)命题赛场式

命题赛场式即兴演讲大体可以分为两种：一种是在比赛之前，给演讲者一个较大的内容范围和一段准备时间，再在比赛或带有测试性质的场合，让选手抽题演讲；另一种则是没有给定内容范围，演讲开始后由演讲者临时抽签得题，然后按照规定的题目，做短暂准备后开始演讲。例如：

大家好！今天我抽到的题目是《关心》。说起关心，我们在座的同学可能首先想到的是自己的父母……

第二节　即兴演讲的技巧

即兴演讲，既无讲稿，又无提纲，当场捕捉信息，展开联想，边想边说，而且要求中心突出，有理有据，说到点子上，因而演讲者演讲时可能会有些紧张。其实只要不紧张到语无伦次或瞠目结舌的地步就无伤大雅。有时适度的紧张往往更能流露出演讲者的坦诚与热诚，更容易赢得听众的共鸣和赞许。因此，面对即兴演讲，我们大可不必"如临大敌"。

一、心态稳定技巧

即兴演讲对演讲者思维的敏捷性、语言的逻辑性和口头表达的雄辩性等都有很高的要求。如何即兴演讲，如何避免因措手不及而陷入难堪的境地呢？关键是不要怕"被迫"上台，不要被"紧张"情绪控制。要努力做到面带微笑，抬头挺胸，以健康优雅、充满自信的姿态走上讲台，接受特殊任务，迎接艰难挑战。

(一)微笑镇慌

"微笑"是一剂很好的"镇静剂"，既镇定听众，也镇定自己。当主持人或听众突然邀请自己说几句时，最忌讳的是惶恐不安。因此，首先要告诉自己："不要怕，不必怕，不就是说几句话嘛！"然后面带微笑地对他们点头表示谢意，同时积极冷静地思考答谢的内容。等大家安静后，再把谢意表达出来，最后说几句真实的感受或几句衷心祝愿的话，这样在不知不觉中就完成了即兴演讲。

(二)喝水压慌

突然上台，为了镇定慌乱的情绪，使自己有点想词的时间，发言前可"内紧外松"，

先喝几口茶水(或咽几口口水)，以赢得临场间隙时间，并利用宝贵的延宕间隙，积极寻找演讲的切入点。可把目光投向会场环境(天气、会标、参加人、奖旗)，摄取与演讲主题有关的人物或景物，使思维尽快亢奋起来。如在某学校举行的"六一"庆祝会上，主持人突邀老红军杨大爷发言。杨大爷虽然很紧张，慌得脑门直冒汗，但当他在热烈的掌声中端起水杯喝了几口水后，慌乱之心渐渐平静。他起身环视四周，发现了迎风飘扬的五星红旗，于是就地取材，对少先队员们说："孩子们！想当年，我们高举着红旗，不怕牺牲，英勇战斗，就是为了解放全中国。今天，你们生在红旗下，一定要努力学习，长大了好好建设我们的祖国！"杨大爷的临场发挥，获得了热烈掌声，孩子们进一步理解了"红旗"的内涵，懂得了珍惜。

(三)少说制慌

由于即兴演讲具有很强的临时性，不容演讲者深思熟虑、字斟句酌，当突然被邀请发言时，人们有时会为自己想不出更多恰当而美妙的词语而惊慌，此时克服慌乱的最好方法是"少说几句"。突然被点名发言，大多是在临时需要你做"插言"补充或需现场助兴的情况下，此时此刻，听众的掌声是希望你能用一两句最经典的话语表达自己的意思。因此，要努力减轻心理压力，暗示自己"只说一两句，没什么可怕的"。只要把话说得恰到好处，就能以一当十，让人无穷回味。如会议开始时，可以预祝会议取得成功；会议结束时，可以对会议进行评价，对会议取得的成功表示赞许和祝贺。

(四)以熟克慌

在语言实践活动中，人们往往都有这样的体会，说自己熟悉的、有把握的话题时就不心慌。因此，要克制心慌，最好选择自己熟悉的话题来说。如在庆祝表演艺术家常香玉舞台生活50年的大会上，著名演员谢添对在场的作家李准"突然袭击"，要他在这喜庆的氛围中，用几句话把喜气洋洋的常香玉说哭。李准虽然感到很为难，但拗不过大家的"穷追不舍"和常香玉的"不依不饶"，只好皱起眉头，犹豫片刻，款款站起来。

香玉啊，今天多好的日子——咱们能有今天也真不容易。说起来，您还是我的救命恩人呢。记得我10岁那年跟父母逃荒到西安，没吃没喝，眼看成群的难民快要饿死了，忽然听到有人喊："大唱家常香玉放饭啦，河南人都去吃吧！"一下子涌上去许多人。我捧着一大碗粥，眼泪吧嗒吧嗒地流个不停，心想："日后若能见着恩人，我得给她磕头。"哪想到，'文化大革命'您也挨整。那天，您被押在大卡车里，戴高帽，挂牌子游街，我站在街头看了，心在滴血啊！我真想喊："让我来换换她吧！她可是大好人啊……"

李准还没说完，常香玉已捂着脸、转过身，泪水滚滚而下了。

(资料来源：谷颖. 即兴表达的五种技巧[J]. 演讲与口才，2004，285(7).)

在这高难度的即兴演讲中，李准这位"语言大师"以熟克慌，袒露自我，既赞许了常香玉的人品，又说出了自己当年宁愿替她蒙冤受屈的心声。这真实的原汁原味的情感打动了常香玉，感染了在场的每一位听众，收到了很好的演讲效果。

(五)扬长避慌

在北京学术界为印度诗人泰戈尔举行 64 岁寿辰的祝寿仪式上，泰戈尔希望梁启超先生能给自己起一个中国名字，并就这一名字发表即兴演讲。梁启超走上讲台，发挥自己中外文化贯通的特长，从印度称中国为"震旦"，讲到天竺(印度)人当然应当姓竺，最后将两个国名连起来，赠给泰戈尔一个新名字叫"竺震旦"。整个演讲，生动活泼，情趣盎然，寓意深刻。

二、话题选择技巧

即兴演讲是人们在特定的场景中，受客观事物的触发而临时发表的演讲。"兴之所至，有感而发"是即兴演讲的基本特点。那么这兴致又从何而来呢？实践表明，即兴演讲的"兴"即话题，来源是丰富多彩的。临场选择与演讲主题一致，为听众所熟悉、易理解的人物、事件等，可以提高对客观事物的敏锐感应力，使即兴演讲取得旗开得胜的效果。

(一)感"时"起兴

特定的时间，是演讲活动的一个构成要素。如果这一时间具有某种特殊的意义，就可以成为演讲的话题。如教师节师生联欢会上的即兴演讲。

走过了夏天，迎来了秋天。在这金风送爽的季节，我们终于盼来了教师节。在这个让人仰慕的日子里，请允许我向全体老师表达我心中最热忱的问候和祝愿。问候一声："辛勤培育我的老师们，你们辛苦了！"祝愿一声："无悔奉献人生的老师们，你们节日快乐！"

演讲者抓住"教师节"这个具有特定意义的时间，表达了自己对教师节的盼望之情，对教师的问候和祝愿之意。这种朴实自然的演讲，消除了紧张情绪，吸引了听众的注意力，现场效果很好。

(二)感"地"起兴

特定的地点同构成的环境因素密切相关，如果处在现场环境中的人对这一地点有着难以忘怀的人生记忆，就有可能由此激起内心强烈的情感活动，从而产生一吐为快的表达欲望。如老同学聚会时的即兴演讲。

当年一声再见，我们含泪离开母校。今天为了重温旧梦，我们又从四面八方汇集到母校——清华大学。清华是我的娘家，回到娘家，心中就有许多说不出来的感慨和欣喜……

学校是学生成长的摇篮，曾留下许多青春的记忆。重返校园，讲述让人魂牵梦绕的校园故事，能够使听众感同身受。

(三)感"人"起兴

在演讲活动中，演讲者和听众的关系十分密切。在即兴演讲比赛时，最切实可行、最

第六章 即兴演讲

容易做到的就是用自己做例子或从听众的身份、职业、爱好、语言、籍贯等方面入手寻找演讲兴奋点。如有关"矮子问题"的即兴演讲。

"矮子问题"由我当众提出，岂不惹火烧身？老实说，在我年轻的时候并不觉得"矮"有什么问题，直到80年代，在舆论压力之下才感觉成了问题。其实，白鹤腿长，鸭子腿短，都是生来如此，何必自寻烦恼！现在要问，矮子能有风采吗？答曰："高个儿不见得都有风采，矮个儿不见得都不风采。"那么，矮个儿怎样才能也具有风采呢？我有几点心得可供参考：第一，要有自信……第二，不要犯忌讳……第三，把胸脯挺起来……第四，最重要的还是本人的德学才识，有修养，有风度，对社会有贡献……趁着晚会的高兴劲儿，解开这个"矮子问题"，不知台下的某些同学心里是否踏实些？

演讲者从自己的身高开题，向听众发表对"矮子问题"的看法。类似的经历，深切的体验，自信的语调，展示了"矮子的风采"，引起了听众的强烈共鸣。

(四)感"事"起兴

在社会生活中，热门话题常常成为即兴演讲的兴致。其实，所谓的生活小事只要蕴含着重要的意义，也同样可以成为富有启发性和感召力的话题。如周末班会上一位教师的即兴演讲。

今天我上街的时候，发现商店招牌上的错别字明显减少了。也许有人会认为这是件小事，但我认为这是一件令人高兴的大好事。因为它说明社会用字的规范化问题已经引起了政府有关部门的重视，并得到了人民群众的理解和支持。同学们，你们是未来的人民教师，不仅平时要写规范字，而且还要尽一切可能承担起规范用字的社会责任。

演讲者带着对教师职业的敏感，抓住用字规范这一现象，向学生表达了自己对规范汉字的见解和希望，使学生深受教育和启发。

(五)感"景"起兴

世间最奇妙的事，就是天才诗人与美妙山水的偶合。即兴演讲时，特定的景象同样也能给演讲者带来一吐为快的冲动。如一位班主任带领学生春游，在举行联欢会前所发表的即兴演讲。

今天天气真好，春风特别和煦，阳光格外明媚。在这充满生机与活力的季节里，我们走进了美丽的大自然。面对春云舒卷、莺歌燕舞、姹紫嫣红的美妙世界，我们怎能不亢奋、怎能不激动、怎能不欣喜？让我们放开喉咙，尽情歌唱这妩媚的春天吧！

大自然的美丽多姿，激起了演讲者的热爱之情，也使演讲情景交融，声情并茂，自然而然地激发起学生的表演激情。

(六)感"物"起兴

会议现场有时会出现某种引人注目的物品，演讲者可以着眼于其特殊内涵、象征意义进行主观联想，借题发挥。如在"钻石表杯"业余书评授奖大会上的即兴演讲。

今天，我参加"钻石表杯"业余书评授奖大会，我想说：钻石代表坚韧，手表意味时间，时间显示效率，坚韧与效率的结合，这是一个读书人的成功所在，一个人的希望所在。

演讲者就眼前之物"钻石表"的起兴，揭示了"钻石表"的品牌内涵，表达了对读书人的殷切希望，给听众以深刻的启示和教育。

(七)感"言"起兴

当我们置身于演讲会、座谈会、迎送会等场合，看到别人滔滔不绝、侃侃而谈时，有时也会深受感染，产生说话的兴致。怎么说呢？最简单的办法就是从别人的表达中捕捉话题，加以引申、发挥。如笪老师在高职语文研讨会上的即兴演讲。

张老师刚才的发言真是太好了。我十分赞同他的观点"高职大学语文课程教学必须贯彻高职本位和语文本位"。是的，高职大学语文教学改革既要对课程进行定位，也要重构教学内容，如分成阅读理解、口语交际和应用写作三个部分……

笪老师对高职大学语文教学的定位和重构教学内容的看法与态度，显然是在研讨会上聆听了别人的演讲后被一种强烈的赞同感而激发出来的。

(八)感"行"起兴

在现实生活中，倘若人们的某种行为具有了普遍的社会意义，就能激起演讲的兴趣。如某教师在一次主题班会上的即兴演讲。

今天我们班的同学，在炎炎烈日下为救灾做义演，为的是向四川受灾群众献上一份爱心，送去一片希望。你们的爱心让我感动，让我欣慰。你们！这些90年代以后出生的孩子，不是自私的一代，不是没有情感的一代，而是充满爱心、富有责任感的一代。

(资料来源：李增源. 即兴演讲的兴从何而来[J]. 演讲与口才，2004，285(7).)

这一即兴演讲，有感于学生为支援灾区的义演而发，感情真挚，切合实际，能够鼓舞和激励在场的每一位学生。

三、思路构建技巧

在特定的语言环境中即兴演讲，现场的压力往往催迫脑海产生灵感的火花，但这些火花般的"思维点"是支离破碎、稍纵即逝的。因此，要迅速开动脑筋，想清楚要说什么和怎么说。

从被点名到走上讲台或从座位上起立站稳，通常都能"偷到"30秒左右的宝贵时间。有经验的演讲者都能充分利用这一点儿黄金时间，根据已经确定的题旨，镇静而又迅速地对散乱的思维点进行并列、对比、递进等连缀，或以一个模式框架进行快速构思，使自己

的表达既符合人们的思维习惯，又能让自己有"路"可寻、有"径"可依。

(一)卡耐基的"魔术公式"

其要点是：援引例子—提出观点—警句收尾。演讲时，先把实例的细节告诉听众，说明具体意念。接着，以详细清晰的言辞说出论点，陈述缘由。最后向听众强调，如果按所说的去做，会有什么好处。这个公式非常适合当今快节奏的生活方式。如演讲者想要听众为贫困儿童慷慨解囊，可以先描述一个缺乏经济援助的病例，为期望中的行动铺路，然后再进行有目的的演讲。

(二)理查德的"四部曲模式"

其步骤是：第一部"喂，请注意！"，唤起听众的兴趣；第二部"为什么要费这个口舌"，强调指出听演讲的重要性；第三部"举例"，用具体事例形象化地将论点映入听众的脑海；最后一部"怎么办"，讲清听众该做什么。理查德认为，"为什么"和"举例"这两部分如同馅饼里的馅，味道全在这里面。但是这两部分要与引人注意的开头和结尾相呼应。如要进行"保障行人生命安全"为讲题的演讲，就可以采用理查德的"四部曲"。

(三)"三么"框架模式

在即兴演讲前短暂的准备时间里，快速思考三个最基本的问题："是什么""为什么""做什么"。如教师谈学生厌学时，就要调动自己的知识积累和生活经验，从"三么"的角度来构思。

孩子厌学现象已经越来越突出(举例)，已成为教育界的一个毒瘤。孩子为什么会厌学？我认为原因有几点。第一，……第二，……第三，……那么作为一名教育工作者，我们能做些什么呢？我想首先……其次……再次……

演讲的"三么"框架只是演讲前和演讲中的思维模式，而不是口语表达模式，表达时要选准"切入口"，不露"三么"的痕迹。

(四)"三点"归纳模式

归纳前面所有讲话人的要点，提取前面某个人或某些人讲话的特点，捕捉前面某个人或某些人讲话的闪光点。运用时，一般总结性即兴演讲，可以综合运用要点、特点、闪光点；中场性即兴演讲，可抓住其中的某一点、特点或闪光点。如《谈师德》的即兴演讲。

说到师德，许多选手都引用了一个传统的比喻"教师像蜡烛一样，照亮了别人，燃烧了自己"。这种崇尚奉献的"蜡烛精神"固然可贵，但如果我们当老师的都把自己燃烧尽了，毁灭了，何以继续照亮别人呢？新世纪的教育不仅需要"蜡烛精神"，还需要呼唤"路灯精神"：像路灯一样不断"充电"，给每一个黑夜带来光明；像路灯一样忠于职守，见多识广；像路灯一样不图名利，自然淡泊！

(五)"链形"延展模式

"链形"延展构思模式的特点是先确定演讲的主旨,以此为"意核",通常为"开篇首句";然后句句紧扣意核(首句),单线纵向发展,形成环环相扣的链条。如《当你遇到挫折时》的即兴演讲。

挫折是一种宝贵的经历。小时候极想将来成为一名巴金式的大作家,中考失误,被录取到一所职业学校,为此痛哭过、失望过、痛苦过……去年暑假到山区考察,那里环境优美,人可爱,但落后现状令人痛心……在现实生活的启迪下觉悟,摆脱了理想受挫的痛苦……

四、语言表达技巧

即兴演讲大多是在一种激动的场合下进行的,没有人乐意听长篇大论,因此演讲者的语言要有条不紊、一针见血、对答如流。切忌颠三倒四,拖泥带水,无言以对。

(一)巧打比方

比喻是语言艺术之花。演讲者要吸引、感染和说服听众,运用比喻可以使复杂的问题变得浅显易懂,使深奥的道理变得生动有趣,使呆板的表述变得活泼灵气,让人听起来舒服。例如,北大学子《另一只眼睛》的即兴演讲。

我们来到北大,就像一张软盘,到北大这台计算机上拷走知识和精神。我们的时间是有限的,我们面对的硬盘却是全国最大的。既然如此,我们就应该把研究、阐述北大精神的事交给像各位评委这样的专家和除我之外的 16 位选手即未来的专家去做,而我们应该做的,就是把我们体会到的北大精神抓紧时间拷过来,然后再用一生去慢慢解读。但要注意,千万要提防自由散漫、眼高手低的北大病毒。拷走知识的同时,你还是要问问自己,你又留下了什么?

(资料来源:贾志敏. 这样演讲才能文采飞扬[J]. 演讲与口才,2005,294(3).)

(二)妙说数字

数字具有表达准确、说服力强的特点。恰当运用数字,可以剔除废话,浓缩内容,使演讲更加精辟、清晰。如 2003 年温家宝总理在美国哈佛大学的演讲。

人多不发达,这是中国的两大国情。中国有 13 亿人口,不管多么小的问题,只要乘以 13 亿,那就成为很大很大的问题;不管多么可观的财力、物力,只要除以 13 亿,那就成为很低很低的人均水平。这是中国领导人任何时候都必须牢牢记住的。解决 13 亿人口的问题,不能靠别人,只能靠自己。

(资料来源:黄晓娟. 数字在演讲中的妙用[J]. 演讲与口才,2006,308(6).)

(三)趣用幽默

幽默是智慧的象征，才华的体现。演讲者在谈笑风生中阐述自己的观点和主张，可活跃会场气氛，解除与会者的听觉疲劳。例如，美国演员珍惠曼因为在《心声泪影》中成功扮演了一个聋哑人而获奖。她在领奖时说："我因为一句话没说而获奖，我想我应该再一次闭嘴。"中国台湾著名艺人凌峰在中央电视台春节联欢晚会上自我介绍时说："我就是光头凌峰，我是以丑出名的，中华五千年的沧桑和苦难都写在我的脸上。"风趣幽默的语言，让听众在笑声中记住了珍惠曼、凌峰以及他们所说的话。

(四)插入笑话

即兴演讲中巧妙地穿插一些故事、笑话、趣闻等，也可以使表达具体生动，调动听众情绪。如有关"吸烟"的即兴演讲。

关于抽烟，我想了很久，为什么吸烟的害处那么多，而人们还是要吸呢？我又仔细想了想，可能抽烟有三个好处：一是不会被狗咬，二是家里永远安全，三是永远年轻。大家要问，那为什么呢？因为，抽烟人多为驼背，狗一看见他弯腰驼背的样子，以为要捡石头打它呢。抽烟的人爱咳嗽，小偷以为人还没有睡觉，不敢行窃。抽烟有害健康，减少寿命，无法长寿，所以永远年轻。

这段演讲，以吸烟"三个好处"这一笑话把听众引入好奇，使听众在笑声中恍然大悟。

(五)展示实物

为了把深刻、抽象的原理讲得具体、生动、形象，让听众听得高兴、听得明白并留下深刻印象，可以通过实物展示，来充分调动听众的视觉器官。如深圳研祥集团董事局主席陈志列手拿榔头发表的即兴演讲。

这是一把德国造的普通榔头，但它在十几年前深深地刺激了我，十几年来给"研祥"的经营理念打上了最深的烙印。1998年，"研祥"带着自己研发的产品去德国汉诺威参加行业最大的国际展。为了固定产品，我去超市买榔头。销售员问我："先生！您要质量好的，还是要质量一般的？"我说："当然要买最好的。"销售员说："你要最好的，就买我们国产的，进口的质量一般都不太好。"销售员的这句话非常深地刺激了我。回国时，我从德国带回了这把榔头。十几年来，这把榔头让"研祥"的上上下下明白了两个道理：第一，只有做最好的产品才能让"中国制造"在任何时候都能一锤定音；第二，只有做最好的产品，才能使"中国制造"让全世界的人尊敬！谢谢大家！

演讲者手中的榔头，吸引了听众的注意力，加深了听众对"让'中国制造'在任何时候都能一锤定音"这一演讲主旨的理解和把握。

五、气质应对技巧

演讲者,尤其是优秀的演讲者都有自己独特的演讲风格。演讲风格的形成与演讲者的气质类型有着密切的关系。因此,在即兴演讲中要研究自身的气质类型,发挥其长处,真实地体现出自己的演讲风格。

(一)气质与感情抒发

演讲离不开情感,毫无感情或感情冷淡的演讲只能是苍白无力的。即兴演讲者在演讲中要流露真实情感,就要使感情表达恰如其分。

多血质的演讲者,善于表达自己的感情,或慷慨激昂声泪俱下,或语重心长娓娓道来,演讲时要注意情感表达的适度性、适量性;胆汁质的演讲者,感情炽烈,表达迅速而猛烈,但缺乏稳定性、持久性,有时易感情用事,演讲时要注意情感表达的持久性;黏液质的演讲者,情绪不易外露,感情表达不充分,也缺乏变化,演讲时要注意充分表达内心情感,并探索情感表达的变化性和感染力;抑郁质的演讲者,情绪不易外露,演讲时要注意大胆表达自己的真实情感,不要扭捏,不要怯场,力求以感情充沛的形象出现在听众面前。

(二)气质与语言表达

语言是人们交流思想、表达情感、传递信息的工具。演讲是运用语言的艺术,因此只有找到气质与语言的对应点,才能更好地彰显语言表达的艺术魅力。

(1) 有声语言的运用。多血质的演讲者,其音速、音调和音势灵活多变,给人以优美的音乐感,但也需做到有时尖锐泼辣,有时含蓄委婉,有时激越高亢,有时平和从容;胆汁质的演讲者,在音速方面快而猛,在音调方面高而不稳定,音势重而不灵活,要注意使音速、音调、音势缓急有度,轻重得当;黏液质的演讲者,要注意使音速、音调、音势不单调乏味,要根据具体内容调节音速、音调、音势,使其灵活多变;抑郁质的演讲者,要注意音速不要过慢,音调适当,多用上声调,音势要重些,不要压抑低沉。

(2) 态势语言的运用。多血质的演讲者,应注意动作不要贪多,精心设计手势、眼神、面部表情和动作;胆汁质的演讲者,要注意增加运用态势语言的范围、频率、幅度;黏液质的演讲者,要注意增加一些符合演讲内容、情境的态势语言来辅助有声语言,以免给人单调、重复之感;抑郁质的演讲者,要注意大胆,不要畏缩,要敢于运用、善于运用态势语言,这样在台上的表现才会大方自然。

(三)气质与控场能力

在演讲台上,控场能力直接决定着演讲的内容表达、风格体现和演讲者水平的发挥。即兴演讲的无准备性,对演讲者的控场能力提出了更高的要求。

多血质的演讲者,一般具有良好的控场能力,具有引起听众注意的良好素质,能塑造

第六章　即兴演讲

良好的自我形象，能把握演讲的艺术分寸；胆汁质的演讲者，由于感受性高也能注意听众的反应，引起听众注意，但塑造自我形象方面有难度；黏液质的演讲者，在即兴演讲时要注意力求以奇制胜，不要在引起听众注意方面失之平常；抑郁质的演讲者，引起听众注意的能力需要锻炼，要敢于表现自己。

(四)气质与应变能力

应变能力是指即兴演讲者在整个演讲过程中，面对由主观或客观的突发事件和意外情况造成的障碍和干扰，能敏锐、及时、准确地作出反应，并采取有效措施，迅速、巧妙、果断地加以排除和平息，从而使演讲得以继续进行的一种技巧和方法。多血质的演讲者，一般不会出现怯场、忘词等主观之变，即使出现，也能灵活处之；胆汁质的演讲者，往往由于心浮气躁而出现主观之变，面对客观之变时又容易急躁，因此需要注意沉着稳健，处变不惊，不急不躁；黏液质的演讲者，应付主、客观之变时，不要太常规，要尽量想一些新颖的处理办法；抑郁质的演讲者，则要镇定精神，分析原因，不自我谴责，积极采取应对措施。

即兴演讲是一门艺术，也是一种技巧。作为技巧，是可以通过学习和训练而获得的。我们只要不断提高自身素质，努力掌握多种技巧，做到从容上台、敏锐选题、镇静构思、热诚发言、大方表演，就能在任何演讲场合左右逢源、游刃有余，形成自己独特的演讲风格。

第三节　即兴演讲的要求

要想获得即兴演讲的成功，掌握技巧固然重要，不过能否巧妙驾驭技巧、走向成功，还需要持之以恒地把握以下几点。

(1) 提高文化素养。即兴演讲的内容包罗万象，涉及经济、政治、教育、文化、人生等诸多问题。演讲者只有多读书看报，丰富学识，才能深刻认识事物的本质，把握演讲内容；只有多关注时事，积累素材，才能在短暂的时间内找到生动的例证和恰当的词汇，连贯成文，增添即兴演讲的魅力。

(2) 培养良好习惯。平时要经常"站着思考"，在边想边说的过程中，尽量运用联想法、发问法、归纳法、演绎法、对照法、引述法、比喻法和举例法等思维方法，以便扩展"站着思考"的空间，灵活打通讲题思路，提高边说边想的本领。

(3) 增强自信心理。要调节好心态，大胆地与周围人、社会人、各阶层人接触。敢于说话，不要怕，不要躲躲闪闪。遇到发言的机会积极参与，不要说"我不会说，说得不好"等丧气话。演讲时遇到怯场、忘词等现象，要沉着冷静，巧妙应变，扭转被动局面，反败为胜。

即兴演讲才艺，需要我们持续不断地积累学养、胆识、眼光和经验。而多读书、多思考、多练习、多观摩、多演练，能够让我们拥有足够的信心和能力，迎接即兴演讲的挑战。

单项技能训练

一、四字词语或成语快速接龙，首字拈、末字拈均可。例如：文不加点—文不对题，前程似锦—锦上添花。前后递接时间不超过5秒，谁卡壳谁表演节目。

二、一口气快速、准确地说出2012年奥运会比赛项目的名称，说得越多越好。

三、对偶句快速抢答。例如：良言一句三冬暖，恶语——；书山有路勤为径，学海——；感时花溅泪，恨别——。前后递接时间不超过10秒，谁卡壳谁表演节目。

四、以小组为单位进行故事连缀。一位同学先说故事开头，其他同学接着讲发展、高潮和结尾。

五、随意找出身边的几件实物(钢笔、圆规、尺子、笔记本)，展开联想，说说自己对这些实物的想法。

六、运用发散思维，连缀几个不相关事物(女性、窗户、渔网、汽车)，自拟讲题，说一段话。

七、以小组为单位，围绕"电脑"每人先说一个观点，然后再对他人观点进行评说，时间不少于2分钟。

八、4人一组，就目前某一热门话题进行交谈，时间不少于3分钟。

综合技能训练

一、观摩他人即兴演讲，并对其主题、内容、结构、语言等进行综合评价，时间不少于5分钟。

二、从下列命题中抽取一题，迅速构思演讲主题，并结合现场情景，发表3分钟即兴演讲。要求：主题鲜明、内容新颖、语言清楚、态势得体、感情真诚。

1. 一分付出，一分收获
2. 成人与成才的关系
3. 同学之间该如何相处
4. 怎样面对学习、生活中遇到的挫折
5. 我心中的偶像
6. 我们是否应有感恩之心，感恩于谁
7. 梦想和现实
8. "言行、仪表"与个人发展
9. "勤俭、节约"的作风是否已经过时
10. 我们该张扬什么样的个性
11. 如何维护班集体荣誉
12. 保护环境是每个人的责任

13. 世界需要热心肠
14. 书中那段话，我至今还在咀嚼
15. 我的母亲
16. 尊重是孩子成长的基石
17. 如何培养好奇心
18. 恶语伤人六月寒
19. 童年趣事
20. 珍惜现在
21. 我最爱看的电视节目
22. 我读的第一本书
23. 我最想读的一本书
24. 我未来的书房
25. 今年我 18 岁
26. 我的学习生活
27. 我的成长之路
28. 购物消费的感受
29. 时尚与个性
30. 我的座右铭

第七章 辩论演讲

【案例导入】

论辩是独具艺术魅力的演讲活动，它以深邃的思想、丰富的情感，给人以诸多启迪；以对抗的场景、精彩的口才，给人以审美享受。2010年5月4日，某学院文学社以"个人命运由个人(社会)掌握"为辩题组织了一场辩论赛。自由辩论阶段，双方唇枪舌剑，你来我往，妙语连珠，精彩纷呈。

正方：鸡蛋变成鸡，鸭蛋变成鸭，它们的命运由鸡蛋、鸭蛋自己掌握的。鸡蛋变不成鸭，鸭蛋变不成鸡，各自的基因不同，决定了它们是不同的物种，有不同的命运。个人命运肯定由个人掌握。

反方：请问对方辩友，离开了恰当的温度，鸡蛋能变成鸡，鸭蛋能变成鸭吗？

正方：对方辩友莫非掌握了把鸡蛋变成凤凰的适当温度？

反方：温度虽然不能把鸡蛋变成凤凰，但可以把它变成冰蛋、熟蛋，生死攸关，鸡蛋的命运难道不是由温度掌握的吗？

(资料来源：徐克强. 一般起伏跌宕的精彩辩驳[J]. 演讲与口才，2005，302(7).)

这一自由辩论，辩论双方借物说理，就鸡蛋变鸡的现象，具体辨析内因与外因的关系，有理有据。正方设问诘难，反方反唇相讥。双方针锋相对、攻防得法，在风趣的类推比较中，竭力捍卫己方的观点，辩出了较高的水平，赢得了观众的阵阵掌声。

【本章要点】

- 辩论演讲概述。
- 竞赛式辩论。
- 辩论演讲技巧。
- 辩论演讲的原则及要求。

第一节 辩论演讲概述

拟稿演讲、即兴演讲都是一人说，众人听，属于单向式的语言交流。而辩论演讲是正反两方的说与听，属于双向式的语言交流，是演讲活动的高级形式。有人说没有辩论的世界是冷清的，没有辩论的理论是僵化的，没有辩才的人是平庸的。要想驾驭奇妙的舌头，改变自己的命运，就从"辩"开始吧！

第七章 辩论演讲

一、辩论演讲的含义

辩论，又称论辩。辩，是辩解、辩驳，即指出对方观点的谬误性；论，是立论、论证，即确立自己观点的正确性。辩论是双方(或多方)对同一事物的同一方面持有不同的观点，利用一定的理由来反驳对方的观点，确立己方观点的一种面对面的语言交锋行为。

二、辩论演讲的要素

辩论是用语言辩明是非、探求真理的行为，由以下四个必不可少的要素构成。

(1) 主体，即辩论行为的实施者。辩论是一种争辩行为，持对立观点的行为主体是复合的，由两个或两个以上辩方构成，因此依赖于内部语言进行的"考虑""思考"或"思想斗争"等自辩，不能称为辩论。

(2) 客体，即辩论行为实施的对象。辩论总是针对辩题而展开，辩论双方共同指向的辩题，必须建立在同一辩题上，这样不同辩方的辩者才有可能产生对立的观点，才能进行辩论。

(3) 媒体，即辩论行为实施的媒介。辩论是通过语言来实施的。语言分为内部语言和外部语言。辩论所凭借的是外部语言。运用口头语言进行的辩论，叫舌战；运用书面语言进行的辩论，叫笔战。

(4) 受体，即辩论行为实施的接受者。辩论是一种开放性的行为，除辩论主体外，还会有一些并不参与辩论的听众。只有在极特殊的情况下，当辩论行为被严密地局限在主体范围之内，才会没有受体。

三、辩论演讲的特征

辩论演讲主要有观点的对立性、思维的机敏性和论理的攻守性三个特征。

(一)观点的对立性

辩论各方的观点必须是截然对立的或至少是有鲜明分歧的。没有对立便没有辩论。辩论中，辩论者既要千方百计地证明并要对方承认自己观点的正确性，又要针锋相对地批驳对方的观点，并使对方放弃自己的观点，这就决定了各方立场的鲜明对立性，这样才有辩论的必要。

(二)思维的机敏性

由于辩论在许多时候打的是无准备之战，在唇枪舌剑的战斗中，双方思维的紧张程度不亚于短兵相接。语言信息的传播与反馈比一般的会话要快得多，因而既需明察对方的策略，又要应付对方的"明枪暗箭"，而这一切往往来不及深思熟虑，都得临场发挥。所以论辩者必须具有敏捷的思维能力、高度的判断能力和机智的语言运用能力。

(三)论理的攻守性

论辩是"破"与"立"的辩证统一。论理时,一方面要使自己的观点正确、鲜明,论据有力,战术灵活适当,使己方坚如磐石,令对方无懈可击;另一方面要善于从对方的阐述中寻找纰漏,抓住破绽,打开辩驳的突破口,使自己立于不败之地。

四、辩论的类型

根据其表现形式的不同,辩论可以分为以下几种。

(一)竞赛式

竞赛式辩论是指两支辩论队伍,按照竞赛规定,针对同一辩题,通过交替发言论证己方观点,攻击对方观点,最后由评委打分决定胜负。

(二)答辩式

答辩式辩论有毕业论文答辩、法庭辩论、决策辩论、外交辩论、答记者问等。

(三)对话式

对话式辩论在社会生活中常见,以说服对方接受自己的观点为目的,如日常琐事的交谈、经济纠纷的协调、工作上的谈判、邻里矛盾的化解、交通事故的协调等。

第二节 竞赛式辩论

竞赛式辩论,也叫辩论演讲,是一种比知识、比谋略、比机敏、比逻辑的综合性比赛。因其具有知识密集、斗智斗勇的特点,成为人们提高论辩口才的有效途径。

一、人员组成

竞赛式辩论演讲主要由参赛人员、主持人、评判人员和公证人组成。

(一)参赛人员

正反参赛队伍各由 4 名成员组成,分为一辩、二辩、三辩、四辩,也有分为一辩、二辩、三辩及自由发言人等,并按此顺序,由辩论场的中央往旁边排列座位。辩手可呈现不同的论辩风格。一般来讲,一辩亲切感人,二辩逻辑严密,三辩热情机智,四辩高屋建瓴。

(二)主持人

主持人亦称主席,主持辩论活动,维护辩论会场的良好秩序,保障辩论活动按照辩论

规则有秩序地进行。主持人坐在两个参赛队中间、比参赛人员座位稍后一点的中央位置，便于观察整个辩论会场的情形。

(三)评判人员

评判组一般由专家组成。评判组按照一定的标准，分别从立论、辩词、风度、整体合作等方面对参赛双方评分。五位评委时，一般采用投票制；七位评委时，一般采用打分制。

(四)公证人

大型辩论赛一般都有公证人参加，负责对辩论竞赛活动及竞赛结果进行公证，为辩论赛活动及有关人员提供法律认可的证据。

二、比赛模式

竞赛式辩论演讲的模式有多种，这里主要介绍新加坡模式和2003年国际大专辩论赛新赛制模式。

(一)新加坡模式

(1) 正方一辩陈词，阐述正方的基本观点(3分钟)。
(2) 反方一辩陈词，阐述反方的基本观点，其中包括反驳正方的观点(3分钟)。
(3) 正方二辩陈词(3分钟)，反方二辩陈词(3分钟)。
(4) 正方三辩陈词(3分钟)，反方三辩陈词(3分钟)。
(5) 自由辩论(每方4分钟，共8分钟)。
(6) 反方四辩总结陈词(3分钟)。
(7) 正方四辩总结陈词(3分钟)。

总时间约32分钟。

(二)2003年国际大专辩论赛新赛制模式[①]

(1) 立论：正方发言(3分钟)。
(2) 立论：反方发言 (3分钟)。
(3) 盘问：反方提问，正方回答(2分钟)。
(4) 盘问：正方提问，反方回答(2分钟)。
(5) 驳论：反方发言(2分钟)。
(6) 驳论：正方发言(2分钟)。
(7) 对辩：正方先发言(2分钟)。

---

① 王黎云. 演讲与口才[M]. 杭州：浙江大学出版社，2004.

(8) 对辩：反方先发言(2分钟)。
(9) 嘉宾提问：先问正方再问反方(4分钟)。
(10) 自由辩论：正方先发言(6分钟)。
(11) 反方总结陈词(3分钟)。
(12) 正方总结陈词(3分钟)。
总时间约34分钟。

三、赛前准备

兵家云："知己知彼，百战不殆""三军未动，粮草先行"。辩论犹如战争，赛前准备十分重要。

(一)研究辩题

辩题具有值得辩、可以辩的特点。辩题确定后，要"定性""定位"，分析辩题所属类型，界定概念。

1．分析辩题类型

分析辩题类型时，要克服主观武断，对利弊型命题，首先要肯定利弊兼有，然后再通过比较来证明己方观点。辩题从表现形式上可分为以下几种。

(1) 判断型。对辩题进行分析判断。如"儒家思想是亚洲四小龙取得经济快速增长的主要推动因素"(事情真与假)，"教授下海必然导致教学质量的下降"(事情该不该做)。

(2) 比较型。对事物先作比较，然后得出"……更……"或"……比……"的结论。如"男人比女人更需要关怀，还是女人比男人更需要关怀"。

(3) 利弊型。先对同一个事物的利弊情况进行比较，再得出利大于弊或弊大于利的结论。如"英语四六级考试利大于弊还是弊大于利"。

2．明确辩题概念

辩论是具有对立面的语言的互动，界定概念是辩论展开的基础和起点。辩题概念内涵非常丰富，审题过程中要多设疑、多提问。坚持"为我、公认、重点"的原则，从辩题概念的内涵及外延，辩题的思想倾向(社会主流看法)，辩题的感情色彩(语言环境、人情世故及辩论现场情绪)，辩论双方的共认点、异认点和聚焦点入手，明确辩题概念。如对于"金钱是万能的"辩题，就要界定"万"是一个虚数，代表很多的意思，指很多功能、作用，而不是指"全能"。

(二)收集材料

事实胜于雄辩，权威、典型、真实、充分、新颖的材料，是辩论时最雄辩的武器。因此，辩论赛前，要通过各种途径搜集论辩所需的材料，并对材料进行分类、整理和加工。材料一般包括事实材料(例证、数据、实物等)和事理材料(科学原理、法律条文、名人名

言、谚语成语等)。

(1) 经典的例证会使己方的论辩有理有据，给评委、听众留下深刻印象，支持己方观点。如在辩论"要不要控制出生率"时，反方二辩说："我们的国父孙中山先生，排行第五，如果控制人口出生率的话，国父何在？"这一例证，使反方占据了主动，反败为胜。

(2) 准确的数据能增加己方观点的可信度，使己方的观点更具说服力。如在"贸易保护主义可以抑制"的辩论中，正方列举了大量的数据来证明贸易保护主义是如何在国际上被抑制的，让思想数字化，赢得了评委和听众的信服。

(3) 经典生动的名人名言具有权威性，既能强化论辩力量，又能给辩论增添文学色彩，可谓一箭双雕。如在"美是客观存在(主观想象)"的辩论中，反方辩手说："哲学家休谟早就解释过了，美从来就不是物质的客观属性，根本没有客观的标准。这一点与中国的传统文化也暗暗呼应。从孔子的'智者乐水，仁者乐山'到柳宗元的'夫无美不自美，因人而彰'都在说明着这个道理。如果对方辩友还不相信的话，那我还可以告诉你们：实验心理学的学者们早就用科学研究的方法证明，任何线条、颜色本身并不具备美的标准，而人类为什么会对这些线条颜色的组合产生感情，觉得它美呢？那是因为我们对它倾注了很多情感和想象，加上各自不同的文化背景，才构成了我们这个斑斓的美的世界。"

(三)撰写辩词

孙子曰："上兵伐谋。"高水平的辩论赛首先是辩论双方在辩论立场、思维上的较量。对于一个已经确定下来的命题，辩手要加强交流，熟悉自己及其他辩手所持的论点、论据，按照所制定的逻辑框架撰写既具"个性"，又能始终为"共性"服务的辩词。

一般来讲，一辩完成破题任务，规定辩题的内涵与外延，提出并正面阐述己方观点；二辩突出重点，进一步对己方观点进行论证；三辩旁征博引，通过大量事实更深、更广地论证己方观点；四辩总结陈词，升华己方观点，驳斥对方观点，将辩论推向高潮。辩词的语言要简洁、生动、有幽默感，体现辩手的气度与风范。

第三节　辩论演讲技巧

辩论往往是在动态思维中进行的，是一种高智商的游戏。辩论能否成功，对辩论双方来说，不在于各自拥有多少真理，而在于能辩出多少真理、多少智慧。要想成为"巧言一席，强似雄兵百万"的高明辩手，除了要具有多方面的知识素养之外，还必须掌握多种辩论技巧。

一、立论应变技巧

赛场辩论的辩题一般都是中性的，在理论上双方都存在着薄弱点，而这些薄弱点在辩论的过程中又往往很难回避。因此，要想获得辩论胜利，就要在遵循逻辑思维规律的基础上，对辩题进行艺术加工，使立论有所突破，有所创新。

(一)巧妙定义

辩论是有规则的智力游戏，可以在不歪曲原意的情况下，巧设逻辑框架，扬长避短，自圆其说。如在《顺境出人才还是逆境出人才》的辩论中，反方从逻辑角度对"逆境出人才"的立论。

人才就是同类人中能够脱颖而出、出类拔萃的人物；顺境就是顺利的环境，比如顺风而行，顺流而下；逆境不但是悲惨之境、苦难之境，还是困难之境。在苦难之境、困难之境前，别人畏缩不前，你仍然勇往直前，于是脱颖而出，成为人才，所以说人才只能产生于逆境。在顺境中，人人乘风而行，人人顺流而行，谁也不能称为人才，因为人才必须出类拔萃。而你超越众人，将顺境变为逆境，比如水速10里，众人航速皆10里，而你独以百里之速前进，于是顺流变成了逆流，顺境变成了逆境，10里动力变成了90里阻力，而你正是在克服90里阻力的过程中脱颖而出成为人才。所以人才与顺境无关，只有逆境才能出人才。

(二)追加前提

当碰到一个对自己不太有利的辩题时，要巧妙限题，趋利避害。如在《竞争与合作可以(不可以)并存》的辩题中，正方要想维护"竞争与合作可以并存"这一观点是有一定困难的，但在辩题中追加"在社会主义市场经济条件下"这一前提，就达到了既不改变辩题性质，又能缩小辩题的范围，增添己方立论有利因素的目的。

(三)避实就虚

当遇到让大多数评委和观众难以接受的辩题时，可以另辟蹊径，拓展辩题，把论题界定到对己方有利的范围。如在《人性本善(本恶)》的辩论中，反方对"人性本恶"的命题就从三个角度来立论。

事实上，人性先天，与生俱来是恶的；价值上，我们不鼓励恶，希望通过教化来使人性向善的方向发展；起源上，人性本恶，但是如果人皆相恶，那么人种便难以保存，为了群体的生存，必须制定一些规则，那最初的对于规则的遵守便是善的起源。

(四)出奇制胜

表述论点，可以大胆创新，通过转换话题营造攻守皆宜的辩论氛围。如在《大学生择业的首要标准是发挥个人专长》的辩论中，反方的立论角度虽然很多，但都很一般，没有新鲜感。辩论时，反方以"大学生应从个人的自我完善和推动社会进步的角度确定择业方向"为论点，别出心裁，出人意料，使正方措手不及，增强了论点的说服力。

二、就地取材技巧

辩论赛是一场智慧之战，机敏之争。就地取材体现了辩手的机敏、瞬间的智慧。要想

第七章 辩论演讲

论辩克敌制胜,增色添彩,除了赛前要充分准备之外,还需要随机应变,把握现场,切合时境,就地取材。

(一)就"己方"取材

就"己方"取材是以己方的某一情况为素材,或引出问题,或反驳对方,以证明己方观点的正确。如《信息高速公路的发展对发展中国家是否有利》中的辩词。

反方:中国有句成语叫"有勇无谋"。对方辩友口口声声要飞快发展,飞跃前进,使我想到了《三国演义》里的张飞,有勇无谋,徒有匹夫之勇。如果发展中国家都成了"张飞",也是飞不起来的!

正方:反方辩友从"飞跃发展"想到"张飞",想到"有勇无谋",想象力真够丰富的,可惜这不是逻辑推理!我的名字叫徐海楼,难道我往这儿一站,海市蜃楼就出来了吗?如果我要这么说,你们会马上把我送到安定医院去!

正方以自己的名字为例,批驳了反方以主观猜想代替逻辑推理的错误,巧妙地证明了己方的立场。取材机智,论证巧妙,收到了很好的现场效果。

(二)就"敌方"取材

就"敌方"取材是把对方辩友的有关材料作为论据,或证明自己的立场,或批驳对方的观点。如《不立不破/不破不立》中的辩词。

正方:对方辩友说,破就是破旧,那么,我请问,如果新事物还没有出现的话,你如何能够断定现存的事物是旧事物?你又如何能断定是不是应该破它呢?对方辩友如果连这个问题都没有搞清楚的话,那么你们所谓的不破不立,只能是瞎破瞎立啊!

反方:如果像对方辩友那样,不立不破,不破就立,连苍蝇蚊子,一股脑儿先吞下去再说,那么到发病的时候,就只怕欲破不能,悔之晚矣呀!再者,怎么对待传统文化呢?要不要在破的基础上再立呢?这就好比对方的三位女辩手吧,可以说是"南京有女初长成",可是不破除旧礼教,那么恐怕至今还"藏在深闺人不知"呀!

反方就"敌方"取材,把对方的三位女辩手作为己方的论据,使对方不能否认,也无法否认这个事实,显示了就地取材的力量。

(三)就"现场人员"取材

就"现场人员"取材是把辩论现场人员"扯入"自己的辩驳中,为证明己方的观点服务。如《艾滋病是医学问题,不是(也是)社会问题》中的辩词。

反方:一个人得了病也许不是社会问题,千百万人得了艾滋病难道还不成为社会问题吗?

正方:那千百万人还曾经得过感冒,千百万人还曾经得过心脏病,难道这都是社会问题吗?

反方:一个人打喷嚏不是社会问题,但如果我们全场的人同时打个喷嚏——还不是社会问题吗?

(资料来源:武鹰. 辩论赛中的就地取材技巧[J]. 演讲与口才,2006,309(7).)

正方提出的问题可谓咄咄逼人，比较棘手，反方如果直接辩驳，恐怕很难奏效。就地取材，把现场人员作为例子并推向极端，这一取材方法，虽然不能直接证明己方"艾滋病也是社会问题"的观点，但却巧妙地避开了对方的进攻，没有让对方占到上风。

(四)就"评委"取材

就"评委"取材是把现场的评委作为话题，将其有关情况巧妙地穿插在自己的辩论中，一方面用以证明己方的观点，另一方面可以借此赢得评委的好感。如《夜晚对人类利大于弊(弊大于利)》中的辩词：

反方：请问，为什么人们都选择白天工作，夜间休息呢？如果说夜晚对人类利大于弊，那人们为什么不都改在晚上工作呢？

正方：我告诉你，金庸先生的作品有70%都是夜深人静的时候写成的。夜晚往往是作家灵感频发、文思泉涌的黄金时段，不信你问问在座的金庸先生啊！

反方：金庸先生已经70高龄了，你是想让金庸先生夜以继日、不停地写，永远不见天日了吗？

辩论双方，你来我往，都以坐在台下的评委金庸先生为论据，幽默中夹着"狡猾"，让评委饶有兴趣，观众反应强烈。

(五)就"举办地"取材

就"举办地"取材是以辩论赛举办地的材料为题材，将它作为证明己方立场或反驳对方观点的论据。如《人性本善(恶)》中的辩词。

正方：对方辩友，请不要回避问题，中国台湾的正严法师救济安徽的大水，照你们的说法，都是泯灭人性，人性本恶，还会发生这样的事情吗？

反方：但是，8月28日的新加坡《联合早报》也告诉我们，这两天新加坡游客要当心，因为中国台湾出现了"千面迷魂"这种大盗，瞧人性多么险恶啊！

正方用关于中国台湾和尚救济安徽水灾的新闻，证明人性本善，生动真切；反方随手拈来新加坡《联合早报》中有关迷魂大盗的报道，证明人性本恶，让在场的新加坡观众笑得开心又会心。

三、攻守谋略技巧

辩论赛场上，最容易使己方陷入劣势境地的是被动应战。因此，要想掌握辩论的主动权，反客为主，使己方稳操胜券，就必须灵活运用逻辑推理，掌握"攻守"战术。所谓"攻"，就是确定论证己方论点，反驳对方论点的方法与途径。所谓"守"，就是确定抵御对方批驳的方法和途径。

(一)借力还击

"以子之矛，攻子之盾"，使对方于急切之中，理屈词穷，无言以对。如《电脑是否

一定给人类带来福音》中的辩词。

正方：反方辩友列举了电脑给人类带来的种种弊端，但是正如雨果所说，任何工具的生产都有它胚胎时的丑恶和萌芽时的美丽。电脑这种事物，虽然是初生的婴儿，但它给人类带来的福音已经完全可以判定了！

反方：对方辩友的逻辑真有趣。如果对一个刚生下来的婴儿我们就可以下判决书，判定他今后给人们带来的是祸是福，那么为什么希特勒没有被人们掐死在摇篮里呢？

正方搬出雨果的名言，想给反方以心理畏惧感。而反方跳出常规，借力还击，抓住对方比喻不当和逻辑错误，提出反诘，干净利落地扼制了对方的气势，使正方构建在浅表层面上的立论框架崩溃。

(二) 移花接木

剔除对方论据中存在的缺陷，换上对己方有利的观点或材料，往往可以收到事半功倍的奇效。例如在《治贫比治愚更重要》中的辩词。

正方：对方辩友以迫切性来衡量重要性，那我倒要告诉您，我现在肚子饿得很，十万火急地需要食物来充饥，但我还是要辩下去，因为我意识到论辩比充饥更重要。

反方：对方辩友，我认为"有饭不吃"和"无饭可吃"是两码事……

正方以"有饭不吃"来论证贫困不足以畏惧和治愚的相对重要性，反方立即剔除其论据中存在的问题，换上己方"无饭可吃"的观点，鲜明地比较出了"有饭不吃"和"无饭可吃"在本质上的天壤之别，有效地扼制了对方偷换概念的倾向。

(三) 以退为进

姑且认同对方观点的正确，并顺应对方的逻辑进行推导，然后在推导中根据己方需要，设置某些符合情理的障碍，使对方观点在所增设的条件下不能成立，或得出与对方观点截然相反的结论。如《人之初性本善/性本恶》中的辩词。

正方：正因为人性本善，所以人随时可以放下屠刀，立地成佛。这个成语难道不正说明了人的本性是善良的吗？

反方：有的人是会放下屠刀，立地成佛的，这不错。但我要问，如果人的本性都是善良的，谁会拿起屠刀呢？这个成语归根到底，只能证明我方的观点——人之初，性本恶！

正方从人可以转变的角度来解释"放下屠刀，立地成佛"这一成语。反方运用"一针见血，击其要害"的辩论技巧，以退为进，顺势肯定"有的人会放下屠刀，立地成佛"，继而从本源上抓住要害，发出"如果人的本性都是善良的，谁会拿起屠刀呢"的诘问，得出了"人之初，性本恶"的结论，使对方无法招架。

(四) 正本清源

指出对方论据与论题关联不紧或者背道而驰的地方，从根本上矫正对方论据的立足点，并使其为己方观点服务。如《跳槽是否有利于人才发挥作用》中的辩词。

正方：张勇，全国乒乓球锦标赛的冠军，就是从江苏跳槽到陕西，对方辩友还说他没有为陕西人民做出贡献，真叫人心寒啊！

反方：请问到"体工队"一定是跳槽去的吗？这恰恰是我们这里提倡的合理流动呀！对方辩友带着"跳槽眼镜"看问题，当然"天下乌鸦一般黑"，所有的流动都是跳槽了。

当正方以张勇从江苏队跳槽到陕西队，个人技术得到进一步发展为论据时，反方马上指出对方例证引用失误：张勇到体工队，不可能是通过"跳槽"这种不规范的人才流动方式去的，而恰恰是在"公平、平等、竞争、择优"的原则下"合理流动"去的。这种三段论推理，说服力强，震撼力大，效果好。

(五)釜底抽薪

向对方作选择性提问，把对方置于"两难"境地，是许多辩手惯用的进攻招数之一。对付这种有预谋的提问，可以从对方的选择性提问中，抽出一个预设选项进行强有力的反诘，从根本上挫败对方的锐气。如《社会秩序的维系主要是依靠法律还是道德》中的辩词。

正方：你认为社会秩序的维系主要是依靠道德。那么我问你，如果你家里被"梁上君子"光顾了，你是立即去报警呢，还是等待那不知其名的小偷的良心发现，归还所窃物品呢？

反方：一位中年妇女在银行自动取款机上取了钱，一出门就被小偷偷了，她发现后大声呼喊，结果三十多名群众一起向小偷追去，有骑摩托车的，有开出租车的，很快就把小偷捉拿归案。可见道德不但能够"扬善"，同时也具备"惩恶"的功能啊！

这一交锋，正方有备而来，有"请君入瓮"之意。其提问具有"两难提问"的攻击力。如果反方回答"报警"，就恰好证明了正方观点的正确；如果回答"等小偷良心发现"，则显然不合情理。妙在反方跳出了"非此即彼"的设定，增设了一个"第三选择"，从另一个角度举证"道德也能惩恶"的观点，坚守了己方的阵地，巧妙破解了对方"两难提问"的招数，真是应变灵活、技法高明！

(六)攻其要害

辩论中的大忌莫过于表面上热热闹闹，实际上离题万里。因此，在对方一辩、二辩陈词后，要善于透过现象，敏锐地抓住对方要害，迅速出击。如在《温饱是谈道德的必要条件》的辩论中，反方始终抓住"在不温饱的状况下，是否能谈道德？"这一要害问题进行反驳，削弱了对方的还击力量。

(七)扩大矛盾

在辩论过程中，尤其是在自由辩论阶段，双方剑拔弩张，稍有疏忽，辩手就有可能急不择言，把本来十分简单的常识讲错。因此，一旦发现对方辩友在语言、逻辑、内容等方面出现前后不一致的情况，就要及时抓住，并竭力扩大矛盾，以鼓舞己方士气，给对方造成心理压力。如在《法律是(不是)道德》的辩论中，反方的三辩认为法律不是道德，二辩则认为法律是基本的道德。正方迅速抓住这两种相互矛盾的观点，乘机扩大其裂痕，迫使

反方措手不及，陷入窘境，无力进攻。

(八)李代桃僵

在辩论过程中，碰到一些在逻辑或理论上都比较难辩的辩题时，引入一个新概念与对方周旋，可以化解难题。如在《艾滋病是医学问题，还是社会问题》的辩论中，反方论证"艾滋病是社会问题，不是医学问题"。由于这两个问题在现实生活中是难以分开的，因此，反方在辩论中，设法引入"医学途径"这一概念，指出"社会系统工程中的医学途径"是解决艾滋病问题行之有效的方法。这一概念，既转移了对方视线，耗费了其主要精力，弱化了其攻击力，又为己方赢得了辩论的主动权。

(九)煽情对抗

煽情，就是通过公众的某些特殊利益，迎合公众的心理来挑拨"是非"，并凭借公众在情感上的好恶，把假象说成真相，或把某些问题推向极端，以此达到征服对方的目的。如《离婚率上升是(不是)社会文明的表现》中的辩词。

反方：我只想请大家设想一个很简单的场景，当越来越多的孩子在他们最需要关怀的时候偏偏失去了健全的爱，这难道能说是社会文明的表现吗？

正方：君不见，有多少孩子在父母的吵闹声中流着眼泪离家出走；又有多少孩子有家不愿回，流浪在外而误入歧途。他们是有一个家的，然而，这样的家带给他们的又是什么呢？

针对反方观点，正方夸大不和睦家庭给孩子造成的伤害。用"流着眼泪"和"有家不愿回"这些带有感情色彩的词语，从情感的角度唤起公众对己方观点的支持，对对方观点的"憎恶"。

(十)引蛇出洞

在辩论过程中，常常无论如何进攻，对方都死死守住其立论，如果此时仍采用正面进攻的方法，必然收效甚微。在这种情况下，要尽快调整进攻手段，采取迂回的方法，从看来并不重要的问题入手，诱使对方离开阵地，然后再运用类比推理打击对方，在评委和听众的心目中造成轰动效应。

四、语言表达技巧

汉语词汇丰富，意义深刻。谋略是辩论的内涵，语言是辩论的形式。灵活运用语言艺术，将内涵与形式完美统一，可使辩论更具艺术魅力。

(一)反唇相讥

面对对方的恶意攻击，要设法把对方的"恶语"还给对方，以保护己方利益。如中国台湾作家李敖先生在某大学做讲座接受学生提问时，收到一张只写了"王八蛋"三个字的提问纸条。李先生看了并不生气，反而笑着说："别的同学都是提了问题，没有写名字，只有一位同学只写了名字没有提问题。"李先生的回答非常机智，体现了学者风范，既化解了尴尬的局面，又使恶作剧的同学得到了教训。

(二)数据换算

数据可以有力地证明论据，但比较枯燥。把数字与现场实际结合，可以收到很好的表达效果。如《北京市乘车难的原因是人多车少》中的辩词。

正方：1950年至1980年，北京汽车增加了20倍，客容量增加了120倍。法国巴黎规定，公汽每平方米限乘5人，而北京在早晚上下班高峰时达13人，也就是让我们正反双方8位同学，加上5位尊敬的评委挤在1平方米的面积里。

正方的这段话，巧妙地把数据换算成现场人数，给人具体真实的感觉，增强了论点的说服力。

(三)幽默诙谐

幽默是人类智慧的结晶。风趣含蓄、诙谐生动的语言，比起锋芒毕露、相互攻击的语言，更能在笑声中给对手以沉重打击。如《不破不立／不立不破》中的辩词。

正方：对方要讲历史，我们就从最古老的时期讲起。如果人类不破除四条腿走路的习惯，那么我们今天怎么能站在这里和对方辩友辩论吗？

反方：按照对方辩友"不破不立"的逻辑，只有把所有四条腿走路的猴子都斩尽杀绝，人才能站起来走路喽！

这段辩词，你来我往，层层推进，风趣幽默，使辩手和观众受到启发和教育，收到了很好的论辩效果。

(四)模糊巧答

对一些不能确切回答，又不能不答的提问，可以模糊巧答。如《流动人口的增加有(不)利于城市的发展》中的辩词。

反方：请问推力是多少？拉力是多少？流入是多少？流出是多少？

正方：拉力是巨大的，推力是巨大的。对方辩友说流动人口的增加不利于城市发展，是不是说流动人口的减少有利于城市的发展？

反方故意刁难，企图封锁对方回答的可能。正方摆脱反方所设圈套，以"巨大"一词模糊答之，转危为安。

(五)借用诗词

中国古典诗词不仅语言简洁，而且意境隽永，给人以美感。在辩论中恰到好处地运用古典诗词，能引起观众的共鸣，收到意想不到的效果。如《美是客观存在还是主观感受》中的辩词。

反方：这是一枝玫瑰花，但是在大家的心目中是不是有不同的美的感受？伤心的人会说，感时花溅泪；高兴的人会说，花儿对我笑；憔悴的人会说，人比黄花瘦；欣喜的人会说，人面桃花相映红。有人说花很有情，所谓"落红不是无情物，化作春泥更护花"；有人说花很无情，所谓"癫狂柳絮随风舞，轻薄桃花逐水流"。原因是什么？年年岁岁花相似，岁岁年年人不同。在客观上花自飘零水自流，可我们的主观却是一种相思，两处闲愁。

反方巧妙借用杜甫、李清照、崔护等名人诗句，给听众似曾相识的感觉，有效证明了己方的观点——美是主观感受。

(六)灵活反诘

无疑而问，明知故问，往往能强化己方观点，揭示对方矛盾和谬误，给人一种咄咄逼人的气势和锐不可当的力量。如《人类是(不是)大自然的保护者》中的辩词。

反方：现在我只想问，保护者会使天空下酸雨吗？会使地球表面的臭氧层遭到破坏吗？会使温室效应影响全球吗？会使全球资源面临危机并危及人类的生存吗？难道在给地球母亲造成如此伤害的同时，人类还要自我辩解吗？

反方连用 5 个反问句，反驳对方观点，既铿锵有力，气势逼人，又进一步掌握了辩论的主动权。

(七)圈套提问

设置两难，巧妙提问，可以把对方引入己方的"势力范围"，让对方陷入左右为难的境地。如《儒家思想可以(不可以)抵御西方歪风》中的辩词。

反方：我请问对方同学，如果有人持刀抢劫你的钱包，你是对他念一段《论语》呢，还是让警察把他抓起来？

这一提问，只给出两种可能性，迫使对方从中作出选择。选择前者，迂腐可笑；选择后者，证明了反方观点。不管选择哪种答案，都对己方不利。

(八)排比助势

在论辩中使用排比句式，能起到突出重点、强化感情、增强气势的作用，有很强的感染力。如《安乐死符合(不符合)人道主义精神》中的辩词。

反方：当我听到对方辩友的发言，我感到沉重。我想我们是不是爱鲜花？如果爱，我们要不要把它从枝头上折下来，尽管它快要凋落。我们是不是爱河流？如果爱，我们是不是要吸干它的血脉，尽管它快要干涸。我们爱不爱蓝天？如果爱，我们拉不拉窗帘，尽管窗外乌云密布。我们该不该爱我们的生命？如果爱，请大家不要扼杀它，不要扼杀这给了我们一切，使我们顶礼膜拜的神圣的生命，尽管它已经垂危。

这一反驳，反方以鲜花、河流、蓝天等自然景物为喻，通过四个排比句式，强调生命神圣的观点，有力地证明了正方观点的错误，己方观点的正确。

第四节　辩论演讲的原则及要求

辩论赛是一场智慧之战、机敏之争，也是在动态思维中进行的一种高智商的游戏，遵守比赛原则和要求非常必要。

一、辩论的基本原则

辩论能否成功，对辩论双方来说，不在于各自拥有多少真理，而在于能够辩论出多少真理、多少智慧。掌握辩论原则非常重要。

(一)实事求是

实事求是的原则，一是尊重事实。俗话说："事实胜于雄辩"。对事实要予以尊重，予以承认。对用来证明己方观点的材料，不能信口胡诌；对对方引用的材料，不能随意否定。二是服从真理。"千秋胜负在于理"，对经过辩论已被证明为正确的观点或理论应予以承认，对错误的观点或理论应自觉摒弃。

(二)平等相待

辩论者的人格是平等的，绝无尊卑大小、高低贵贱之分。辩论中，辩护和反驳的权利也是平等的。

(三)思维规律

辩论中，要自觉遵守同一律、矛盾律、排中律、充足理由律，保持思维的准确性、一贯性、明确性和根据性。

(四)逻辑推理

逻辑推理是论辩的主要工具，要使辩论充满魅力，必须正确运用三段论、选言、假言、二难、归纳、类比、反证、归谬等逻辑推理形式，彰显令人倾倒的逻辑力量，吸引听众，感动听众。

二、辩论的基本要求

(一)观点鲜明，论据确凿

辩论时要理直气壮，准确清楚地亮出己方观点，不要闪烁其词。用来证明己方观点的材料，必须确凿、可靠，避免不攻自破。

(二)听辩冷静,应对灵活

辩论中,倾听要冷静认真,善于从稍纵即逝的语言表达中发现对方的疏漏并积极反驳,使对方心理紧张,情绪沮丧,阵脚混乱,斗志瓦解,为己方赢得有效的进攻机会。

(三)逻辑严密,思路开阔

"短兵相接"的辩论,需要运用逻辑思维,紧扣论题,以缜密的思路、严谨的材料、准确的措辞,使己方的雄辩更有力度。需要沉着冷静,突破思维定势,疑人所未疑,言人所未言,使己方的思路更具特色。

(四)争取受体,引起共鸣

辩论中,辩者既要对论"敌"构成攻击、威慑,更要从理性、情感、视觉等方面对受体(听众)进行激励、诉求、感染。借助权威观点、言论、事理等,使受体产生认同感;利用地域、亲缘、年龄、职业等,使受体产生"自己人"效应。另外,还要做到仪表端庄大方,姿态得体美观,使受体心悦诚服。

单项技能训练

一、指出下列辩题所属类型。

1. 青年人应有自我意识/青年人应有群体意识
2. 人生机遇与奋斗,哪个更重要
3. 恶贯满盈的人值得同情/恶贯满盈的人不值得同情
4. 高薪可以养廉/高薪不可以养廉
5. 宽松式教育更有利于青少年成才/压迫式教育更有利于青少年成才
6. 文物古迹应以保护为主/文物古迹应以开发为主
7. 足球比赛引进电脑裁判利大于弊/足球比赛引进电脑裁判弊大于利
8. 仁者有敌/仁者无敌
9. 美是客观存在/美是主观感受
10. 电脑终将战胜人脑/电脑不会战胜人脑
11. 法理比情理更重要/情理比法理更重要
12. 选美活动利大于弊/选美活动弊大于利
13. 法律有情/法律无情
14. 金钱是谈婚姻的必要条件/金钱不是谈婚姻的必要条件
15. 分数应当是评价学生的主要指标/分数不应当是评价学生的主要指标
16. 人类永久的和平是可能实现的/人类永久的和平是不可能实现的
17. 金庸的小说应该选入中学教材/金庸的小说不应该选入中学教材
18. 网络使人更亲近/网络使人更疏远

19. 对城市流浪猫狗可以进行捕杀/对城市流浪猫狗不可以进行捕杀
20. 赞成为了漂亮而去整容/不赞成为了漂亮而去整容
21. 个性容易被群体接受/个性不容易被群体接受
22. 电脑一定给人类带来福音/电脑不一定给人类带来福音
23. 医学的发展应该有伦理限制/医学的发展不应该有伦理限制
24. 幼儿园应该开设外语课/幼儿园不应该开设外语课
25. 师生之间应该有距离/师生之间不应该有距离
26. 市场经济条件下，竞争第一，道德第二位/市场经济条件下，道德第一，竞争第二位

二、以下是辩论双方对辩题所作的分析，请认真阅读并说说自己的看法。

《艾滋病是医学问题不是社会问题》

正方分析：艾滋病是英文 AIDS 的译音，是"先天免疫缺乏综合征"的英文首字母缩写的译音，是一种严重的综合征。艾滋病病人易患其他多种罕见的疾病，这些都是医学常识。

医学问题：用医学可以治疗或预防的问题。从起源传播、治疗的角度看属于医学问题。

社会问题：多数人视为违背社会规范的严重行为。

是：属于的意思。

反方分析：艾滋病是获得性免疫能力综合征，由 HIV 病毒感染引起，无论从病因、性质和治疗途径看都是医学上的一种典型疾病。

医学问题：从产生、性质、根本解决途径看都属于医学问题。

社会问题：从产生、性质、根本解决途径看都属于社会学问题，在社会上达到一定广泛程度和影响。

是：属于的意思。

三、运用辩论知识分析辩词，说明正反双方所采用的辩论技巧，以及取得的效果。

辩题1《发展自然科学与社会科学谁更重要》

正方：发展自然科学，是各国都在争着上的一班车。在激烈的竞争中，不是这班赶不上再搭下一班的问题，而是如何挤上这班车的问题。

反方：索罗斯利用经济制度的缺陷制造东南亚金融危机，如果说他是抓住了经济规律，那应放之四海而皆准，为什么在中国香港受阻了呢？没有社会科学的规范，一味发展自然科学，是不是人们要克隆多少人就克隆多少人呢？

正方：关于克隆早有法律规定，难道你要改变法律不成？

反方：这正是在自然科学与社会科学发生矛盾时，谁来规范谁了。

辩题2《人性本善(恶)》

正方：我倒想问对方辩友，在人性本恶之下，我们为什么要法律，为什么要惩治的制度呢？

反方：对呀，这不正好论证了我方观点吗？如果人性都是善的，还要法律和规范干什么？

辩题3《医学的发展是否应有伦理限制》

正方：既然是学医的，怎么会把发展和应用截然分开呢？对方辩友知不知外科学、内科学、儿科学、妇科学，离开了实际应用，这些学科能叫医学吗？医学都不是，又怎么能发展呢？

反方：我倒想请问对方辩友了，相思病去看外科还是去看内科？

辩题4《治愚和治贫哪个更重要？》

正方：不治愚，贫穷代代相传，恶性循环，难怪对方辩友也发出哀叹"唉，真是一代不如一代呀！"这一代不如一代的状况，难道不是愚昧造成的吗？

反方：不治贫穷，温饱问题都解决不了，人们的生存都无法保证，人还能代代相传吗？

(资料来源：毛建震. 巧答妙驳克敌制胜[J]. 演讲与口才，2005，292(2).)

四、在《男性是否比女性更需要关怀》的辩论中，反方三辩对正方说："难道女性不比男性更需要关怀吗？请问对方辩友你是女人吗？"你觉得这样的提问好吗，为什么？

综合技能训练

一、采用先评后述式，从辩题、立论、材料、逻辑、语言等方面，对《温饱是(不是)谈道德的必要条件》辩论中的反方总结陈词进行评论。

谢谢主席，谢谢各位。经过刚才的一番唇枪舌剑，我的肚子的确有些饿了，但是我仍然要把道德问题谈清楚。

下面我总结对方的几个基本错误。对方犯的第一个错误就是"李代桃僵"，对方用温饱等同于生存来构建他们的立论基础，这显然是错误的。对方犯的第二个错误就是"扬汤止沸"，认为一个贫寒的人只要教唆他追求温饱就可以了，从来不问用什么手段。我刚才已经说过，如果到麦当劳里面打砸抢的话，这难道就能合法地追求到温饱了吗？这显然又是荒谬的。对方犯的第三个错误就是"避实就虚"，对方始终告诉我们温饱能够给谈道德提供更好的条件，但是没有说在不温饱的情况下绝对不能谈道德。对方犯的第四个错误就是"指鹿为马"，把谈道德与谈道德的效果混为一谈。对方今天的论点可谓云山雾罩，让我们一头雾水，不知所云。相反，今天我们已经从逻辑、理论、事实上论证了，只要基于理性的人类存在就能够谈道德。下面我主要从价值层面论述我方的立场。

第一，……

第二，……

第三，……

第四，……

谈到这里，我不由得想起一百多年前生活在哥尼斯堡的一位名叫康德的老人说过的一句话："这个世界唯有两样东西能让我们的心灵感到深深的震撼，一是我们头顶上灿烂的星空，一是我们内心崇高的道德法则！"谢谢各位！

二、观摩现场辩论赛或观看辩论比赛视频。了解辩论赛制，分析辩论技巧，并进行模仿练习。

三、选择一种模式，举行一次辩论赛。赛前做好审题、立论、搜集资料、制定战术、撰写辩词等工作，赛后做好点评，掌握辩论知识，提高辩论水平。

第八章 求职口才

【案例导入】

每年的春季、夏季,全国各地都会举办各种各样的人才招聘会,媒体也会在这个时候,请一些专家指点毕业生怎样撰写、编制简历。其实,在求职过程中,除了有一份好简历能顺利帮助自己进入复试以外,复试(面试)中的口才表现更是起到至关重要的作用。

有一位学历不高的女青年到一家大公司应聘管理人员的时候,一位考官突然提问:"请问,一加一是多少?"女青年先是一愣,略加思索后,便出其不意地反问考官:"请问,你是说哪种场合下的一加一?如果是团队精神,那么一加一大于二;如果是单枪匹马,那么一加一小于二。所以,'一加一是多少?'这就要看你想要多少了。"由于女青年采取了非常规性应对方式,在众多应试者中,她便脱颖而出。

现代社会已不再是"酒香不怕巷子深"的时代,必要的求职口才锻炼是求职者进入职场的基础,能够让求职者获得工作岗位、应聘单位成功。有些求职者忽视求职口才的锻炼,最终在求职路上被亮了红灯;但也有人关键时刻有备而来、巧妙回答,最终成功地"推销"了自己。

【本章要点】

- 求职口才概述。
- 求职口才的技巧。
- 求职面试应该注意的问题。

第一节 求职口才概述

随着社会经济的发展,人事制度改革日渐成熟。高校毕业生与用人单位都实行了双向选择。面对人才市场的激烈竞争,如何在强手如林的竞争队伍中脱颖而出,得到用人单位的青睐,掌握求职核心理论尤为重要。

一、求职口才的含义

求职是利用自己所学的知识和技能,向企事业单位寻求创造物质财富和精神财富,获取合理报酬作为物质生活来源的一种过程;也指在求职过程中,求职者运用准确得体、恰当有力、生动巧妙、有效的口语表达策略,取得圆满的求职效果的口语表达的艺术和技巧。简而言之,求职口才就是求职者在应聘过程中进行语言表达所表现出来的一种才能。

二、求职口才的特点

求职口才除了具有口才的一般特性外，还具有其自身的特殊性，主要表现在以下几个方面。

(一)目的性

在面试考场上，求职者运用简洁、坦诚而富有个性的语言进行自我介绍、回答问题等，是为了让面试单位认可自己的实力与价值，以获得理想的职位，具有很强的目的性。

(二)自荐性

自荐性强，是求职口才区别于其他口才的一大特点，这是因为求职行为就是为了把自己成功地推销出去。作为求职者，除了平日积淀下来的良好思想修养和专业素质外，还要做到知己知彼、有备而来、彬彬有礼，敢于毛遂自荐、自信自知、有的放矢。

(三)艺术性

求职口才不仅是自身能力的体现，更是求职技巧的体现。求职面试是通向职场成功的第一步，因此求职者不仅要赢，而且要赢得漂亮。要想赢得让人记忆深刻，求职者在面试时就要做到审时度势、随机应变、别具一格，突破招聘人员的问话限制，把话说得耐人把玩、富于艺术鉴赏性。

三、求职口才的意义

著名作家柳青曾说："人生的道路虽然漫长，但紧要处常常只有几步，特别是当人年轻的时候。"求职口才在求职过程中犹如一柄护身的利剑，能助求职者过关斩将，走向成功的就业之路。

主持人杨澜在北京外国语学院读大四时，正碰上中央电视台招聘《正大综艺》节目主持人。在面试中，主考官猝不及防地问她："你敢不敢穿'三点式'？"在对"三点式"争论激烈的那个年代，要一个大四的女生来回答这个问题，无疑是强人所难。而且"你敢不敢穿'三点式'？"是一个选择疑问句，在一般情况下，答案只有两个，要么肯定，要么否定。无疑，回答"敢"或"不敢"都未免落套，更体现不出求职者的素质与素养。杨澜面对这个难题，采取了界外答问，收到了很好的效果。

杨澜说："这与社会环境很有关系，如果在外国裸体浴场，'三点式'不见得就显得开放，而在中国，穿'三点式'不符合人们共同的审美价值标准。"

杨澜跳出考官们用选择疑问句所设的圈套，以界外答问，大处着眼，举例佐证，举重若轻地回答了这对当时女孩子来说最敏感、最棘手的难题，最终从美女如云的竞争对手中脱颖而出，谋得了中央电视台主持人的职业，从此走上传媒职业者的人生之路。

(资料来源：杨澜.面试.http://www.doc88.com/p-14265471673.html。)

第八章　求职口才

求职口才是一个人各种能力的外在标志，是求职者综合素质的具体体现，是求职者能力的扩大和延伸，是求职和经营、交往的现实需要。强化求职口才训练已经成为广大求职者的迫切要求。

第二节　求职口才的技巧

每一位求职者都希望通过自己的努力找到一份比较理想的工作。可是谋取工作，特别是一份自己满意的工作并不是一件简单的事情，需要求职者做好充分的准备工作，掌握一些求职技巧。

一、自我介绍技巧

求职者在应聘时经常会对自己进行简短的自我介绍。自我介绍是向别人展示自己的一个重要手段，自我介绍好不好，直接关系到给别人第一印象的好与坏及以后交往的顺利与否。同时，自我介绍也是认识自我的手段。

(一)自我介绍的特点

自我介绍是求职口才中重要的内容，主要有以下特点。

(1) 简短性。求职者的自我介绍一般都要在 3～5 分钟内完成(有的甚至只有 1 分钟)，应聘者要针对用人单位的需要，将对方最感兴趣和自己美好的一面展现出来，引发对方的探究欲望。

(2) 概括性。语言简明扼要，给招聘者一个整体概念。

(3) 重点性。详略得当，有主有次，重点介绍自己的能力与应聘岗位的匹配及发展潜力。切忌胡子眉毛一把抓，不假思索脱口而出。

(4) 条理性。自我介绍要层次清晰，有条不紊，具有较强的逻辑性。

(5) 新颖性。自我介绍的内容和语言组织要有新意，能对招聘者产生吸引力。

(二)自我介绍的种类

自我介绍可分为以下几种类型。

1. 直白式

直白式就是简简单单、直截了当地告知招聘方自己的有效信息。例如："我叫××，是××人，××学院毕业，学的是××专业，学制××年，××学历……"。

2. 文雅式

文雅式就是把话说得很规范而且有文采，显示出深厚的文学功底。例如："鄙人××，祖籍××，就学于××学院，主修专业为××，学制时间 3 年……"。

3. 成果式

成果式就是着重展示自己的成果，用成果去抓住并打动招聘方的心。例如："我叫××，××人，××大学××专业，曾经获得全国大学生科技创新奖，获得湖北省大学生英语演讲比赛三等奖，荣获国家奖学金一次，公开发表学术论文××篇……"。

4. 幽默式

幽默式就是生动风趣、独树一帜，这种介绍能够在短时间内拉近求职者与招聘者的心理距离，也可以使面试过程轻松愉快。例如："我叫李小溪，知名度堪比小溪流。生于××省，一介草民；专科毕业，普通院校；其貌不扬，性格不错；成绩可以，特长颇多……"。

5. 职务式

职务式的自我介绍是基于现实生活中人们往往把职务等同于水平的心理，借助于职务的列举来显示出自己的学识水平与技术或组织能力。例如："我叫×××，××人，××××学院××专业毕业，我坚信实践出真知，所以在学院学生会担任社团部部长，在社会实践中先后兼任过两家公司的总经理助理；我热爱科学，在校期间担任过两届学生科技攻关小组的组长……"。

(三)自我介绍的基本要求

(1) 内容设计要有针对性，分场合、分岗位，把握时间、突出重点，不可千篇一律。

(2) 语速适中，口齿清楚，用语规范，避免出现交流障碍。

(3) 切忌吞吞吐吐(自信心不足)，前言不搭后语(内容不可信)，话语太长(心不在焉)，满口套话(没有实战经验)，过分自谦(底气不足或城府太深)。

二、引发共鸣技巧

求职的过程是一个双向交流的过程，有时面试官会问一些似是而非的问题，以考量求职者的综合能力。因此，求职者表达的内容能否引起招聘方的共鸣非常重要。为此，必须掌握引发共鸣的特点、种类和基本要求，以占据主动、获得先机。

(一)引发共鸣的特点

(1) 契合性。求职者所阐述的内容必须和招聘者所希望听到的内容相一致。一致的程度越高，招聘者产生的兴趣就会越大，求职成功希望也就越大。这不仅要求求职者具有良好的驾驭语言能力，同时还要具备敏锐的观察与判断能力。

(2) 典型性。指求职者表述的内容及形式在招聘者心目中引起的共鸣面最广，也指求职者表述的内容或形式在招聘者心目中引起的共鸣程度最深(或共鸣的时间最久)，还指某一求职者表述的内容或形式被招聘者认为是众多求职者中最突出或者杰出的。一般来说，共鸣度越高，共鸣面越广者，应聘成功的概率相应也就越大。

(3) 感染性。指求职者表述的内容或形式既能引起招聘者的共鸣，又能产生认可和叹服、欣赏。也就是说，求职者所表述的内容或形式直接感染着招聘者。感染程度越深，应聘成功的概率自然也就越高。

(二)引发共鸣的种类

(1) 悲剧式。讲出自己不同于常人的悲惨境遇，如家境、身体、经历等。因为人们普遍都有对弱者的同情心，对可怜者的怜悯心。

(2) 喜剧式。用幽默、风趣、讥讽或自嘲等方法来激发招聘者的笑神经，在其心目中建立良好的初始印象。

(3) 实用式。求职者要学会用语言去提醒或引发(激发)招聘者，使招聘者感到求职者的知识与技能确实对自己有用。

(三)引发共鸣的基本要求

(1) 共鸣要合情合理。既合乎求职者自身的情况，又符合招聘方现实的需要。要准备好共鸣的后续事项，如进一步地深入论辩，或是具体的实务操作等。注意共鸣的经济效益和社会效益，而且求职者所发出的共鸣都只能是正效益。

(2) 捕捉现场共鸣点。要注意从现场的诸多因素中发现共鸣点，例如校友之间、同乡之间、同行业岗职之间的共鸣点。如果能从招聘方的话语中捕捉到共鸣点会更好。

(3) 引发共鸣应避免判断失误。一是引不起共鸣，求职者自己"剃头的挑子一头热"；二是共鸣点太肤浅或准备不足，无法继续深入，给招聘者留下不成功的投机印象；三是共鸣点与所求聘的团队及岗位关联不紧，甚至毫无关联，引不起招聘者的兴趣；四是共鸣的题材太过敏感，他人唯恐避之不及；五是共鸣时的表现太过激烈，暴露了求职者的性格弱点。

小李是某职业技术学院的高才生，主学数控，选修文秘，应聘某知名集团公司的文秘岗位。面试中双方谈得非常愉快，快接近尾声时，人力资源主管问她："对你来说，现在找一份工作是不是不太容易，或者说你很需要这份工作？"小李回答说："那倒不见得。"结果没有被录用。

小李的回答，未能引起共鸣。客观上可能是想表现自己的不卑不亢，主观上却流露出了一种傲气。如果回答"我希望得到这份工作，也自信有能力做好这份工作，但如果你们还有更合适的人选，我会尊重你们的决定"，或许这份工作就得到了。

三、展示亮点技巧

亮点就是优势。尺有所短，寸有所长；天生我材必有用，每个人都有自己的优势。求职应聘时展示亮点就是增加胜数。

(一)展示亮点的特点

(1) 适用性。求职中的亮点首先就是要对招聘者有用，最好还是对方迫切急需的人才。

(2) 突出性。亮点有大小的差别，虽然亮点大小不好具体界定，但一定要是求职者身上最突出的，或者是这批应聘者中他人所没有的亮点，总之，符合招聘条件的项数越多越好。

(3) 潜在性。有些亮点优势(比如研究能力)暂时没有表现出来，但只要求职者具备良好的专业钻研精神和习惯等，有见地的招聘者常常也会慧眼识才的。

(4) 转化性。相关的亮点之间常常可以相互转化。对于某些急需行业或技术而言，在一时找不到更理想的应聘者的前提下，聪明的招聘者往往也会将这些可能转化的相关亮点直接作为急需亮点来加以吸纳。

(二)展示亮点的种类

(1) 工作式。在实际工作中发现自己的亮点，并用生动、精当的语言来陈述、表露出来。

(2) 技术式。在应用技术中发现自己的亮点，并用生动、精确的语言，周密陈述、表露出来。

(3) 生活式。在日常生活中展露某一项独特的本领，形成自己的亮点，让别人用生动、精当的语言陈述、表达出来，并不断地传扬开去。

(4) 特殊式。求职者只要具备了某一项较为独特的本领，都可以而且应该寻找到有急需的相关行业，并展露出来。

(5) 发展式。发展好自己的亮点主要包含两层意思：第一，任何亮点都是从小到大发展而成的，假如求职者已经具备了某一稀缺的优势萌芽，就应该加紧培植，让其迅速成长壮大；第二，任何优势都是不断发展和前进的，即使求职者已经具备了某一明显的独特优势，仍然应该不断发展、完善。

(三)展示亮点的基本要求

(1) 亮点展示，多多益善。求职者展示的亮点越多越好，展示的亮点越突出越好。亮点与所求聘的岗位关系越紧越好，亮点表述越生动风趣越好。

(2) 亮点关联，强调吻合。从招聘单位或岗位职责最薄弱的环节中去寻找并展示亮点，重点展示职业亮点，而不是性格亮点。并与自我介绍形成一致，有鲜明的现实效益性和操作性。

(3) 亮点表述，决不虚构。展示亮点不能无中生有或者随意夸大，经不起招聘方的检验，让招聘者怀疑其真实性。

四、解释弱项技巧

金无足赤，人无完人，每个人都有自己的短板，如何化短为长，赢得招聘者的好感，是需要一些技巧的。

(一)解释弱项的特点

(1) 同情性。求职者所展示的弱项必须是能使人产生同情的弱项。

(2) 可塑性。人们之所以能接纳、同情求职者的弱项，目的并不是欣赏，而是希望能亲手给予改变——这种改变往往可以激发他人的功业感和自豪感。所以求职者所表现出来的弱项一定是可以改变的弱项，而不能是僵死有害的痼癖。

(3) 无害性。求职者所显露出来的物质与精神弱项还必须是安全的，即对他人或团队不会产生任何妨碍，否则，招聘者即使想同情也不敢去同情了。

(4) 缘由性。求职者所显露出来的弱项还应该是有缘由的，这个缘由可以是生活经历、成长环境或家庭经济状况等。总之，必须符合现实中的因果关系，必须让人理解并看到可以改变的前景。

(二)解释弱项的种类

(1) 性格式。暴露某一方面的性格弱点。首先，要全面分析自己的性格类型；其次，必须评判好自己的性格弱项与公众的相容性。

(2) 技术式。显示个人专业技术上的弱项，并估测这个弱项的改进可能以及对将要应聘的工作岗位的影响。

(3) 知识式。展示自己某一方面的知识缺陷，同样也应正视这个缺陷的弥补可能，以及是否会对将应聘的工作岗位产生影响。

(4) 身体式。展示自己在身体方面的某些不足，同样也得正视这个不足是否有其他的代偿功能，是否会影响将应聘的工作岗位。

(5) 心理式。暴露自己在气质、心理方面的弱点，同样需要先全面分析自己的气质类型、心理定式等及其产生或形成的原因，然后再评判自己的这些气质、心理弱项在生活中的危害程度及改进可能，充分考虑到公众的相容程度等。

(三)解释弱项的基本要求

(1) 注意客观，把握分寸。解释弱项，一分为二或者一分为三。掌握好弱项与岗位、职业的关系，无关的弱项一般不必说出。要在综合分析的基础上来展示弱项，让招聘方觉得可信却不可怕。

(2) 亮点为主，弱项居次。所展示的弱项一定不能构成对岗位或职业的危害，所展示的弱项应该具有可补性。

(3) 相关禁忌。完全不展示弱项，招聘者会觉得求职者言过其实；夸大弱项或者弱项太多，让招聘者感到害怕；弱项明显对工作或团队有害，而且无法克服、更改，为安全起见，招聘者要三思而行。

五、应对尴尬技巧

从某种意义上来说，面试过程是一个智力较量的过程。招聘方提出的问题多种多样，

其中最让应聘者感到棘手的是一些令人尴尬的问题，而这些尴尬问题最能帮助招聘者发现问题，检测求职者的性格特征、心理素质等。那么，求职者如何应对尴尬问题，有效回应"神提问"呢？

(一)应对尴尬的方法

(1) 承受尴尬。求职者经受尴尬的锻炼，学会从尴尬中寻求解脱，重觅新路，创造出"柳暗花明又一村"的新境界。

(2) 急中生智。求职者在紧急状况下快速反应，力求在最短的时间内作出合理的选择，拿出比较科学正确的解决办法。

(3) 仿真训练。模拟相似的应聘情境，锻炼自己抗挫和应变的能力等。

(二)应对尴尬的基本要求

(1) 镇定不慌乱，争取时间，在最短的时间内快速拿出解决办法；奉行无伤害原则，既解决问题，又不会影响招聘方的要求，还不至于伤害其他方的利益。

(2) 礼貌不拒绝，记住求职口才的"二十四字法则"——有备而来，有的放矢；巧问妙答，谦虚自信；表现能力，展示风度。

(3) 临阵不乱，切忌大脑短路，茫然不知所措；强词夺理，引发争执；陷入尴尬，不懂得另辟蹊径。

第三节　求职面试应该注意的问题

"路漫漫其修远兮，吾将上下而求索。"事业之路是绵长的，要想事业一帆风顺，就要做好求职面试的准备，掌握其技巧，这是开启事业之门的一把钥匙。面试是口才的竞技场，其结果是被录用或被淘汰，因此，在求职面试中要学会扬长避短、未雨绸缪。

一、克服自卑，表现自信

在特定的场合，由于某种原因，羞于启齿是很正常的。然而进入招聘的口试阶段，则应当努力克服羞怯心理。平常不太好意思在陌生人、领导、专家面前讲话的，不妨在正式面试前，由家长或朋友请一两位有一定相关知识的陌生人进行模拟面试。这种"热身运动"目的不在于猜题，而是减少一点羞怯感和自卑心理。事实上，在才能和智慧不相上下的情况下，具有充分的信心、拥有更高的热情的人，成功的概率会更大。例如广东省财政厅有一次公开招聘副厅长人选，有 9 名候选人参加竞争。答辩会上，主考问 7 号答辩人："你和其他竞争者相比，有什么优势和劣势？" 7 号充满自信、踌躇满志地说："我想来想去，觉得自己没什么明显劣势。"在一片笑声中他又补充说："缺点在一定条件下也是优点。"结果如愿以偿。

第八章　求职口才

二、听清题意，发挥特长

　　口试的题目，许多是考官们事先准备好的，有题卡供选择，也有的是即兴提问的。应试者必须听清题意或看清题意。应试者要针对所问的题目靠船下篙地回答，不要偏离中心，让话语"信天游"。参加招聘考试，有的是专业对口的，有的是与专业相关、相近的，有的是与原来所学的专业不太对口的。但多数考生都会经过"充电"，扩大知识视野，努力做到一专多能，适应市场经济和人才需求的变化。在招聘中，要抓住机会，主动发挥自己的专业特长和优势，调动生活积累。

　　某新闻单位招聘记者、编辑，一位应试者的简历表上写明自己是英语专业毕业，毕业后先后在新闻部门、外贸部门工作过。招聘方提问："根据你的简历，你具有多方面的素质，那么现在请你谈谈新闻传播工作如何做到内外有别？"这位应试者举出了一些自己从事新闻记者工作时具体的例子，准确简洁回答了提问，有力地说明了自己的特长优势和生活积累，得到了招聘官的认可。

三、重视情境，模拟练习

　　情境设置题目是活题，这类题目特别重要，应试者回答的时间相对也长一些。作为应试者，应尽量了解以往招聘口试中这类题目。考试前也可做一些猜想，围绕某些特定的情境做些模拟准备。例如你是一场赈灾义演晚会的节目主持人，请你首先设计一段开场白，描述现场氛围及晚会宗旨，然后再将其中两位参加晚会的代表介绍给现场观众，一位是参加抗洪抢险的解放军战士，一位是曾给灾区捐款的下岗再就业职工。遇到这类问题，就需要紧急构思，然后有条不紊地说出来。有位应聘者的即兴发挥非常出色，获得了评委的一致好评。

　　观众朋友们，晚上好。98之夏洪魔席卷中华大地，98之夏爱心汇集大江南北。此时，前方抗洪军民勇战洪魔；此地，后方支持的百姓慷慨解囊。这一元一角浓缩的爱心，这一歌一舞表达的深情，在这里，在我们今天的赈灾晚会上，汇聚成一股激荡的春潮。下面我为大家介绍两位晚会特邀的嘉宾。这一位是在抗洪抢险中只身勇救群众12人的英雄，解放军战士王伟；这一位是刚刚再次就业就捐献了自己第一个月全部工资的下岗大姐赵玉梅。正因为有了他们，才有了98之夏冲不垮的中华大堤！共对长天，让我们同唱一首《爱的奉献》。

四、灵活应答，留下印象

　　许多地方的招聘报名者甚多，而评委所提的问题是有限的，也可以说是比较集中、有针对性的。有些职业、职位的口试，是依照次序单独进行，同类型的题目问过不同的应答者后，评委就可看出其中的高低。一般来说，除了应答者的外在形象、普通话标准能给评委留下难忘的印象之外,那种能够调动创造性思维,灵活应答,产生意外效果的求职者,也能给评委留下深刻的印象。

单项技能训练

一、请分析下面的应聘回答,是好还是不好?为什么?怎样回答才好?

对话 1
问:你认为和什么样的人合作最困难呢?
答:我不喜欢和太认真的人合作。

对话 2
问:你最大的弱点是什么?
答:我的脾气很坏。

对话 3
问:如果让你选择,你将选择哪一职位?
答:我选择当行长助理。

(资料来源:黄雄杰. 口才训练教程[M]. 北京:高等教育出版社,2010.)

二、下面 15 道题目,试着做一做,看看自己的回答和人事主管的想法是否比较贴近。

1. 谈谈你个人最大的特色。
   A. 我人缘极佳,连续三年担任班级和学生会干部
   B. 我的坚持度很高,事情没有做到一个令人满意的结果,绝不罢手
   C. 我非常守时,学习、工作以来从来没有迟到过
   D. 我的个性很随和,是大家公认的好好先生(小姐)

2. 你为什么想来我们公司工作?
   A. 主要是这份工作的内容很吸引我
   B. 贵公司在行业内颇为出名,听说管理也很人性化
   C. 我的大学同学在贵公司会计部工作,是他建议我来应征的
   D. 贵公司在业界的声誉及这项工作的性质都很吸引我

3. 你对我们单位了解吗?
   A. 贵公司去年在长达八个月的时间里都高居股王的宝座
   B. 贵公司连续三年被 ABC 杂志评选为"求职者最想进入的企业"第一名
   C. 不是很清楚,能否请您做些介绍
   D. 我最欣赏贵公司有意改变策略,加强与国外大厂的 OEM 合作,自有品牌的部分通过海外经销商扩大了销售

4. 你找工作最主要的考虑因素是什么?
   A. 公司的远景及产品的竞争力
   B. 公司对员工职业生涯规划的重视及人性化的管理

第八章　求职口才

  C. 工作的性质是否能让我发挥所长并不断成长

  D. 合理的待遇及主管的管理风格

5. 你的期望待遇是多少？

  A. 是否可以先让我了解一下贵公司的薪资及福利制度

  B. 我希望至少要高过我目前的薪水，依我的职务级别每年可分配多少股票呢

  C. 我目前是 3000 元，但下个月要调薪，所以我希望至少 4000 元

  D. 我一定会为公司努力工作，我相信公司会根据我的表现给我应得的报酬

6. 你什么时候可以开始上班？

  A. 再等一个半月，拿到上年度的分红之后

  B. 原则上我可以尽量配合，但我必须与我目前的老板讨论交接的日期

  C. 是否可以给我两个星期的时间考虑一下，并与家人通个气

  D. 我的好朋友下个月在美国结婚，我必须参加，是否可以等我从美国回来

7. 你为什么想离开目前的职务？

  A. 别的同事认为我是老板的红人，所以处处排挤我

  B. 调薪的结果令我十分失望，完全与我的付出不成正比

  C. 老板不愿授权，工作处处受限

  D. 公司营运状况不佳，大家人心惶惶

8. 谈谈你在前一份工作中的最大贡献。

  A. 因事前准备得宜，使得产品……在去年的交易展会上大出风头

  B. 据理力争，为同事争来了年度免费健康检查的福利

  C. 重新设计生产线，使得生产周期缩短了 30%，每季出货量增加了 35%

  D. 以一份长达 20 页的评估报告建议公司必须尽快投入电子商务

9. 如果我们雇用你，你准备为我们工作多长时间？

  A. 这个问题可能要等我工作一段时间后，才能比较具体地回答

  B. 一份工作至少要做个三五年才能学习到其精华的部分

  C. 这问题蛮难回答的，可能要看当时的情形

  D. 至少两年，两年后我计划再出国深造

10. 除了我们公司，你还应征了其他哪些公司？

  A. 我还应征了 ABC 饮料公司、DEF 软件设计公司及 XYZ 化工公司

  B. 因为是通过人才网站，所以很多公司与我联络，不胜枚举

  C. 我只对计算机类的公司感兴趣，除贵公司外，我还应征了 IBC 及 COMP 公司

  D. 我不是很积极地想换工作，这半年多来陆陆续续寄了一些履历，公司名字不太记得

11. 你希望五年后达到什么成就？

  A. "做一天和尚撞一天钟"，尽人事，听天命，顺其自然

  B. 凭我的机灵及才干，晋升至部门经理是我的中期目标

  C. 自己独当一面开公司

D. "全力以赴"是我的座右铭，希望能随着经验的增加被赋予更多的职责与挑战

12. 你认为你在哪方面最需要改进？
    A. 时间管理
    B. 人际关系
    C. 我有点迷糊
    D. 不应该以高标准去要求部属和同事

13. 如果你离开现在的职务，你认为你的老板会有什么反应？
    A. 很震惊，因为老板对我很器重也很信赖，我就如同他的左右手一样
    B. 还好吧，他大概心里也有数，反正公司现在也不忙
    C. 反正他手下的人来来去去早已习惯
    D. 我想他一定会生气地破口大骂，他是一个相当情绪化的人

14. 知道我们为什么录用你吗？
    A. 因为我比别人优秀
    B. 因为我有很强的事业心，想要与贵公司共同成长
    C. 您可以由我过去的工作表现所呈现的客观数据，明显地看出我全力以赴的工作态度
    D. 我在这个产业已耕耘了八年，丰厚的人脉是我最大的资产

15. 你有什么问题要问吗？
    A. 通常在这个职务上工作多久才能有升迁的机会
    B. 目前工作上常用的设计软件包括哪些
    C. 我想不出有什么好问的
    D. 以我的职务级别而言，去年平均可以分到多少股票

综合技能训练

请根据以下招聘启事，以小组为单位，分别作为招聘方、应聘方，进行求职面试模拟训练。

招 聘 启 事

我院因工作需要，现公开招聘护士30名，具体应聘要求如下。

一、基本条件

1. 2020年应届护理专业毕业生，专科及以上学历。
2. 热爱护理及相关工作，品学兼优，有爱心，有责任感，有良好的团队协作精神。
3. 具备护士资格证。
4. 身体康健，相貌端正，年龄在23～30岁之间，身高1.60米，形象气质好，男女不限。

二、报名时间

2020年6月6日—6月16日。

三、报名地点

本院人事科(办公楼201室)。

四、联系电话：0710-×××××××

五、联系人：张老师　李老师

××医院
2020年3月5日

第九章 社交口才

【案例导入】

成功学权威陈安之说过:"一个人的成功等于30%的知识加上70%的人际关系,而社交口才是建立优质人际关系的桥梁和纽带。"社交口才是一种技能和艺术。在许多社交场合,小到聊天、议论、咨询,大到拜访、接待、介绍、联系等,都需要社交口才的支撑。良好的社交口才,可以让人出口成章,巧于辞令;可以顾客盈门,财通三江;可以赢在职场,稳操胜券,提升自身的个性魅力。例如,被誉为文坛"常青树"的王蒙老师,面对一位大学生所提出的自杀问题时,就很好地采用了艺术的社交语言表达方式。

大学生:很多有名的作家都以自杀来结束生命,您对此怎么评价?

王蒙:即使自杀以后能成为伟大的作家我也不自杀。我个人的看法是,写小说有利于心理健康,写小说和读小说是一种抗自杀的因素,所以哪位心情不好时就读小说,如果读了别人的小说还想自杀,我建议你读我的小说!

王蒙老师的回答既心平气和,又旗帜鲜明地表明反对自杀,并把自己的小说说成抗自杀的特效药,在调侃中艺术地表述了自己珍重生命、笑对人生的态度,使提问者和在场的听众深受教育。

【本章要点】

- 社交口才概述。
- 社交口才的技巧。
- 社交场合应注意的语言禁忌。

第一节 社交口才概述

"便捷的口才将使你雄辩滔滔,占尽上风",这是镌刻在3000年前的埃及古墓上的铭文,用来形容社交口才最恰当不过了。社交口才可以让人们在交际场合"游刃有余",让自己的事业"如虎添翼"。

一、社交口才的含义

社交口才指的是人与人之间在社会交往活动中,善于运用准确、生动、形象的语言表达自己的思想、意愿和情感的一种能力或才能。

二、社交口才的作用

口才是人们进行社交活动的基本工具,社交场合是施展口才的最佳舞台和场所。社交口才是人生的宝贵财富,是神奇的公关密码,是成功的敲门砖。睿智的商界精英,儒雅的政府领导,渊博的专家学者,大部分都是社交口才的高手。西方一位哲人说:"世间有一种成就可以使人很快完成伟业,并得到人们的认识,那就是讲话令人喜悦的能力。"

(1) 事业成功的发动机。思维敏捷、能言善辩是一个人事业成功的保证,善于用准确、贴切、生动的语言表达自己思想感情的人,办事比较顺利,做事能够成功。

(2) 人际关系的润滑剂。懂得语言艺术的人,一定懂得与人相处之道。人生在社交中度过,感情在交流中渐浓,出色的社交人才,可以使熟悉的人情更浓、爱更深;可以使陌生的人产生好感,建立友谊;可以使意见分歧的人互相理解,消除矛盾;可以使心存怨恨的人化干戈为玉帛,友好相处。

(3) 实现自我的凯旋曲。人活着总要有个理由,这个理由便是人要在一生中体验自我意义,提升自我价值。哪里有声音,哪里就有力量;哪里有人才,哪里就有胜利的曙光。社交口才是实现自我的助燃剂,它可以让人飘逸灵动,睿智风趣;可以让人轻松中有收获,快意间有品位;可以让人如鱼得水,走向成功。

三、社交口才的语言特征

社交口才的概念内涵,渗透着礼仪规范的基本标准,因此,社交口才可以折射出社会群体文化观念,细究起来,它包含以下特点。

(一)主动性

社交口才要求人们做到礼让,要求人们要主动应对,寻求观点的求同存异,要主动向需要交际的一方示好。例如请人帮忙时,不忘说句:"您好,打扰一下,请问……。"早上见到长辈、领导及同事,要问好。见到有人进入,要笑脸相迎。

(二)礼貌性

个人的能力是有限的,众人拾柴火焰高,所以要寻求社交环境的和谐,就必须以礼待人,严以律己、宽以待人。语言表达要文雅,倾听时要专注。向人汇报时,要谦虚谨慎,恰当使用一些约定俗成的敬语,例如"您好,初次见面,请多多关照""很高兴认识您""久仰大名,认识您是我的荣幸……"

(三)谦和性

谦和在汉语中指的是谦逊平和,一种人心向善、心如止水的境界。常言道:谦虚使人进步,骄傲使人落后。和气生财,和谐才美。与人交际时,要态度和蔼,面容慈善,措辞平和。在生活中，我们经常可以听到"贵宾驾临寒舍""对不起，让您久等了""请原谅，打扰了，真不好意思"等谦和之语。

四、社交口才的基本要求

社交口才是培养社交能力的重要一环，了解它的基本要求，就有可能成为一个有魅力的人。其基本要求如下。

(一)适时

适时即指在正确的时间做正确的事情。社会交往时，讲话要注意场合、注意时间。不能见面时不问候，分手时不告别，失礼时不道歉，赞美时不鼓励，悲伤时不安慰。良言一句三冬暖，在正确的时间适时表达自己的情感是社交口才的第一个要求。

(二)适量

适量指说话多少适度，也包括音量适宜。该说时多说，不该说时少说乃至不说。啰啰唆唆、反反复复，势必使人厌烦；反之，"闷葫芦一个"同样使人厌烦。音量适宜，指的是与人交际时，谈话的音量也要有所变化：在大厅、原野、空旷的地方音量宜放大点；而在私人空间或公众场所与朋友交谈时音量适当放小，一则表现亲密无间，二则不影响他人。

(三)适度

适度即过犹不及，把握好分寸，一句可抵万金。在人际交往中，说话要考虑自己的身份，考虑措辞，考虑所说事务的本来面目，要客观公允、温和包容，切不可夸大其词、断章取义、添油加醋、火上浇油地伤害他人。

第二节 社交口才的技巧

技巧指的是表现在艺术、工艺、体育等方面的技能。社交口才的提高需要人们不断地刻苦练习，掌握了技巧就可以事半功倍，提高效率。

一、见面之初的称呼技巧

称呼是交际口才的"先锋官"，它是社交活动中必不可少的内容，也是礼貌与素养的展示。称呼用语在我国主要有尊敬语、谦称语、泛称语，随着时代的发展也会诞生时下流行的称谓。

(一)尊敬语

尊敬语，指对人尊敬的称呼。运用尊敬语，是为了表示对对方的尊敬与礼让，可以使

第九章 社交口才

对方的心里产生一种自豪感和满足感，使对方乐于与你接触，主动和你沟通，这就使交往有了良好的开端。古时常用"尊""令""贵""大""老"等词构成尊敬语，有的至今还在沿用。例如，尊师，令堂、令兄、令弟、令郎，贵体、贵姓、贵公司，大驾、大人、大姐、大名，老先生、老人家、老伯、老总、老板、钱老、赵老、吴老。

(二)谦称语

谦称语，是表示谦虚的自称。用于谦称自己的词语有：家、舍、小、愚、孤、寡、敝(卑)。例如，家父、家母，舍弟、舍妹，小辈、小人，愚下、愚兄、愚方，孤人、寡人，敝人、不才等。

(三)泛称语

泛称，指对人的一般称呼，分正式场合和非正式场合。正式场合的称呼有：姓+职称/职务/职业(如李教授、蒋主任、王老师等)，职务+泛尊称(如司机同志、校长夫人等)。非正式场合常用的称呼有：老/小+姓(如老宋、小刘等)，姓+辈分称呼(如罗阿姨、夏叔叔、牛伯伯、刘爷爷、李姐、王哥等)。

(四)流行语

采用时下流行称呼，称总经理、工程师、局长、科长为某总、某工、某局、某科(如张总、王工、李局、杨科)，既时尚庄重，又亲切。当然，这种称呼只是在当面称呼时使用，在向他人介绍时还是称某总工程师、某局长为好。

二、见面之后的寒暄技巧

寒暄是指熟悉或不熟悉的人碰面时的简短聊天，是人与人建立语言交流的方法之一。一般而言，寒暄是熟人表达热情的方式，也是不熟悉的人拉近距离的初步行为。所以寒暄的话题往往不涉及私密问题，也不涉及严肃问题。对话的内容多是一些无关痛痒的话题。但是这种寒暄在很大程度上，被人们看作是与被寒暄者人际关系熟络的一种象征。寒暄往往用在熟人和半熟人之间，路遇时、会晤前恰当地寒暄，能给不快乐的人以安慰，给久别重逢的人以关怀，给邻里、亲友以欢乐，并由此搭起人际关系沟通的桥梁。[①]

寒暄主要有以下几种形式。

(一)关怀式

关怀式寒暄是常见的寒暄方式，真挚深切的问候对加深人际间的感情很有必要。例如"看你越长越漂亮了，工作挺开心吧！""你好！好久没见，最近可好""工作还顺利吧！可要注意身体啊"。

---

① 王光华. 口才训练教程[M]. 北京：机械工业出版社，2005.

(二) 激励式

激励式寒暄,用于给对方加油鼓劲,激励对方,带去力量。例如"小朋友,几天没见,又长高了""听说您这个月得了销售冠军,恭喜,恭喜""我看到电视里关于你的报道,真厉害,要向你学习"。这种寒暄有利于取悦对方,让对方明白你的关切之情,也可以帮助引发新的话题。

(三) 幽默式

寒暄中加点幽默成分,可以协调气氛,讨人喜爱,让人印象深刻。例如"我说怎么院子里的喜鹊叫个不停,原来是你这个福星来了""我说今天怎么眼前一亮,原来是美女帅哥如云"。

三、交往之时的介绍技巧

自我介绍是进入社交圈的一把开门钥匙,是人与人相识的垫脚石。交往之初的自我介绍,是把自己介绍给陌生的交际对象,以达到让对方认识、增进了解、建立关系的一种手段。

(一) 自我介绍的内容和语言技巧

1. 自我介绍的基本内容

自我介绍的基本内容包括姓名、职务、工作单位、住所、籍贯或出生地、毕业学校、特长与兴趣爱好,有时还须介绍经历、年龄等身份识别信息。例如"我叫×××,毕业于×××学院,现在××单位工作,请多多关照"。如果是非正式场合,自我介绍可以调皮一些,为的是给别人留下深刻的印象。例如一位男士与女朋友第一次见面时,介绍自己说:"我是处女座,都说处女座的人在某种意义上是有洁癖的,而我却觉得这种所谓'洁癖'的主要原因是他们很讲究。什么是讲究?就是在他们的意识里,做每件事情都有一个应该的程序和过程。这种与生俱来的理性思维习惯,使我很关注细节问题,所以认识我的人都说能够和我共同生活的人一定是一个非常精致的人。"这个介绍在介绍自我的同时也夸赞了初次见面的女友,容易获得女士交往的兴趣。

2. 自我介绍的语言技巧

自我介绍时要学会自谦,即使明知对方在某个方面的素质与自己有差距,也要适度谦虚,留有余地。例如在和新入职的"菜鸟"见面时,总公司营销主管作自我介绍时说:"我在营销方面早入行几年,经验比大家多,但是创意也许赶不上大家,今后还要借助年轻人的开拓性思维一起做好公司的营销策划,大家一起努力。"

(二) 介绍他人的语言技巧

介绍他人,也叫居间介绍,是介绍者站在第三者的立场,使被介绍双方相互认识并建

立关系的一种交际活动。居间介绍像一条纽带，似一个"媒人"，促进双方关系的建立，坚固自己与双方的关系，通过介绍做到三方共赢。

1. 介绍礼仪

介绍他人时，要注意介绍顺序。先把男士介绍给女士，先把职位低的人介绍给职位高的人，先把未婚者介绍给已婚者，先把年轻人介绍给年长者；遇到交叉现象，需要灵活掌握。①

2. 介绍内容

介绍内容既可选择双方都感兴趣的话题，提高交流欲望，例如可以这样说："××是经济学的教授，她老公也是××产业公司的老总"。也可以从介绍对象的社会评价谈起，为以后的合作做好铺垫，例如把一位教授介绍给一个房地产商，可以说："你们都是企业管理专业的，一个是理论，一个是实践，如果能够实现校企合作，那就可以比翼双飞，羡煞旁人了。"

3. 介绍技巧

在语言上，应简洁明了，直接切入主题。例如："这位是我的同学××，他也喜欢古诗词，你们在一起肯定有共同话题。"在社交礼仪上，要征得同意后再进行介绍，不能拉郎配。例如："教授，我可以把您介绍给这位老总吗？"

总之，无论是自我介绍，还是居间介绍，都应注意音量适中、口齿清晰、彬彬有礼，以适应社交场合的需要。

四、拜访与接待的语言技巧

人类是群居动物，人际交往中讲究礼尚往来、和睦相处。拜访与接待是相互关联却又独立分割的两种社交活动方式，借助于这种活动，人们可以增加了解、加深印象、沟通信息、增进交流。

(一)拜访

拜访是为了礼仪或某种特定目的而进行访问、会晤。就日常拜访而言，包括进门语、寒暄语、会谈语和辞别语四个部分。

1. 进门语

到了被拜访者的家门口，如果被拜访者的门上装有门铃，可短促地按一下。如果没有门铃，可以轻轻敲几下门。注意，即使被拜访者的家门开着，也应该礼貌地问一声："请问，××在家吗？""屋里有人吗？"得到回答后方可进入。

(1) 首次拜访。第一次拜访他人，理应慎重，一般这样说："一直想来拜望您，就是

---

① 金正昆. 社交礼仪[M]. 北京：北京大学出版社，2005.

抽不出空""没打扰您吧，真是很高兴""路上堵车，让您久等了"等。

(2) 再次拜访。再次拜访表明双方关系趋向密切，可简单地打声招呼："好几个月没来看您，挺想的。""咱俩又见面了，真是高兴。"关系再密切一点的，还可以开玩笑说："我又来骚扰你了，不讨厌吧！"

(3) 回复拜访。回访是礼尚往来，主要表示答谢之意。例如"上次您专门从上海来看我，今天我专程登门拜谢。""上次我儿子的事真是让您费心了，今天我们特来向您致谢。"

(4) 礼仪拜访。礼仪性的拜访主要是为了表示祝贺、看望、吊唁之情。例如："听说您当局长了，特地为您贺喜来了！""我干儿子考上名牌大学啦，祝贺祝贺！""听说您身体不太舒服，今天特地来看看。""听说李爷爷病故了，今天一早赶过来看看，来晚了，不好意思。"

2．寒暄语

寒暄语即问寒问暖的意思。恰当使用寒暄语，能够给人们送去关心、爱护、亲切的温暖之情。

(1) 问候型。问候型寒暄可以根据天气、对象等情况选择不同的问候语。

(2) 称赞型。称赞型寒暄，是通过赞美的话语，创造一种愉快和谐的氛围。例如"这套衣服很合身，也符合您的气质风格。""这套房子看过的人都说装修得很好，艺术又实用，王设计师真是名不虚传啊！"

(3) 起兴型。起兴型寒暄，是指在交谈进入正题之前"先言他物以引起所咏之辞"的寒暄方式。这种寒暄方式不直接讲明来意，由此及彼，让人易于接受。[1]

3．会谈语

一番寒暄后，要尽快进入主题，以免耽误主人过多的时间。话题要集中，言简意赅。交谈时间掌握在半小时左右，音量尽量小些，不要影响左邻右舍。

4．辞别语

辞别语是拜访结束后的告别话语，同进门语相呼应。例如礼仪性拜访，如果进门时说"初次登门，劳驾你久等，真不好意思"，辞别语可以说"今天初次拜访，十分感谢您的盛情款待"。

(二)接待

古人云："有朋自远方来，不亦乐乎。"有客盈门，要笑颜相迎、热情欢迎、诚心接待、礼貌相送，让自己的客人能够宾至如归，乐意再次登门。

1．热情迎客

我国自古以来就是礼仪之邦，我国人民热情好客、善良大方，在客人登门时，首先要

---

[1] 蒋红梅. 演讲与口才实用教程[M]. 北京：北京邮电大学出版社，2001.

做到热情迎客。开门见面后，要表达出自己的喜悦与欢迎之情，可以说："欢迎，请进，快请进来""稀客啊，哪阵风把你吹来了""快进来，请都请不来的，我太高兴了""欢迎，欢迎，请上座"等。如果知道来客姓名就直呼其名或称谓，以示亲切。如果想不起来客人的姓名，可以婉转地说："您今天这身打扮，我都快认不出来了，你叫……""上次没听清你的名字，不好意思，能告诉我一下吗"。询问姓名，要相机行事，若当着客人的面实在不好询问，就索性等客人走后再打听。

2．诚心待客

中国人传统的待客之道讲究"茶、上茶、上好茶！""坐、请坐、请上座！"。客人进门要准备茶水，酒满茶半，倒茶只倒七分满，左手扶住杯子底部上方 1/3 处，右手托住杯底，双手奉茶，嘴上可以说"请""请品尝"，以示敬意。生活条件好的人家，还可以依据客人的爱好提供饮料、糖果、瓜子、点心之类的饮食。

与客人交谈时，态度要真诚，语气要平和，以聆听为主。客人若是寻求帮助而来，在不违法的情况下，即使无能为力，也要表示自己的认同与体谅，不要一口回绝，要进行适当的抚慰。客人若是来提供信息的，最宜使用感叹句表示感激："非常感谢，辛苦了，你提供的信息太有价值了！""你可真是雪中送炭，帮了大忙了！"等。若是恰巧自己也要出门，应该和客人商量、进行安抚并致歉："真不巧，我有点急事，您坐，我出去一会儿就回来。"

3．礼貌送客

客人要告辞，主人应该尽到诚恳挽留的义务，如客人执意要走，则不必强留。送客人至家门外并说些告别语，例如"一路顺风""有事常联系，没事的时候常走动""你走好""慢走""欢迎再来""常来玩儿啊"等，不要急于回转。客人请主人留步后，主人要目送客人走远，招手"再见"再回转。送完客人回屋时，不要急于关门，关门声音要轻，以免引起客人误会。

五、说服与拒绝的语言技巧

莱布尼茨说：世界上没有两片完全相同的叶子。大千世界，气象万千。每个人都有自己的世界观、人生观和价值观，所以有时候会出现意见分歧甚至针尖对麦芒的情况。为了消除误会、分歧或者纷争，我们要学会说服或者拒绝的技巧。

(一)说服的方法

1．晓之以理

人们的领悟力有强弱之分，道理也有大小之分，对领悟能力强的人，可以讲大道理；对领悟力弱的人，可以讲小道理，并用委婉、征询的口气，循循善诱，使对方接受自己的意见。

《左转·僖公三十年·烛之武退秦师》中记载了这样一段历史：晋、秦围郑，郑国危在旦夕。关键时刻，烛之武挺身而出，他冷静地分析了当时的形势，决定用分化瓦解的策略说退秦师。他知道，秦、郑本无尖锐的矛盾冲突，秦国此行，无非是想趁机捞些好处。他采取了站在对方的立场上、替对方考虑的劝说方法，看看亡郑对于秦国有没有好处？"越国以鄙远，君知其难也。焉用亡郑以陪邻？邻之厚，君之薄也。"原来，灭亡郑国，仅仅是增加了晋国的实力，秦国不仅得不到任何好处，反而使自己的力量相对减弱了，这当然是秦国所不希望的，相反秦有百害而无一利；舍郑，秦有百利而无一害。秦伯越是聪明，越会听从烛之武的劝说。果然，秦国不仅退了兵，而且留下了三员大将帮助郑守国。

2. 动之以情

俗话说：伤树莫伤根，伤人莫伤心。说服对方，不仅要晓之以理，也要动之以情，用真情、诚信感化对方，使之心悦诚服地改变立场、态度和观点。

曹操大兵压境，东吴何去何从，急需孙权早作决断。如何让主公听从自己的正确建议，《资治通鉴·赤壁之战》中鲁肃一番推心置腹的话感人至深。"今肃可迎操耳，如将军不也。"鲁肃不遮不掩，开诚布公，我鲁肃可以投降曹操，但是将军您不可以。"何以言之？今肃迎操，操当以肃还付乡党，品其名位，犹不失下曹从事，乘犊车，从吏卒，交游士林，累官故不失州郡也。将军迎操，欲安所归乎？"我鲁肃投降后说不定还能混个小官做，将军您呢？您让曹操怎么安排您？刘琮可是前车之鉴啊。人都喜欢听真话，真诚的话才是最感人的，也最容易让人接受，果然，孙权听后大受感动，"诸人持议，甚失孤望。今卿廓开大计，正与孤同。"

3. 衡之以利

趋利避害是人的本性之一，说服对方可以换位思考，设身处地为对方指明利害关系，权衡利弊，实现利益最大化。

《廉颇蔺相如列传》中，当赵王问："取吾璧，不予我城，奈何？"相如曰："秦以城求璧，而赵不许，曲在赵；赵予璧而秦不予赵城，曲在秦。均之二策，宁许以负秦曲。"蔺相如指明了"不予璧"的利害关系，有的放矢地说服了赵王，赵王派蔺相如"奉璧西入秦"。

(二) 说服技巧

1. 善用比喻，巧借名言

用生动、浅显的比喻说服他人更易让对方领悟接受，尤其是一些难以表述清楚的复杂问题，用比喻的方法说出来就会深入浅出、化抽象为具体。例如"快嘴"龙永图在向大家解释复杂的世界贸易组织的贸易问题时作出了这样的阐释。

加入世界贸易组织，一旦发生贸易摩擦，对我们中国有什么好处？这就好比一个大个子和一个小个子打架，大个子喜欢把小个子拉到阴暗角落里单挑，而小个子则愿意把冲突

第九章 社交口才

拿到人多的地方去，希望有人出来主持公道。我们之所以愿意通过世界贸易组织多边争端机制解决问题，也就是想让大家来评评理。

名言警句，是指一些名人或普通人说的、写的、历史记录的，经过实践所得出的结论或建议，以及警世的比较有名的言语。名言警句易于留传，是浓缩的精华，有很强的公信力，在说服别人的过程中，把它作为言简意赅的理论依据，效果会很明显。例如："君子喻于义，小人喻于利""社会犹如一条船，每人都要有掌舵的准备""人生处万类，知识最为贤"等。

2．调节气氛，以退为进

当说服处在僵持状态时，如果盛气凌人、气氛紧张，这种说服往往是要失败的，因为都在气头上谁也不让谁，就连小孩儿也是这样。因此，采取以退为进的方法很有效。

一次法学家王宠惠在伦敦参加外交界的宴席时，有位英国贵妇人问他："听说贵国的男女都是凭媒妁之言，双方没有经过恋爱就结成夫妻，那多没劲啊！像我们，都是经过长期的恋爱，彼此有深刻的了解后才结婚，这样多么美满！"王宠惠笑着回答："这好比两壶水，我们的一壶是冷水，放在炉子上逐渐热起来，到后来沸腾了，所以中国夫妻间的感情起初很冷淡，而后慢慢就好起来，因此很少有离婚事件。而你们就像一壶沸腾的水，结婚后就逐渐冷却下来，听说英国的离婚案件比较多，莫非就是这个原因吗？"王宠惠以退为进，在巧妙的比喻中缓解紧张气氛，也柔中带刚地维护了中国人的尊严。

3．列举事实，活用数据

事实胜于雄辩，活生生的数据最能让人折服。当一种观念进入人的心底很长时间时，有时外人用话语的确难以改变它，此时，可用事实这种最有力的武器来予以说服。

小刘约好朋友小李陪自己到商场购买取暖器，逛了几个商场也没买成。回家的路上，小刘对小李抱怨说：现在的商家太坏了，一台取暖器居然要上千元，这简直就是在抢钱，太不地道了，物价局也不管一管！小李听后，沉默了一会儿，笑着说：取暖器贵，可是商场里买的人很多，难道这些人都很有钱吗？不是的。你看，现在生产的取暖器，材质优、功能多、样式美、质量好，可以说物有所值。我们就不要抱怨价格贵了，还是应该努力提升自己，挣更多的钱。我们增值了，取暖器就贬值了。小刘听完，不好意思地笑了。

小李的这段话，从事实出发，说服小刘克服不良情绪，提升自我能力，收到了良好的说服效果。

4．抓住真理，以刚制刚

有真理就有说服力，但是遇见不讲理的人怎么办？只有以刚制刚了。威胁的话语能够增强说服力，但是，在具体运用时要注意态度友善，讲清后果，程度不能过分。

有一烟民进入商场买烟后，点燃便吸，售货员以店规不许吸烟阻止。烟民非但不听，还振振有词地责问商店何以要卖烟。两不相让，进而发展到争吵。商店经理闻声而至，问

明情况，笑着拍了拍烟民的肩膀说："按你的意思好像并非无理。是啊，商店不让吸烟，为什么要卖烟呢？不过，我们商店还卖手纸呢。"围观的众人不禁大笑，烟民顿时脸上发红，二话没说，掐了烟头，讪讪离去。

(资料来源：许利平. 职业口才训练教程[M]. 北京：北京交通大学出版社，2007.)

(三)拒绝的技巧

在日常交往中，特别是身处职场中，你一定经常遇到这样的问题：一位同事突然开口，让你帮他做一项难度很大的工作。答应下来吧，完不成工作可能有损于自己的形象；拒绝吧，面子上实在抹不开，毕竟是多年的同事。怎样找一个既不得罪他，又能维护自己形象，顺利推辞掉的说法呢？

1. 真心拒绝

当同事或他人向你提出要求时，首先是真心地聆听他的理由和诉说，让对方有被尊重的感觉，在聆听时表现出对对方的苦衷、心情可以理解，但自己是受能力限制"爱莫能助"，这样，会使对方觉得你是个诚恳的人，虽然没有帮他的忙，他也会体谅你的难处。

2. 委婉拒绝

1) 拖延时间

时间可以冲淡矛盾，对于难以解决的问题，可以采用拖延的说法。例如"这件事我向领导汇报后再说吧！""明天再谈吧，到时候我给你打电话。"

2) 贬低自己

贬低自己而抬升对方，虽然对方遭到拒绝，也会因为这些话得到心理安慰，不至于恨你。例如拒绝媒人提亲可以说："她太优秀了，我根本无法与她相配。"不管是否真实，其效果都要强于直接拒绝。

3) 保持沉默

当不认识的人送来请帖邀请你参加他的婚宴，你可以不予回复；当不怀好意发信息于你要求你做什么，你可以不理睬，沉默本身就是拒绝。

4) 模糊其词

外交官们遇到他们不想回答或不愿回答的问题时，总是用"无可奉告"来搪塞。生活中，当我们暂时无法说"是"或"不是"时，也可用这句话。还有一些话可以用作搪塞，例如"天知道""事实会告诉你的""这个嘛，难说"等。

5) 反向提问

你和别人一起谈论国家大事，当对方问："你是否认为物价增长过快？"你可以回答："那么你认为增长太慢了吗？"你的恋人问："你讨厌我吗？"你可以回答："你认为我讨厌你吗？"

6) 含蓄推诿

如果你是一名宾馆服务员，客人请求换一个房间，而规定中不允许，你可以说："对

不起,这得值班经理决定。"妻子看到一件漂亮的衣服很想买,你认为没必要,你可以拍拍衣袋:"糟糕,我忘了带钱包。"有人想找你聊天,你不想聊,可以看看表,说"对不起,我还要参加一个会,改天吧。"

7) 礼貌友好

当别人送礼品给你,而你不能接受,你可以客气地回绝,一是说客气话,二是礼貌地接待,请坐、倒茶,并说明能帮忙尽量帮忙。已经帮过忙也要说"这是应该做的,不必客气"等。

8) 暗示提醒

暗示提醒可以通过身体姿态表现出不愿意来拒绝对方。例如你想结束谈话时,可以转动脖子,用手指按按眼睛、太阳穴以及眉毛下部等。这些漫不经心的小动作意味着提醒:我有些疲劳,身体不适,希望早点停止谈话。另外,也可以用语言暗示"找我有事吗?我正打算出去""还要给你添点茶吗"等,以表达拒绝。

六、赞扬与批评的语言技巧

赞扬他人是鼓励他人,是一种促进人际交往的催化剂,能有效地缩短人与人之间的心理距离;批评是督促,有时是工作的需要,事后反而使人际关系更融洽。两者在人际交往过程中不可缺少。

(1) 感情真挚。发自内心的赞扬,不给人虚假和牵强的感觉,应该建立在有事实、有根据的基础上。虚情假意的赞扬会使对方觉得油嘴滑舌、诡诈虚伪。另外,当面赞扬,背后却使坏心眼;或当面赞扬,但在升职、晋级、评先进时却坏话一大堆,这种赞扬比不赞扬还要影响人际关系。

(2) 符合场景。赞扬的目的在于激励对方,当别人计划做一件有意义的事时,开头赞扬能使其下决心做出成绩,中间赞扬有益于对方再接再厉,结尾赞扬可以肯定成绩,指明进一步努力的方向。

(3) 语言得当。赞扬用词要斟酌,不要"吃力不讨好"。一则小品这样写道:儿媳妇为了讨好婆婆,说"妈,您今天气色真好,满脸红光,像您这样,再活两三年没问题",婆婆听后满脸愤怒。

(一)赞扬的技巧

1. 因人而异

赞扬要因人而异,不能老是你好、久闻大名、如雷贯耳、你真漂亮、你真美、你真帅等套词俗语,而应千人千面。对老年人要赞美他们当年的业绩和雄风,对年轻人要赞美他们的创造精神和开拓能力,对小孩要赞扬他们的聪明伶俐,对男士要赞美其仪表堂堂、事业有成,对女士要赞美其青春漂亮、温柔贤惠,对知识分子要赞美他们知识渊博、宁静淡泊,对经商的人要赞美他们头脑灵活、生财有道……不能交叉和错位,不然会弄巧成拙。

2. 间接赞扬

间接赞扬是借第三者的话来赞扬对方。例如见到某甲，你对他说"前两天我和某乙谈起你，他对你崇拜极了"，无论事实是否真实，他也会对你心存感激的。

另一种方式是当事人不在场时予以赞扬，让传话的人传进其耳朵里，这样就更能让被赞美者感到你对他的赞美是诚挚的，赞扬的效果就更明显一些。

3. 雪中送炭

俗话说"患难见真情"，最需要赞美的不是那些功成名就的显赫人物，而是那些因为才能被埋没、自卑自贱、身处逆境的人，他们平时很难听到一声赞美的话语，一旦被人当众真诚地赞美，便有可能振作精神、充满信心、大展宏图。这种赞美起到了"雪中送炭"的作用。

4. 否定肯定

赞美不能只是平平淡淡，有时采取从否定到肯定的迂回赞美方式，不但能够显示自己的口才，而且能使对方很满意。例如"你这个人别看不温不火，但干起工作来从来一是一、二是二"。

赞扬的技巧不一而论，在日常生活中应注意学习和体会，目的是融洽人际关系、沟通感情。

(二) 批评的技巧

批评是一门艺术，最能体现一个人的说话水平。在批评别人之前，首先要检查自己的行为，把自己和被批评的人捆在一起，以说明你是在和对方分担责任。然后指出各自应该承担的责任，让对方认识到自己的不足，并改正自己的缺点。这样，批评的目的就达到了。批评要讲究"分寸"，要得体适度，点到为止。不到万不得已，尽量避开公开批评，最好是在工作之余，促膝谈心。如果必须公开批评，首先应创造一种和谐的气氛，找出对方的优点予以表扬，在这样的情况下再批评，对方很容易接受，也容易达到批评的效果。

1. 先厉后柔

对于一些原则性问题，有经验的老领导往往采用先发火震怒，待事情平息之后或任务完成后再去做"善后处理"的方法进行批评教育，这种"打一巴掌再赏一个枣"的方法，让被批评者感受关怀，由衷感激。

2. 心平气和

犯了错误，如果在气头上，有相当一部分人碍于面子，不会主动承认错误。这就需要双方心平气和，待关系融洽、情绪稳定时再交谈，指出其错误，分析危害，以达到改正错误的目的。

3. 点到为止

人都有自尊心，批评他人，最好点到后马上转移话题，留给对方一个思考的空间，这

是处理人际关系的无声"武器",千万不要滔滔不绝地发表自己的看法。

4．巧用幽默

幽默式的批评,往往以半开玩笑、半认真的方式提出。其语言轻松、温和、含蓄,有时还含有深刻的哲理,引人深思、发人深省。巧用幽默可以消除被批评者的恐惧和不安,让其在笑声中心情舒畅地接受批评。例如"你这玩笑开得有些过火了""我不相信你会干这种事,又不是疯子,是吧"。

第三节 社交场合应注意的语言禁忌

不同的场合,往往有不同的交际方式和特点。一般来说,在社交场合的口语交流应注意如下几个方面。

(1) 不发生无谓的争辩。争辩很容易伤害别人的自尊心。与别人进行无谓的争辩,即使对方表面服输,心里也不会服输,一点好处也没有。

(2) 不用质问的语气。质问的语气,往往或多或少地带有一定的火药味。如果用这样的语气来纠正别人的错误,容易破坏双方的感情。尊重别人,是谈话艺术必需的条件。把对方为难一下,图一时之快,于人于己皆无好处。

(3) 不用命令的口吻。改变对方的主张时,最好能设法把自己的意思暗暗移植给他,让其觉得是自己的修正,而不是由于别人的批评。对于那些无可挽救的过失,应当给予恳切的批评,让其知过而改,而不是严厉地责问。

(4) 不故意与人为难。口才一定要正确而灵活地表现出来,方能显其价值。有的人专门喜欢表示自己与别人意见不同,这种处处故意表现自己的人,和处处随声附和的人一样,都是不受欢迎的。

(5) 不要冒充内行。不懂装懂是一种自欺欺人的行为,知道多少,就说多少。坦白地承认对于某些事情的无知,这绝不是一种耻辱。相反的,别人还会认为你的谈话有值得考虑的价值。

(6) 不要夸耀个人生活。个人的成就、富有,或是孩子多么优秀,都不要在公众场合大肆宣扬,老是重复同样的话题,久之让人生厌。

单项技能训练

一、如果你被邀参加一项文体活动,但活动没有设置主持人,你将如何自我介绍?

二、假如你负责主持一项活动的开幕式,到会的有省、市、县各方面的领导,你将如何把他们介绍给与会者?

三、下面是几个寒暄的案例,请分析哪些是恰当的,哪些是不恰当的,并从中总结出寒暄应注意的事项。

【案例1】 校园内,师生迎面走来。学生低着头,与老师擦肩而过时匆匆叫了一声:"老师好!"老师当时刚好看到那位学生后面不远处走过来他要找的同事,担心那位同事走远,就眼睛边看着同事边回答了一声"好",边叫:"张老师!"

【案例2】 一天中午,某广播台的播音员小金路过陵园路西单路口,一位老太太走过来对她说:"小金,你好!"小金以为遇上熟人了,连忙礼貌地回答:"您好!""我是你的听众。"老太太笑着说,"我喜欢你的语言风格,清清爽爽,干干净净。""谢谢!"小金感动地看着老人。临走时老人又说:"你可不要变哟。"老太太走远后,小金还忍不住回头张望老太太的背影。

四、根据下面的情景,设计一篇劝说词,劝说两个同学和好。

你同寝室的同学甲和同学乙约好五一一起去东湖公园玩儿。5月1日,同宿舍的其他同学都回家了,同学甲和乙还没走。同学甲决定先睡一天觉,同学乙答应了,俩人约好2日一起去。同学乙先去了姐姐家玩。2日,同学甲没反应,同学乙打电话询问,同学甲称高中同学去学校找他玩,抽不出空了。于是约好第三天,结果第三天又去了一拨人。于是两人约好第四天。第四天,天气阴阴的,10点多钟了,同学甲还没有和同学乙联系。同学乙非常生气,打电话过去质问甲,两人发生了口头冲突。其实,同学甲并没有要毁约,只是他的确爱睡懒觉。

五、考试前夕,一个同学对你说,他想坐在你后面考试,请你在考场上关照关照他。你很想拒绝他,你将怎么说呢?

综合技能训练

一、班级同学,每3~5人自由组合,轮流扮演主人和客人,练习拜访与接待的礼节及语言。

二、毕业15年后,你事业有成,在母校校庆时,你如何向学弟学妹们介绍自己的经历?聚会上,你怎样谈自己的成功?别人赞扬你,你怎样表现谦虚的风度?

三、你的同学做了错事,你告诉了老师,这位同学从此怀恨在心,不再理你。请问:你怎样和他交谈,恢复你们的友情?

四、你怎样赞美自己的专业老师,以及体育、外语、语文老师?怎样赞美你的班主任和宿管阿姨?

第十章 管理口才

【案例导入】

"成功在于沟通。"这一名言源自美国著名企业家。他们认为良好的沟通是使企业各部门人员之间顺利协调和相互协助的基础。没有沟通，便没有良好的团队精神；离开了沟通，个人的力量在市场竞争中不过是九牛一毛。难怪美国前总统克林顿也提出"口才就是领导力"的口号。

沟通开启管理之门，口才成就领导之翼。在我国，各层领导干部是具体执行国家法律和宣传党的方针政策的领导者和组织者，肩负着承上启下发展经济的重任，其召开会议、推进业务、处理纠纷、做思想工作等都离不开语言表达。毫不夸张地说，成功的语言表达是各级领导的半个职业生命。

某领导接受了上级部门的一个教学研究课题，准备交给有经验的老教师完成，可是许多老教师认为教学工作忙，没有时间搞科研。面对这种状况，该领导在教学工作例会上巧妙地说："我昨天碰到一位退休老教师，他苦恼地对我说，自己勤勤恳恳教书一辈子，但很遗憾，由于没有科研成果，到退休了还只能是个讲师。老师们，这位老教师的话给了我很大的触动，我们是高校教师，在认真教学的同时不能不挤出时间搞科研。我向上级领导申请了一项科研任务，想给大家提供一些机会，不知大家有何想法……"话音刚落，老教师们纷纷要求参加此项目的研究。

这位领导为什么能把大家的积极性调动起来？什么是管理口才？管理口才有哪些技巧呢？

【本章要点】

- 管理口才概述。
- 管理口才的特征。
- 管理口才的技巧。

第一节　管理口才概述

管理口才，是管理者自身素质、修养、学识的重要体现，是一个管理工作者前提性的能力素养，口才、风度与魅力已成为现代优秀管理者及领导的成功元素。酋长或氏族选举领导人"听其言，观其行，然后知其人"。在美国，管理口才课程已成为工商管理硕士(MBA)重要的学习科目。从管理学的发展来看，管理口才也越来越受到学者的重视。

一、管理的含义与实质

管理(manage)是社会组织中，为了实现预期的目标，以人为中心进行的协调活动。它包括四层含义：一是管理是为了实现组织未来目标的活动，二是管理工作的本质是协调，三是管理工作存在于组织中，四是管理工作的重点是对人进行管理。

管理就是制定、执行、检查和改进。制定就是制定计划(或规定、规范、标准、法规等)。执行就是按照计划去做，即实施。检查就是将执行的过程或结果与计划进行对比，总结出经验，找出差距。改进首先是推广通过检查总结出的经验，将经验转变为长效机制或新的规定；其次是针对检查发现的问题进行纠正，制定纠正、预防措施。

著名管理学家德鲁克说过："人是我们最大的财产"。西方管理学界有一句名言："管理即管人"，或者说"管理就是通过他人把事情办妥"。管理者必须根据发展状况和实际需要，从员工当中发现人才，并正确地使用人才，这样才能保证企业、单位的正常发展与良好运行。在现代信息社会，管理的本质和核心是沟通，管理的难度和问题也就是沟通的难度和问题。管理者的任务之一就是建立一个人才的机制，赋予每个人参与竞争、合作的可能。在管理的实际操作中，计划、组织、指挥、决策、协调、激励、控制，无不要求管理人员具有良好的语言沟通技能。

二、语言沟通在现代管理中的地位

管理和科学技术是推动社会进步的两大车轮。管理活动本身具有"寓管于口，以口施管"的特点，管理的行为和良好的语言沟通能力是管理者应该具备的基本素质之一。一般来讲，语言沟通在管理中的重要作用体现在以下两个方面。

(一)振奋员工士气，提高工作效率

随着物质文化生活的提高，人们对生活质量的要求也在提高，对于工作，人们不再满足做一个"机器人""经济人"，对自我价值的认同与实现存在很高的期盼，希望人性化管理，希望发表自己的意见、主张。管理者若能在管理工作中考虑这一因素，善于讲话，就可以点燃工作者思维的火花，激励工作者参与单位建设，提高工作效能。例如有位领导，他想让一名下属到偏远地区开展工作。为此，他先向下属介绍该地方的工作现状，请下属帮忙分析原因，继而以非常信任的口吻对下属说："是的，如你所说，长此以往，那个地方只能关门，可是如果按照你说的方法去做，也许可以起死回生、蒸蒸日上，你愿意去拯救那个地方吗？"这样的沟通亲切、自然，给人以信心，给人以力量，达到了预期效果。

(二)了解客户需要，获得重要信息

在激烈的市场竞争中，管理者们都希望自己能够锻造出一支齐心协力、精诚团结的团

队,都希望能将顾客需求信息、制造工艺信息、财务信息等准确而有效地传达到相关部门和人员,都希望自己的单位能够生活在一种良好的外部环境中,并在与顾客、股东、上下游企业、社区、政府以及新闻媒体的交往中,拥有良好的公众形象。因为,任何一个组织只有保持良好的沟通状态,内部管理才能步调一致,外部环境才能形成立体开放系统,避免危机。很难想象,单位内部、单位与单位之间不及时进行语言沟通,会造成什么样的后果。

第二节　管理口才的特征

　　口头语言沟通形式是组织管理中最常用的一种沟通形式。按照其沟通方式的不同,口头语言沟通可分为大型会议、演说、小组会议、讨论、正式交谈、私人交谈、征询、访谈、闲聊、传话(捎口信)、传闻等多种形式。管理干部具有特定的身份权威,承担相应的责任。长期以来,在管理工作中存在这样的误区:习惯于通过直接下命令的方式来实现其领导作用。实际上,这是对领导能力的一种误解。向下沟通的渠道是否畅通有效,与管理者对管理沟通的基本原理和语言特征的领悟及把握程度有关。

一、权力性与非权力性相结合

　　管理者通过向下沟通的方式传送各种指令及政策给组织的下层,其信息一般包括以下几方面的内容:有关工作的指示,工作内容的描述,员工应该遵循的政策、程序、规章等,有关员工绩效的反馈,希望员工自愿参加的各种活动。管理者形式多样的语言沟通能力,可以使下级部门和团队成员及时了解组织的目标和领导的意图,增加员工对所在团队的向心力与归属感;也可以协调内部各个层次的活动,加强组织原则和纪律性,使组织机器正常运转。

　　当管理者作为组织机构的代表传达这些指令及政策时,语言应当具有权威性,不可信口开河,措辞要有分寸,表达要谨慎,自觉规范和约束自己的话语,抓住主要问题,阐明问题实质,表达严密,出语准确。权力性讲话适用于上传下达、宣布奖惩、执行裁决、发布新闻等。

　　管理者也是人,如果一天到晚板着一张脸,其管理工作也难以开展。作为管理者,一定要克服专制、蛮横的作风,以坦率、诚恳、求实的态度,利用一切谈话机会,尤其是非正式的谈话机会,在彼此毫无戒备的心理状态下进行沟通,这样的沟通哪怕是只言片语,有时也会有意外的效果。随意性的谈话(非权力性讲话)适用于上下沟通、需要交流思想感情的场合,诸如征求意见、协调对话、个别谈心、调查访问、学习讨论等。

　　××精密机械总厂生产一项新产品,将其部分零件委托一家小厂制造。当该小厂将零件的半成品上呈给总厂时,不料全部不符合总厂要求。由于迫在眉睫,总厂技术负责人只得令其尽快重新制造,但小厂负责人认为自己完全是按总厂的规格制造的,不想再重新制

造，双方僵持了许久。面对这一局面，总厂厂长在问明原委后，便对小厂负责人说："我想这件事完全是由于公司方面设计不周所致，而且还令你吃了亏，实在抱歉。今天幸好是由于你们帮忙，才让我们发现竟然有这样的缺点。可是事到如今，任务总是要完成的，你们不妨将它制造得更完美一点，这样对你我双方都有好处。"那位小厂负责人听后，欣然应允。

二、原则性与灵活性相结合

原则与灵活是一对矛盾的统一体。原则性是指领导者不能擅自否定上级或集体的决定与意见，不能随便表态答复或作出许诺，不能想当然地评价某人、某事，不能随意传播小道消息或泄露机密。灵活性是指以管理制度的基本原则为指导，联系本地区、本单位的实际情况。例如执行政策、传达指示要抓住实质，融会贯通，用自己的话、个性化的语言加以宣传，而不是照本宣科；答复问题要灵活委婉，而非人云亦云；表扬批评要举一反三，不能过分机械呆板。美国康柏电脑公司总裁谢克说过："大公司的条条框框不会束缚一个管理者的手脚。规章制度只规定了一些基本的东西而已，还留有很多空间供个人发挥、个人创意。很多人没有创意，没有把东西做出来，就归咎为规章制度对自己的束缚。实际情况不是这样的。"

某公司员工小王，每天骑自行车上下班。一天因路上发生交通事故造成堵车，选择绕道远行，结果迟到了半小时。按公司规定，迟到一次要扣 100 元钱，并且当月 1000 元"全勤奖"也要扣除。小王家庭经济非常困难，为了避免"损失"，小王找到李主管，说自己工作认真，迟到纯属特殊情况，应当照顾免除处罚。李主管说："你看，规矩是公司定的，按规章制度办事，对事不对人，我也只是一个执行者，希望你能理解。这样吧，你平时的工作确实做得很好，家庭有困难也是事实，罚款就从我的工资里扣除。如果咱破了这个例，后面该怎么管理？"小王急忙说："别、别，李主管，哪能让您出呢。我明白了，我服从公司的制度。"

李主管先从"理"出发，说明必须按规章制度办事，而后从"情"上告诉小王：从私人情感来讲，我愿意帮助你。这个理，就是原则性；而情，则是灵活性。在实际的管理工作中，两者常常是可以兼顾的，而且也是应当兼顾的。

三、理论性与通俗性相结合

领导者的风度、话语的果断、遇到问题时从容自如的分析，以及对某些关键事情的决策，反映出管理者思想的成熟程度。管理者在谈话中如果能够运用精辟、深邃和简练的哲理性语言，就可以使自己的言辞更有力量，产生一些统摄效应，将听众的敬佩保持下去。

在沟通中，领导者不能一厢情愿地认为所有人都和自己的认识、看法是高度一致的，或者居高临下地自视为"阳春白雪"。对待不同的人，要采取不同的方式，要用大家听得懂的"语言"来沟通。对形象性的语言，听众容易理解接受。例如原新疆乌鲁木齐市市长

第十章 管理口才

爱沙的一次讲话以八种肉食妙喻，可谓别出心裁，既体现理论水平，又生动形象。

以前我们新疆人可能羊肉吃得太多了，太老实；牛肉也吃得太多，行动太迟缓。要适应改革开放的需要，改变原有的落后状况，就要学习广东人多吃鱼，活蹦乱跳，增加自己的经济活力；学习吃鸽子，吃鸡翅，抓紧时间赶快腾飞；学习吃螃蟹，在国内外大搞横向联合；学习吃鸡爪，抓经济工作，抓观念转变；学习吃甲鱼，增强对各种变化的承受能力。至于羊牛肉，我们还要继续吃，只有保证经济发展的持续后劲和诚实的科学态度，我们的经济工作才能做好。

（资料来源：刘春勇. 演讲与口才[M]. 北京：北京邮电大学出版社，2009.）

四、果敢性与兼容性相结合

果敢是指讲话交流过程中，遇到需要当机立断作出决定、明辨是非的问题，就毫不犹豫地以言辞勇敢地予以宣布。这种心理必须果断、坚决，也不可能允许说话人作全面、反复、认真的思考。千钧一发，迫在眉睫，当断不断，必为其乱。果敢不是妄断。妄断是情况不明，毫无把握，乱碰乱撞。而果敢是对情况有所了解，并有一定的心理反应的自信。例如某数控车间有一工人因违反操作规程，手指被机器绞断。该车间主任得知消息后，果断决定立即将伤者送进医院，然后向上级主管汇报情况。车间主任的果断做法体现了以人为本的指导思想，无疑是正确的。

管理者在进行管理的过程中，千万不要存在任何的优越感。用一种优越于员工的态度与员工交谈，会让管理者处于不利的地位，进而失去交往的机会。有些管理者认为自己的能力强，员工的能力简直可以忽略，于是在管理的过程中，滔滔不绝地发表意见，不断地和员工争辩甚至反驳员工的意见等。殊不知，真正决定管理是否有效的不是管理者的优越感，而是员工的配合和支持。优越感太强的管理者是很难得到员工认同的。管理者的相对方是员工，许多话是说给员工听的，是要在员工身上起作用的。因此，管理者的语言一方面应该体现高屋建瓴的水平；另一方面又应该有较强的兼容性，也就是要有虚怀若谷的精神，能听得进上级的批评，也能汲取群众的不同意见和建议。善于激发员工讲话的愿望，有利于在感情交流的过程中完成信息交流的任务。

第三节　管理口才的技巧

管理者要想获得较大的成就，就必须从多方面努力。知识丰富、逻辑性强、幽默机智、诚信守时、豁达大度、心态开放、发音清晰、语调平和、仪态风度好等，都是有效沟通的特质。而实现这一目标的根本途径，必须是面对面语言沟通的引进和实施。

俗话说：知己知彼，方能百战百胜。管理者提高自己的沟通能力，主要包括两个方面内容：一是提高理解别人的能力，二是增加别人理解自己的可能性。在实现这一目标的过程中，有很多技巧值得学习和注意。管理与其说是管人，不如说是管心。对于管理者来说，要想获得良好的人际关系，抓住对方的心理是十分重要的。抓住对方的心理，是和别

人交往、说服别人的重要途径。

一、与下属谈话的语言技巧

谈话是人们传递信息和情感、增进彼此了解和友谊的一种方式。与下属谈话要注意以下几点。

(一)注入真诚

管理者说话成功的关键就在于在谈话中注入真诚,并将自己的心意传递给对方。如果管理者在交往中缺少真诚,就无法让对方产生认同感。只有当员工感受到管理者的诚意时,他们才会打开心门,接受管理者的说话内容,实现和管理者的沟通,进而和管理者建立良好的关系。

谈话是双边活动,只有感情上的贯通,才谈得上信息的交流。为了表达自己的真诚,管理者要尽量贴近下属,平等相待。员工面对上司,有各种各样的心理状态:试探、戒备、恐惧、对立、轻视、佩服、懊丧、激动、喜悦等。因此,作为上级,讲话时应该避免自鸣得意或采取命令、训斥的口吻,而要放下架子,以平易近人的态度寻求沟通。此时如果管理者自曝"弱点",说自己在人际交往中很笨拙,因此在交往的过程中有什么得罪的地方或者言语有什么不妥的地方,希望员工能够提出批评意见,这种真诚的表现,往往能够赢得员工的认同。

(二)换位思考

管理者如果能做到换位思考,站在他人的立场上分析问题,就能给人好感,使谈话具有极强的说服力。例如某市市长在与大学生座谈改善伙食问题时说:"看到大家,就想起了我的大学时代,年轻了许多。那时我也很关心伙食的好坏,我想你们也和我那时一样吧?今天,我就是来和大家一起商谈伙食问题的。"市长亲切而真诚的话语,拉近了与学生的距离,达到了沟通解决问题的目的。

如果管理者有意无意地把自己的地位抬高,将与群众之间的差异拉大,非权力性讲话的影响力反而越小,不能收到预期效果。

(三)注意场合

作为管理者,更要注意根据语言环境组织语言,因人因时因事,审时度势,采用合适的说话方式、内容和技巧。如果不顾场合,信口开河、随便说话,会影响工作效果。

林肯是美国第 16 任总统。在竞选时,他和美国上议院议员道格拉斯是竞争对手。他们曾在伊利诺伊州进行过一场轰动美国的著名辩论,在这场辩论中,林肯凭借真诚友善的演讲取得了胜利,还被全国人民尊称为"诚恳的亚伯";而傲慢自大的道格拉斯却被听众戏称为"小伟人"。

在演讲时,阔佬道格拉斯特地租用了漂亮的专列,车后安放一尊大炮,每到一站就鸣

第十章　管理口才

30响，并且还配有喧闹的乐队。他说："要让林肯这个乡下佬闻闻贵族的气味。"

面对道格拉斯的狂妄自大，林肯泰然处之，沉着应战。林肯买票乘车，每到一站就登上朋友们为他事先准备好的马拉车。他演讲道："有人问我有多少财产，我有一个妻子，三个儿子，都是无价之宝。此外，还租有一个办公室，室内有办公桌一张、椅子三把，墙角还有一个大书架，架上的书值得每个人一读。我本人既穷又瘦，脸蛋很长，不会发福。我实在没有什么可依靠的，唯一可依靠的就是你们！"这一番情真意切的话为他赢得了热烈的掌声，迅速与选民拉近了距离，赢得了情感认同和心理认同，从而一举获得胜利。

场合有庄重和随便之分，我们可以用语言表达出场合的庄重与否。例如，当我们表示特意专程看望某人时，我们可以说"我特地看你来了"；当我们想要表达顺道来看望某人时，我们可以说"不用在意，顺便来看看你的"。

场合有内外之别。对内部人可以敞开心扉，无所顾忌；而对外部人员，即便不是怀有戒心，一般也是礼遇有加、公事公办。遵循内外有别的界限说话，社会上认为是得体的，违反这一界限便被认为是乱说话，说话不得体了。

当众发言时，要注意自己和对方的身份，针对不同的环境，选择相应的表达方式。如何把握好交谈双方特定的关系而作语言修饰调整，以更好地传情达意，这正是管理者提高说话水平要研究的课题。

二、管理中激励的语言技巧

激励是一个心理学的术语。它是指心理上的驱动力，含有激发动机、鼓励行为、形成动力的意思，也就是说，通过某些内部或外部刺激，使人奋发起来，去实现特定的目标。管理过程中的激励，是通过设计一定的中间因素，从外部施加推动力和吸引力，增强员工通过勤奋努力、克服困难实现组织目标的意愿。

激励体现在对员工进行管理的每个细节之中，不管是人员的招聘录用、绩效考核，还是职业生涯管理，在这些具体的管理过程中都融入了一些共同的东西，这是管理者在日常管理中需要时刻注意的。

(一)认可激励法

调查结果表明，认可是调动员工工作积极性的一个最重要因素。美国一家医疗网络公司被《现代健康》杂志列为全美 100 家最完善的医疗网络公司时，给 5000 名员工每人发了一个定制的钥匙链表示感谢。钥匙链的顶部写着："自从……以来的有价值的员工"，下面写着该员工的受聘日期。公司为制作这种钥匙链，每个人只花了 4.5 美元，但却发挥了有效的激励作用。该公司的首席执行官说："我从事健康护理的管理工作这么多年，从来没有看到员工像发钥匙链时这样兴奋过。我收到了许多便条和电子邮件，感谢我们花时间对每个员工表示的认可。"

认可的方式可以是多种多样的，包括奖金、晋升、度假、表扬，也包括提高个人威信、得到同事的信任、看到自己的工作成效等。在对员工进行认可时，应注意以下的口才技巧。

(1) 讲明原因。认可员工时，还需讲明原因，以进一步体现管理人员对下属的关心和表扬的诚意。"小李，今天表现不错，财务表格账目清晰，解释得当，汇报内容有条不紊。"这要比只说前半句话的效果更佳。

(2) 兼顾评价。管理人员如能进一步说明下属为工作所花费的精力和心血，更能打动下属的心。例如"小王，你的作曲主题鲜明，感情浓郁，富有感召力，曲调宛转悠扬，回味无穷"。

(3) 讲究方法。恰当运用对比，可使表扬更有说服力。例如"小刘，你的文笔比以前进步了许多"。

(4) 态度诚恳。避免空洞、刻板的公式化夸奖，或不带感情的机械性话语，"放之员工而皆准"，令人有言不由衷之感。一位办公室的普通员工住院了，领导亲自去探望，动情地说："平时你在工作岗位上的时候，每天处理琐事，没有感觉你做了多少贡献。现在没有你在身边，感觉工作没了头绪，每天很忙乱。你一定要尽快把病养好，快点回到工作岗位上来啊！"良言一句三冬暖，领导的这番言之有物的话语让病中的员工深受鼓舞，感动至极。

(5) 及时进行。认可激励，如果拖延数周，时过境迁，迟到的褒奖就会失去原有的味道，再也不会令人兴奋与激动。如果只要求员工对组织作出贡献，而组织没有相应的回报，时间一长，员工的积极性就会消退。

人人都希望奖励能满足个人的需要。由于人与人之间在年龄、性别、资历、社会地位、经济条件、家庭状况等方面存在着差别，反映在需要上也有明显的个别差异，因此，对同一种奖励，不同的人体验到的价值感是不同的，它所具有的吸引力也不同。将报酬个性化以适应不同员工的需要是十分重要的。

(二)批评激励法

批评是对行为的否定性反馈或负面强化，目的是使该行为不再发生。俗话说："人非圣贤，孰能无过？"但指出这个"过"是需要一定学问的。因为有效的批评并不是一件很随意的语言行为，需要管理者掌握一定的规则技巧。

1. 批评技巧

"良药苦口，忠言逆耳。"对于别人的忠言或劝告，一般人总是感觉难以接受。如何才能找到一种正确的批评方法，使言忠而不逆耳，从而避免被批评者的不愉快情绪呢？从管理学的角度讲，批评既是一种方法，更是一种艺术。

1) 糖衣式批评

管理者在批评之前，先给对方一些安慰。例如不妨先肯定其良好的愿望，然后再分析错误的原因，这样就容易让人接受了。

2) 暗示式批评

采用声东击西的办法，让别人慢慢察觉自己的过失。这与模糊式批评有异曲同工之妙。这种批评既照顾了别人的面子，又指出了问题所在，并且在表述上有较大的回旋余

第十章　管理口才

地，也可以避免直接点名批评的一些负面效应。可以借用第三者的"口吻"来表述自己的批评意见。因为在一般人的观念里，总认为"第三者"所说的话较具客观性，较为公正。而采用名言、俗话或楷模来作为正确做法的榜样，暗示下属的错误，则可以使其自觉并真切感受到上司的大度与关爱。

有一次，一个企业举办一个大型活动，邀请了很多知名人士，而活动的策划者由于工作疏忽没能将桌签(与会专家的姓名台卡)带到会场。此时，离会议开始还有 10 分钟，幸亏该企业老总在会议的前一天晚上，最后一个离开办公室时看到遗忘在办公室的桌签，将其收好放到自己车上，第二天带到会场来了。当策划者急得焦头烂额不知所措时，老总将桌签递了过去："细节决定成败。下次可要注意了。"从此以后，该员工再也没有犯过类似错误，并且后来多次为企业策划了重要的具有影响力的活动，取得了更好的业绩。

3) 启发式批评

忠告也好，批评也好，都是为了帮助教育人，使其按正确的方向发展。如果不能起到这个作用，批评的目的就没有达到。管理工作中，大多数上司在批评时，往往把重点放在指责下属"错"的地方，却不能善意地指明"对"的应该怎么做。这实际上成了废话，在下属看来，更多感受到的是个人的不满意。因此，最好的批评应该是探讨式的，站在对方的角度分析错误的原因，寻求正确的做法。

如上级认为下级的汇报中有什么不妥，表达更要谨慎，应尽可能采用劝告或建议性的措辞："这个问题能不能有别的看法，例如……""不过，这是我个人的意见，你们可以参考""建议你们看看最近到的一份材料，看看有什么启发"。这些话，起到了一种启发作用，主动权仍在下级手中，对方容易接受。这样，下级才会敞开心扉。

2. 批评禁忌

1) 骂人式批评

有些领导，面对下属工作上的失误，常常会暴跳如雷、口不择言，与其说是批评下属，倒不如说是一种愤怒的发泄。领导在批评员工时，必须以事实为根据，只评论目前的事情，指出其错误所在，不要说"无药可救的愚蠢""你这种人太阴暗了""从来没有见过你这样的伪君子"之类的话，对对方人格的侮辱、前途的否定，是最伤人心的。以理服人，必须奠定感情基础。感情融洽了，正确的思想就易于被对方接受。否则，容易因冲动而失去理智。因为这种情绪有极强的传染力，一旦对方感觉到这一点，立刻会激起同样的情绪，并抛开领导的批评内容，计较其态度来。这种互为影响的情绪会把批评带入僵局。

2) 不择时机的批评

常言道："人要脸，树要皮。"沟通要选择有利的时机，采取适宜的方式。首先需要一个沟通前的心理准备，也是一种情绪管理。大部分人在感觉有面子的时候很讲理，没有面子的时候就不讲理。原则上讲，批评时最好一对一，避人耳目，而且不宜当着他人的面训斥下属。因为这样做，对方会感觉当众出丑而产生屈辱感，从而为维护自尊心而产生强烈的抵触情绪。有时候，人把自己的脸面看得比什么都重要，即使他明明知道自己错了，但在众人面前也要"死扛"。在这种情况下，最聪明的做法是留有余地，让其不失体面地

听从你的批评。

三、与上司沟通的语言技巧

向上沟通渠道主要是指团体成员和基层管理人员通过一定的渠道与管理决策层所进行的信息交流。向上沟通的管理意义在于员工可以直接把自己的意见向领导反映，获得一定程度的心理满足；管理者也可以利用这种方式了解企业的生产状况，与下属形成良好的关系，提高管理水平。现代管理方式强调信息反馈，增加员工参与管理的机会。

现实职场存在两种向上沟通的毛病。一是沟通频率过高。一些人为了取得上级领导的欣赏与信任，或让领导更多地了解自己的工作业绩，有事没事，有空没空，经常往领导办公室跑，既影响了自己工作的进展，又给领导造成干扰和低效率。二是沟通频率过低。很多下属认为自己干好本职工作就可以了，至于是否向领导汇报工作进展情况，则根本不重要，理由是不汇报工作也已经圆满完成任务。由此造成了应当按照要求及时汇报时也不汇报，使领导对于基层具体工作失去了必要的信息反馈。

人总是会犯这样那样的错误。当发现自己的上司制定了一项错误方案和指示时，作为下级，会处于一个很尴尬的境地：按照上司错误的方案和指示工作，势必会导致失败的结局，这样的结果会对自己造成伤害；如果直接指出上司的错误，会使上司感到丢面子，从而破坏与上司的关系。而为了保全面子，有些上司有可能坚持己见，在错误的路上越走越远。因此，学会如何对上司说"不"是非常重要的。

(一)语气委婉，措辞恰当

掌握进言的技巧，才会使自己的建议或意见显得更加中肯，易于被领导接受。否则，不但不会被采纳，反而会给领导留下不好的印象，甚至遭到打击。因为说得过火或过于渲染，涉及领导的尊严与权威；尺度掌握不好，就会有嘲讽、犯上之嫌，被领导误以为心怀不满，另有所图。对于那些强力相谏的人，上司头疼的不是其所提的意见，而是提意见的方式。

"老板，您这种方法是不对的，事情应该是这样来做……"或者"经理，您的认识太过肤浅，我认为要这样看待……"这种谈话将上司的意见全盘否定了，有损上司的脸面与公信力，上司可能会对下属意见有抵触情绪。因此下属向上司建议时，要注意自己的口气与态度，要让领导感到你的所作所为都是出于对工作的负责，是为领导设身处地地着想，而不是针对领导者本人。

(二)把握时机，注意场合

向上司提建议之前，要把握好时机，最好向其秘书打听一下近况，如果上司心情不佳，就不要再提要求；上司工作繁忙时，也不要去找他，以免达不到自己的目的。

同时，提建议或劝谏时，最好在私下的场合，而不宜在公开场合或是有他人在旁的情况下。因为在私下里，即使你对领导有所触痛，如果言之有理，领导也会采取比较宽容的

态度，并会较好地接受；而在公开场合，这就涉及领导的尊严和权威问题，他会十分在意，往往情绪压过理智，面子高于道理，这对于下属无疑是自找麻烦，即使一片好心，也很难有好的回报。

(三)善用征询，巧妙建议

下级对上级说话，还要注意多"引水"，少"开渠"。作为下属，即使在向上司"进谏"，也不要忘记维护上司的尊严，不要直接去点破上司的错误所在，或越俎代庖地替上司作出所谓的正确决策；而要用引导、试探、征询意见的方式，与上司探讨其决策、意见本身与工作实际的吻合情况，使上司在参考所提供的资料信息后，水到渠成地作出正确决策。戴尔·卡耐基曾经说过："如果你仅仅提出建议，而让别人自己去得出结论，让他觉得这个想法是他自己的，这样不更聪明吗？"许多实践也表明，人们对于自己得出的看法，往往比别人强加给他的看法更加坚信不疑。因此作为一个聪明的下属，要想使自己的看法变成上司的想法，在许多时候应仅仅做好引导工作，提出建议、提供资料，其中所蕴含着的结论最好留给上司自己去定夺。

员工在保持独立人格的前提下，应该采取不卑不亢的态度，在必要的场合，也不必害怕表达自己的不同观点。只要从工作出发，摆事实、讲道理，上司一般是会予以考虑的。西方企业老板最不喜欢唯唯诺诺、一味沉默的员工，特别是那种开会时三缄其口，就算问到他头上也说"我没有意见"的人。老板们会想：每一个人都有思想，怎么会没有意见呢？没有意见只能说明他对公司的事情根本不关心；只有把公司当成自己的公司的人，才是一个优秀的员工。因为这实质上是一种商业意识：小者个人，大者公司，只有懂得为自己争取权益的人，才会实实在在地为公司争取利益。

小董进公司 5 年了，每天工作都勤勤恳恳，对老板的安排从来都是"来者不拒"。开始时，小董很高兴，觉得自己深受老板器重，前途一片光明。但后来老板交给他的任务越来越多，已经多到加班加点也难以按时完成的程度，而其他同事却比他清闲得多。小董心想，也许忍忍就会有升职的机会。然而机会一次次走到他面前就拐了弯，职位和工资一直在"原地踏步"。

一次老板又给小董分配新任务，小董鼓足勇气说："目前我手里已有 3 个大项目，6 个小项目，我感觉不能再胜任其他工作了。"听到这话，老板感到很惊讶，觉得小董像是变了一个人似的，于是非常失望地说："这个项目只有你去做我才放心。""既然老板这么信任我，那好吧，不过，要按期保质地完成，我需要几个助手。"老板最后笑着说："我考虑一下。"

(四)借助他力，实现初衷

他山之石，可以攻玉。面对老师、长辈或上级，直陈己见有时会出现不便的情况，借助他人的观点和做法来影射或替代自己的不同意见，或借助同类型的、对方也熟悉的、已经明确了的事例来替代自己的意见，效果会很好。例如"企划二组也曾经遇到过这样的情

形，他们的应对策略还是不错的，我们能否考虑参考一下"。

为了上下级良好的语言沟通，可以参考以下建议：少说批评的话，批评只是一种阻力；多说鼓励的话，鼓励才是基本动力；少说抱怨的话，抱怨只会带来记恨；多说宽容的话，宽容才会增加了解；少说拒绝的话，拒绝只会形成陌路；多说关怀的话，关怀才能获得友谊；少说讽刺的话，讽刺显得轻视卑微；少说命令的话，命令只是强行接受；多说商量的话，商量才是优质领导。

单项技能训练

一、根据下面材料提供的情况，先认真分析具体情境，揣摩下属的心理，抓住问题的关键，拟好提纲，最后在具体情境中谈话。可在课堂上分小组试着说一说，看谁说得最好。

1. 某学院学生黄晓明学习成绩好，文体特长显著，但是不喜欢参加班级活动。作为班主任或班长，你将如何劝导他积极参加班级活动？

2. 王新是某知名高校管理学教师，也是学校里公认的口才之师。他主讲的管理学和营销学课程获得学院学生的好评，偶尔也会进行社会服务或者写几本书。但是最近他上课总是没有激情，课后情绪也很低落，工作表现一般。作为研究室主任，你会从哪方面与其进行谈话？

二、通过分析训练材料所提供的具体情境，找到关键的表扬视角，打好腹稿，先分小组交流，然后全班交流。

某丝织厂纺纱车间女工肖章创造了该厂日纺纱量最高的新记录，生产科长看到情况后立即向厂长建议："厂长，我们可否举行一个技能操作现场示范会？让肖章现场介绍经验，这样可以发挥榜样的作用，提高生产效率。"厂长心里一喜，采纳了意见。请你以厂长的身份表扬科长与肖章。

三、通过分析下面的训练材料所提供的具体情境，找到关键的批评视角，打好腹稿，先小组交流，然后全班交流，最后教师点评。

一位新上任的村妇联主任，面对的是一群没有太多文化的妇女，这种场合如何讲话便成了问题。她在就职演讲时既没有讲当前形势，也没说今后措施；既没有谈妇女的地位，也没讲计划生育的意义。面对全村妇女，她爽快地说："大伙选我当妇女的头儿，算是瞧得起我，请婶子大娘姑娘姐妹们放心，我也是女人，也有丈夫，有家，也怀孕生过孩子，我知道哪些利益该为咱妇女去争，哪些事该咱妇女干。我先试着干一年，干不好，大伙再另选别人。"

请你对妇联主任的做法作一个简评。如果你是妇联主任，你如何处理此事？

四、通过分析训练材料所提供的具体情境，准确掌握与上司说话的原则，并根据不同的内容，熟练地运用与上司说话的语言技巧，打好腹稿，先分小组交流，然后全班交流。要求：注意上下级的身份，理由充分，措辞恰当。

小杨是某畜牧兽医公司的文秘，天天在办公室里"爬格子"，觉得没有新意，没意

第十章　管理口才

思。他的同事们有的跑销售可以去外地，有的懂技术会在基层锻炼，小杨想换一个环境调到其他科室去。你认为他该怎样对经理说呢？

五、根据下面材料提供的情况，先认真分析具体情境，抓住问题的关键，拟好提纲，最后在具体情境中谈话。可设置不同的场合让学生扮演其中的人物，由同学和老师进行评价。

有位姓吴的青年教师刚刚参加工作，他的第一堂课是给全校最乱、最差的一个班上课。这个班的学生鬼点子特别多，专爱变着法子难为老师。这天一进教室，他就觉得气氛不正常。原来，讲桌上放着一块木板，上面用粉笔写着"吴老师之墓"。对血气方刚的青年教师来说，这无疑是奇耻大辱。他气愤极了，但他冷静地克制着自己对同学们说："让我们以极其沉痛的心情对吴老师的不幸表示最沉痛的哀悼！我提议，全体默哀一分钟。"以前有好几个老师面对类似情况，不是在班上大发雷霆，便是夹着书本掉头就走。他的这一举动让同学们大吃一惊，个个面面相觑，不再挤眉弄眼或偷偷嬉笑。接下来，他又故作吃惊地说："吴是谁呀？"听了这话，同学们都睁大眼睛惶惑地看着他。他指指自己的鼻梁说："吴者，台上新任语文老师也。他没想到你们这么敬重他，还给他立了一个'灵牌'，他在九泉之下得到消息很快就起死回生了，现在他就站在你们面前给你们道谢！"说完，他还真的向全体同学鞠了一躬。这一下，同学们都笑了，笑声中充满了深深的愧意、歉意和敬意。从此，吴老师不仅把这个班的课带下来了，而且还使班风、学风都有了明显的好转。

(资料来源：刘春勇. 演讲与口才[M]. 北京：北京邮电大学出版社，2009.)

综合技能训练

一、阅读下则材料，并运用激励的语言技巧(包括认可与批评)，对辅导员的"接招"进行恰当评价。

一名学生代考被发现后，情绪激动地找到辅导员，大哭大叫："辅导员，我没有作弊！他们冤枉我！""就算我代考了，那也是无奈，不是我的本意……""我家里穷，父亲因心脏病住院，急需用钱，你说我能不救父亲吗？""如果我受到处分，以后工作肯定会受影响。辅导员，您帮帮我，否则我受到了处分，就去跳楼……"只见辅导员不急不躁，安静地让这位学生发泄完，再循循善诱，引导她认识自己的错误，并表示将利用奖助学金等渠道帮她解决一定的经济困难，向相关部门争取从轻处罚。辅导员的耐心倾听、真诚关爱以及所运用的语言技巧，让这位学生的不良情绪得到控制。

二、甲面试官在大学毕业生招聘会上总喜欢问一些似是而非的问题，如"你能介绍一下家庭背景吗？家里给你买房子了吗？"而乙面试官对这种"神提问"非常反感，认为对求职者进行深入的了解很有必要，但绝不能不尊重别人的隐私，更不该把相亲时间的问题拿来问求职者。如果你是人力资源部的经理，该如何解决两位下属在面试问题上的分歧？

第十一章 主持人口才

【案例导入】

苏格拉底曾说:"世间有一种成就可以使人很快完成伟业,并获得世人的认识,那就是讲话令人喜悦的能力。"而人们体现思辨能力与话语能力最有效、最直接的途径就是主持人口才。主持人语言水平的高低直接决定了主持的成败。好的主持人能使活动连贯、和谐,妙趣横生,其主持词像金丝线串联珍珠一样将整个活动首尾相顾,谱写完美的华章。例如,中央电视台著名主持人敬一丹在《东方时空》特别活动《走进97》中的开场主持词,就充分展示了一个优秀的主持人所具备的口才能力。

走进新年,有些人家的旧挂历还挂在墙上,有的朋友呢,还会一顺手把年份写错。我们走进"九七"总还会带着"九六"的痕迹,过去的一年给每个人都印上了属于自己的车轮,留下属于自己的记忆,然而有些事、有些现场、有些瞬间,却是我们大家共有的,对于我们民族来说,有的甚至是历史性的。我们带着"九六"的收获、"九六"的欣慰,也带着"九六"未解开的难题走进"九七",那么1997年将会给我们带来什么呢?

敬一丹的开场语,简洁凝练、承前启后,引起了观众的共鸣,也激起了观众对"家国天下"的高度关注。主持人的语言风格有的坦诚率真、有的幽默风趣、有的通俗晓畅、有的典雅大方、有的博学睿智……欣赏他们的节目,让人如享盛宴,如饮醍醐。主持人应该有怎样的职业修为?如何发掘出自己的主持人天分?如何成就自己的主持人口才?如何才能成为一个具有独特思想、能言善辩的主持人呢?

【本章要点】

- 主持人口才概述。
- 主持人的分类。
- 主持人的语言特点。
- 主持人的要求。
- 主持人语言常见的问题。
- 主持风格与临场应对技巧。

第一节 主持人口才概述

世界上最早的主持人(Host/Hostess)起源于美国。我国最早在1981年的电台广播栏目"空中之友"中首设主持人,同年,中央电视台在赵忠祥主持的《北京中学生智力竞赛》节目中首次使用"节目主持人"一词,开启了中国电视节目之先河。此后,中央电视台相

第十一章 主持人口才

继涌现出了许多优秀的节目主持人，如敬一丹、康辉、白岩松等。

优秀的主持人像一面旗帜，带领人们走进话题，引发感染情绪，使整个活动高潮迭起、精彩纷呈。目前，主持人并不只是广播电视节目中的专有名词，在社会生活中，在以交流信息、沟通关系为目的而开展的各种活动中，都少不了主持人的穿针引线。

一、主持人的内涵

主持是指在一定的场合中对某项工作或活动进行过程的掌握或处理。在社会生活中，为了保障正常的工作秩序和生活秩序，交流信息，沟通情况，需要开展各种形式的活动。开展活动就必须有人串联组织，充当主导人物，引领人们的话题。主持及主持人就是这样产生的。

"主持人"在英语里写作 host，即"主人"之意。而在《广播电视简明辞典》中对"活动主持人"是这样表述的：在广播电视活动中，以个体行为出现，点拨群体观念，以有声语言为主干或主线驾驭活动进程，直接面向受众，平等地进行传播的人。而所谓活动主持人，就是起着统领、引导及推进聚会活动进程的人。可以说主持人就是负责场所、活动、节目的主持者，是掌控事项进度及气氛的幕前负责人。[①]

伴随着社会的飞速发展与新闻全媒体时代的开启，人民的精神文化生活越来越丰富多彩，主持人的岗位缺口也在日益增大。随着社会交往的频繁，主持工作离我们每一个人的距离越来越近，主持人的培训与培养已不再是针对特殊人群开展了，我们每个人都有可能会站在主持人的舞台上，大到公司董事会、朋友婚礼，小到班组会、同学联谊会。如何未雨绸缪、丰富技巧、有效组织、完美无缺地完成每一次主持活动，是新时代大学生必修的技能之一。

二、主持人的作用

在现实生活中召开会议或举办节目，都需要主持人。而会议或者节目是否成功，在很大程度上取决于主持人的能力，而这些能力绝大部分体现在口才上。

（1）桥梁纽带。主持人位居活动开展的最前沿，是节目进行的"中介之序"，是"联系的桥梁和纽带"。一个优秀的主持人应该有吸引受众的魅力，能够运用自己带有活动"先知"的特殊身份，直接引领观众进入节目或活动，推动节目和活动走向更高层次。

（2）传递信息。主持的成功与否主要看串联词的好坏和传递信息量的多少。信息量大、信息独特、信息编排新颖，才能使信息传递更加准确、快速，才能够吸引更多的受众。

（3）感染情趣。主持人主要借助有声语言来实现自己的工作目标，在主持活动的过程中恰当使用音质、语音和语调等语言表达技巧，可以成功地把握和调控现场，引导受众跟着活动走，与节目"同呼吸共命运"，提高节目的关注度与认同感。

---

① 王光华. 口才训练教程[M]. 北京：机械工业出版社，2005.

第二节 主持人的分类

按不同的标准和角度来划分,主持人可以分为不同的种类。从主持人的数量来分,有单人主持、双人主持和多人主持;从主持的口语表达方式分,有报道性主持、议论性主持和夹叙夹议性主持;从主持内容分,有会议主持和活动主持;从主持人的工作媒介来分,有电视节目主持、新闻主播、电台 DJ、活动司仪等。这里主要介绍会议主持和活动主持两种类型。

一、会议主持

会议主持是主持人经常性的工作之一,主要有以下几种情况。

(一)报告会的主持

报告会一般是指请有关领导或专家就某一问题做报告而举行的会议。报告会主持人的主要任务有以下三个。

(1) 指出报告会的主题及相关背景情况,如报告会的主题意义等。

(2) 对做报告的领导或专家做简要、明确的介绍,例如报告人的研究领域和现阶段的主要研究成果及研究现状。

(3) 对报告内容做简要归纳和点评,明确其学习意义,提出下一步学习和贯彻的方案及督导措施。

(二)研讨会的主持

研讨会是专门针对某一行业领域或某一具体讨论主题,并在集中场地进行研究、讨论交流的会议。它对于制定政策,发展战略,完善方法和措施都有巨大作用。研讨会的会议形式因会议目的、参加对象不同而有所区别,通常有专家研讨会、行业演讲会或品牌技术研讨会、网上研讨会等形式。

研讨会主持人的主持内容应涵盖以下几个方面。

(1) 研讨会开始时,简要阐述研讨会召开的背景、宗旨、目标,简介会议主办方及研讨者的有效信息,直接指明会议研讨的主题及会议议程。

(2) 研讨会进行时,适当对发言人的发言内容作简短评价,兼顾研讨氛围,适当调节、掌控研讨进度,积极调动所有与会者的参与性。

(3) 研讨发言结束时,若主办方未指明嘉宾或其他人选对研讨会成果进行归纳总结,主持人要主动承担这一工作任务,同时要肯定与会者的辛勤付出,如有需要则告知下次会议的相关事宜。

(三)座谈会、讨论会、主题班会、经验交流会的主持

这类会议以小型居多，主持方式方法比较灵活，但要注意以下几点。

(1) 开宗明义。宣布会议开始，简介会议背景，明确会议的主题、内容、议程，必要时提出开会的要求。

(2) 简要铺垫。例如学习文件、传达指示、通报情况、简要动员等。

(3) 启发发言。调动与会人员参会的积极性，"撬开"与会者的嘴巴，鼓励发言，制造和调整会议气氛，避免冷场。设计具备启发倾向的问题，以石击浪，诱导与会者的参与意识，适当插话或点评，进行思想碰撞，点燃新思维的火花。

(4) 引导深入。避免会议发言内容的肤浅化、粗糙化、概念化和随意化，拔高会议发言的深刻性、针对性、务实性和时效性。将会议发言引向深入，提高层次，一是从会议目标的角度提问；二是抓住前面发言中的亮点、线索、矛盾加以强调或引申。

(5) 把握方向。防止跑题偏题，如果遇到偏离会议主题的现象，要及时而巧妙地纠正。

(6) 解决矛盾。鼓励有意义的争论，化解无原则的矛盾，调解对立或冲突，打破僵局。

(7) 控制节奏。掌控会议进程，做到心中有数，意见基本一致时，应及时作结论；意见大同小异时，求同存异；很难一致而又可以延期结论时，下次再议。及时挽回拖沓冗长的发言，尽量在规定时间完成会议议题。

(8) 维护纪律。对迟到、打瞌睡、讲小话等影响或干扰会议正常秩序的行为采取适当方法予以纠正，保证会议纪律与会议的严肃性。

(9) 精要小结。简明扼要、全面准确、重点突出、实事求是地对会议的基本情况(开了多长时间、进行了哪些议程、与会者的态度和参与程度等)、主要收获(统一了哪些思想、提高了哪些认识、研究解决了哪些问题等)加以概括，作出评价，有些会议还要提出传达贯彻的意见和要求。

二、活动主持

活动主持主要是指对演讲、论辩、演出、联欢等文体、艺术、社交等活动的主持。

(一)大型文艺节目的主持

文艺节目是指文艺演出、创作或电台、电视台播送的文艺类项目，是文艺类表演项目的总称。文艺节目融艺术性、娱乐性、参与性于一体，具有愉悦心神、陶冶情操的娱乐功能，深受观众的欢迎和喜爱。

大型文艺节目一般在节假日或有重要意义的日子里举办，现在文艺节目的形式有歌曲演唱、舞蹈、曲艺、戏剧、快板、器乐演奏、杂玩、民俗表演等诸多形式，内容也包罗万象。虽然大型文艺节目的表现形式多样，但是整场晚会都会围绕着某一个固定主题，做到"形散神不散"。具体来讲，大型文艺节目的主持人应该做到以下三点。

(1) 做好准备，亮好主持相。作为主持人，在某种意义上就是整场晚会的形象代言

人。整场晚会中最正式的亮相大多由主持人开始,观众对晚会氛围的第一感受也多来源于主持人,因此当主持人的人选确定后,人们也可大概猜测出晚会的质量及档次。所以,主持人要在晚会开始前,精心准备服装及相关妆容,要向观众展示自己饱满的精神状态和得体合适的态势语言,用个体的因素去为整个晚会起良好的铺垫作用。

(2) 熟稔节目,写好串联词。要想发挥主持人串接、引导、传播信息的主持功能,主持人最好参与节目的策划及编排,熟谙节目机理,加深节目印象,这有利于突发事件的处理。串词是主持人组织、串联各节目的话语,它承接上一个节目,开启下一个节目,是主持人穿梭于节目内容和听众之间的手段和途径,也是达到理想的传播效果的关键因素。好的节目主持人都会多次打磨、深刻记忆串词,以期出色完成活动主持任务。

(3) 理清线索,把好过渡关。文艺晚会不是一个个节目无序、无原则的罗列,而是主办方根据活动主题精心挑选的艺术作品,是要通过文艺形式展现活动主题,弘扬主要旋律。所以对主持人而言,一定要深刻领悟晚会的主题及线索,要主动配合主办方完成各个节目的自然衔接,帮助观众高质量地理解晚会主办方的活动意图。

(二)联欢会的主持人

联欢会是一种以情感交流为目的而组织起来的一种较为轻松的聚会方式。联欢会能否起到沟通情感、愉悦身心的效果,主持人的主持水平及能力发挥是至关重要的。那么,主持人在联欢会中如何施展自己的主持本领呢?

(1) 调动积极因素。不同的联欢会有规模大小、人数多少的区分,但其本质是一种雅俗共赏的娱乐形式。主持人除了要提前沟通各个表演节目,适当考虑节目顺序及节目串词,也要使尽浑身解数,引导、提高观众参与联欢的积极性。为了达到目标,主持人需要提前准备、熟悉节目,见机行事、眼观六路、耳听八方。

(2) 发挥骨干作用。联欢会的节目表演嘉宾中有"歌星""舞星""笑星"等舞台活跃因子,主持人要学会调动这些"王牌",与这些联欢会的"星星"们巧妙配合,相得益彰地"搅动一池春水"。

(3) 精心设计布局。主持人作为联欢会的灵魂,要依照联欢会的要求来设计活动的起承转合,将所有精彩节目搭配得当,从而达到联欢会上高潮迭起、欢歌笑语接连不断的效果。

(4) 激活全场气氛。联欢会举办的宗旨是沟通感情、增进友谊,因此联欢要在快乐、祥和的气氛中进行。其主持人除了运用自己的肢体语言,还要"妙嘴生花",随机应变、机智聪颖、幽默风趣、雅俗共赏。例如央视"名嘴"崔永元在《实话实说》节目中,有这样一段对话。

崔永元:那您说说,养鸟有什么乐趣?
皮来顺(嘉宾):作为老人来说,可以锻炼身体,它催人早起,天明则叫……
崔永元:您说的情况,我听着像养鸡。(笑声)

这句对白,巧妙地活跃了节目全场的气氛,解除了嘉宾的紧张之感,也拉近了主持人与观众的距离。"我听着像养鸡"脱口而出,显出一种大雅若拙、大智若愚的直率和质

第十一章 主持人口才

朴，使人忍俊不禁，让观众感受到蕴意颇丰的智趣。①

第三节 主持人的语言特点

主持人主要借助语言来实现信息的传递、知识的传播以及情感的交流。作家殷谦曾说：主持节目是一种非常重要又极其高级的精神创造活动。②

主持人有着永不褪色的职业光环，要想成为一名优秀的主持人，能吸引观众、取得主持成果，在语言方面就要尽量符合以下特点。

一、自然化

现场活动的主持人与听众的交流是近距离甚至是面对面的，其声音要具有磁性和吸引力，给人以美的享受；语言要有亲和力、感染力，贴近生活、走进群众，表达大众的情感。也就是说，主持人的语言要有日常用语的灵活性、生动性、自然性，同时兼具书面语言的典雅性、条理性和严谨性。

二、个性化

主持人的个性语言是节目魅力和个性魅力的源泉。个性化的语言魅力可以帮助主持人在舞台上脱颖而出，是主持人的立足之本，在某种程度上体现出主持人的价值与生命力，甚至会形成节目的品牌效应。例如水均益的冷静睿智、稳健从容；鞠萍的甜蜜纯真、自然活泼等主持风格都已经渗透和代表了他们节目的特色，形成了一定的品牌效应。

三、主题化

主持人的语言应该牢牢把握住活动的主题，引导听众，能让他们了解这场活动的目的、意义以及有哪些活动内容。突出主题的方式有很多种，可以直截了当地告诉听众，也可以用比喻、暗示等方法传递给听众。

四、对象化

主持人要依据不同的受众对象灵活组织语言，使受众与自己形成交流与互动，激发起受众强烈的参与欲。对象感强的语言，能使听众和主持人拉近心理距离，达到良好的沟通。主持人应该在话语中多使用"我们""您""大家""朋友们""让我们一起来"等词句。

---

① 刘春勇. 演讲与口才[M]. 北京：北京邮电大学出版社，2009.

② 殷谦. 论主持人. http://www.globrand.com/2009/287298.shtml.

第四节　主持人的要求

苏联美学家鲍烈夫在《美学》一书中曾这样描绘他心中的电视节目主持人形象：理想的电视节目主持人应是姿态活泼，"不带框框"和"未经训练"的人……电视艺术家应该一身兼有演员、记者、导演的素质，具有迷人的风度、渊博的知识，轻松自然的交际风度、敏锐的反应能力，机智、风趣、即兴表演的才能以及宣传鼓动能力……其实，鲍烈夫的观点在很大程度上也代表了媒体受众对一般主持人的期望，"操千曲而后晓声，观千剑而后识器。"

一、基本能力要求

做好一名主持人，需要德才兼备，这就要求在基本能力与口才能力两方面下一番苦功夫。

(一)敏锐的观察力

节目活动的不确定性、世间百态的复杂多变性、现场的突发性，都要求节目主持人在主持过程中眼观六路、耳听八方，多一些观察，多一些思考，善于捕捉有效信息，领悟和洞察主持现场的信息与热点，敏捷地作出正确的判断，适时干预、调整节目主持的进度、内容、情感、氛围等。

(二)灵活的应变力

一名优秀的主持人要做到心思缜密、从容不迫、随机应变、周到细密，机智化解场上危机，保护节目主题，维护和营造节目正常进行的氛围。例如"心连心"艺术团来到江西革命老区演出，场面非常热烈。关牧村演唱《多情的土地》时却乌云密布，落下了阵阵雨点，歌声一停，主持人赵忠祥登台，冷静处理，机智应变，联系突发的天气状况巧妙变通台词，打消了演员与观众的疑虑，为节目的正常进行造就了感情氛围。

乡亲们，关牧村动情的歌声，把她自己的眼睛唱湿润了，也把老区人民的眼睛唱湿润了，连老天爷的眼睛也给唱湿润了！老乡们，我们的演员都商量好了，如果雨下大了，只要大家不走，我们的演员就不会走……

赵忠祥的衔接语寥寥几句话却蕴含浓浓的情意。他先用几个"湿润"做铺排，上挂下连，由实到虚，将"心连心"之情推向"感天动地"的境界，也将现场的气氛推向了高潮。

(三)强烈的亲和力

节目主持人是观众的朋友，是铺展节目的桥梁和纽带。主持节目时，一方面要演绎节

目的创意,另一方面又要调动观众的兴趣。当一名主持人站在台前时,他就不再是自己,而是一种精神、一种思想、一种大气和风度,要让观众接受、信服。节目主持人要心中装着观众,用真心去体会观众的情感,言其所思,道其所想。

(四)深刻的表现力

节目主持人的形象定位要与节目定位相吻合。节目的性质决定了主持人主持的共性。重大、严肃的题材,要求节目主持人冷静、庄重,有头脑、有见解、有理性;综艺、体育类节目,要求主持人热情、奔放、开朗,有一定的表演能力,因而显得更活泼、更感性;少儿活动类节目,要求主持人亲切,怀有一颗童心,这样才能吸引小朋友。

一个成功的节目,离不开成功的节目主持人。没有汪涵,就没有湖南卫视的《天天向上》;没有孟非,就没有江苏卫视的《非诚勿扰》……节目因主持人而与众不同,主持人因节目而名声大振,主持人与节目相互增色。

二、口才艺术要求

主持人的口语既要满足一般口语的基本要求,也要合乎主持人口语的特殊要求,具体如下。

(一)口语性

节目主持人的语言,应当是一种强调规范性的大众口语,汲取书面语的精粹口语,讲究艺术、富于个性、应对得体。

在谈到主持人的口语时,中央电视台的几位主持人有以下几种观点。

白岩松:"用生活化的语言,加以提炼和扬弃后,变成自己的文字——一种属于电视的文字。生僻的字眼儿尽量少用,形容词太多也让人感到累赘。"

鞠萍:"不仅发声要讲究,还有选词,比如'借助''能否'之类的词都不行,要把散文化、诗歌化的书面文学语言转化成向孩子们说的话。"

方宏进:"我的评论从来就是口语的,写出来没法看,听起来还行,这是我的追求。我也不用大家听不懂的专业名词,我以为用这些词的人多半是对那些理论不了解,如果了解的话,他可以把它变得特别口语化。"

(二)简洁性

节目主持人的语言要简明扼要,言简意赅,要"丰而不余一言,约而不失一词"。因此节目主持人要对所表述的问题有深入的研究、深刻的理解,把话说到点子上。节目主持人在遇到众所周知的事件已经充分显现的事实面前,要关闭自己的嘴巴;在道理已经阐释或者不言而喻时,要惜字如金;在真相和答案呼之欲出时,点拨要短小精妙,切不可啰啰唆唆、画蛇添足。

赵忠祥说:"我们主持节目时应尽量少说废话,减少装饰性词汇,降低夸张,充分利用有效时间给观众以更多的信息和文化上的启示。"

(三)准确性

准确与真实一样具有生命力。主持人语言的准确主要指以下几个方面：其一，主持人的语言要发音准确、合乎语法、措辞得当。因为随着人们精神生活的日益丰富和媒体宣传事业的飞速发展，主持人的号召力越来越强，对推广标准普通话的示范作用也越来越大，其语言的规范性、正确性的影响伴随媒体事业的发展而日渐增强。其二，主持人作评论时，观点、立场要正确，语言的意境要准确。其原因是作为公众人物的主持人，其言行通过媒体全方位、立体地展现给广大观众，准确、深刻地阐述，影响力不可低估。例如在凤凰卫视《小莉看世界》栏目中，主持人针对缉毒现状，提出正确主张，现场效果很好。

在发达的西方国家，政府的禁毒法规并不是不完整，缉毒也不是不尽心力，何以毒品只增不减？非法种植、加工和走私贩卖毒品的黑社会、毒势力固然是重要因素，但究其根本，还是那支庞大的吸毒群体，它以无尽的需求形成了一个无限的市场。反毒品斗争是长期的，我想我们缺乏的是对吸毒行为的全面抵制，缺乏对吸毒行为深恶痛绝的全民意识和社会氛围。如果能够从自身拒绝毒品，又怎会给走私贩毒集团有可乘之机？

这段主持词，主持人在感叹毒品难禁之时，注意到毒品罪恶之源是"庞大的吸毒群体"，敏锐地将事物的根本现于阳光之下，从而旗帜鲜明地呼吁全社会抵制吸毒行为，可谓思维缜密、表达准确、说理透彻。

(四)鲜明性

中央电视台著名电视节目策划人时间过说："主持人的语言越鲜明，越可能有较高的收视率。"中央电视台主持人张越在"为您服务"活动中，从观众的来信讲到如何消解家庭的感情危机，并结合自己的夫妻生活情况，劝导青年夫妻之间要恩爱敬重。她的自我介入，使表述更具交流感，也充分展现了她鲜明的主持风格——"低声调效应"。

……我觉得，一个人想在学校和工作中取得成绩，除了领导的支持、朋友的关心和个人的努力以外，爱人的支持和帮助也是十分可贵的。因为这是最直接、最实在的支持。我没有上过大学，我是通过艰苦自学取得大学学历的。在我自学的那段时间里，每天晚饭过后，我爱人怕孩子吵我，常常把孩子带出去。现在，我已经完成大专学历，这里边有他的一份实实在在的功劳。我想把我的座右铭告诉你们，希望对你们有些帮助：莫叹生不逢时，贵在奋斗不息！……

节目主持人不能只说别人写好的主持词，充当编导的工具和话筒，而要有自己的思想和个性。真挚的情感、质朴的表述能够转化成个性鲜明的语言。

(五)平实性

主持人的语言要朴实自然，努力使自己的语言具有感染力、亲和力。足球解说员黄健翔说："我是不主张煽情的，不要为感动而感动，要真实真诚。这种情绪应该适当，不要太肉麻地反映出来，不要挤眼泪，也不要自己感动自己。对我来说，实实在在传达自己的

感觉,语言到位,就成了。"白岩松在一次节目中谈论幸福这个话题时,用人们日常生活中的具体事物来比喻幸福,语言平实,引起了许多人的共鸣。

幸福其实就是像水一样的东西,就在我们身边流过。幸福就像冬天里温馨的阳光,就像一杯好茶,亲人的一张笑脸,夜半时分下班回家,万家灯火中那盏为你点亮的灯。

第五节 主持人语言常见的问题

主持人面对的观众类型千差万别,其主持形式也多种多样。要想取得良好的主持效果,其语言表达需要注意以下几个问题。

一、语言态度

主持人在使用语言时,要坚持平等对待的原则,充分尊重、相信自己的受众是富有智慧与经验的。有的主持人自作聪明,低估自己的受众,表现出高人一等、颐指气使、盛气凌人的架势,油腔滑调甚至出现不礼貌、不友好的失态语言;有的主持人故意献媚于受众,曲意逢迎、装腔作势地逢迎。这些语言状态都会为自己的主持生涯带来极坏的影响,违背了主持人服务的语言诚信。

二、语言内容

主持人语言所包含的内容要符合社会公德、职业道德、家庭美德,要弘扬社会主旋律,要提高语言内容的丰富性、生动性、准确性,要及时"充电"。现实生活中,有的节目主持人政策水平比较差,有的格调低下,有的不懂装懂,结果漏洞百出者有之,理屈词穷者有之,废话连篇者有之,有的甚至言辞失误,引起受众反感,以致造成恶劣影响。

三、语言组织

主持人的语言要精打细磨,仔细推敲,简明扼要而又主题鲜明,连接处更是要做到不着痕迹。有的主持人语言颠三倒四、疙疙瘩瘩、满口术语。有的节目主持人把"啊""吧""呢"等语气助词视为体现交谈风格的法宝,不管是否需要。对不好连接的话全以"那么"一词领起,"那么好""那么接下来"已经成了通病。

四、语言表达

主持人的语言要严格符合普通话发声的要求,吐词清晰;要严格遵从语言的用语规范。语音不规范、吐字不清晰、用声不自然的节目主持人并不少见,而表意模棱两可、传情南辕北辙的也不乏其人,甚至有的主持人已经形成了一种小声絮叨,喃喃自语,或低、

平、空的固定腔调，形成了缺乏起落变化的语势、絮絮叨叨一个点的单调节奏和没有交流愿望的声音。

第六节　主持风格与临场应对技巧

节目主持人的主持风格和节目的最终效果必须实现合理的契合，其临场应对的能力非常重要。

一、临场发挥

临场发挥对于节目主持人来说是一项很高的技巧。一般来说，当节目主持人在与观众进行交流时，容易造成信息传播的阻断。如果节目主持人事先准备不足，对节目主题理解不够、整体风格把握不准，面对新情况，不做临时处理，机械地按事先设定的计划来交流，就达不到理想的效果。节目主持人若想在节目中尽善尽美，既需要注重自己主持风格的完善，更需要注重提高自身的综合素质与修养。

二、营造气氛

（1）创设和谐。节目主持人要根据节目的基本内容进行明确的风格定位，做到心中有数；对节目的基本氛围要进行精心的设计，多设想几种方式；在主持节目时，对现场气氛的变化应保持一种敏感，使用适当的方法进行调整，并在主持过程中时刻把握分寸，从而保证节目的最终成功。

（2）适时调整。节目主持人在现场主持过程中不要追求特定的节目效果，例如现在流行的综艺节目的热烈气氛，不一定要通过节目主持人的夸张表演来实现；而一些主题严肃的节目，也并不一定要通过节目主持人低沉的语调或呆板的表情来体现。

三、把握节奏

节目主持人临场时，经常会出现因受到各种因素的干扰而被打断的现象。这种现象的产生，很容易使节目主持人失去对节目节奏的基本把握。在这方面，应该做到事先对整个节目的段落有明确的把握。在主持过程中，主持人若意识到已经失去对整个节目节奏感的把握时，要及时停止，调整自己的表达方式，以语言、表情或其他姿态来强化自己的节奏感，做到自然得体。

四、随机应变

节目主持人在主持节目中经常会遇到未预想到的情况，在完全没有准备的情况下，只

有思想清醒、判断准确、思维敏捷、反应灵活，才可能做到随机应变、应对得体、出口成章。在情急的应对中，有的节目主持人思维比较混乱，饥不择食；有的时候信口开河，讲出一些不得体的话。

节目主持人有时需要一种自嘲的精神，因为自嘲本身就是机智大度的表现。

获得 1952 年度奥斯卡最佳女主角奖的雪利·布恩上台领奖时，由于跑得太急，脚下绊了一下，差点摔倒。她在致辞时说道："我经历了漫长的艰苦的跋涉，才到达这事业的高峰。"

这句应变的开场白简直妙不可言。她将上台领奖遇到的"挫折"与拍电影历经的艰辛巧妙地结合在一起，既揭示了达到事业顶峰的真谛，同时又化解了摔跤的尴尬，真可谓是一举两得。

人们所喜爱的节目主持人杨澜，在广州主持的一次文艺晚会上，中途谢幕退场时，不小心踩空台阶，滚到台下。这时候台下的观众哗然，只见杨澜一跃而起，面带笑容镇定地对观众说："真是人有失足，马有失蹄，我刚才的狮子滚绣球滚得不够熟练吧。看来这次演出的台阶还不那么好下呢。但是台上的节目会很精彩，不信，大家瞧她们。"话音刚落，全场爆发出热烈的掌声。

五、态势得体

体态语言具有有形性、可视性和直接性的特点，因此，主持人的服饰要做到整洁大方，因地制宜，和谐得体；站姿要挺胸、收腹、两臂自然下垂，形成自然挺拔的形态；走姿要做到躯体移动正直、平稳，两臂协调摆动、步伐稳健均匀；手势要根据主持内容和现场情景的需要来设计；眼神要根据主持场合、内容以及对象等恰当地运用。

单项技能训练

一、学生分组甄选一部自己最喜爱的高水平主持的演出、讲话、综艺节目视频，师生共同赏析评鉴。

二、根据下面提供的情景，设计开场白，并在全班或分组开展小型比赛。

1. 班上将开展一次阅读文学名著竞赛活动，假如你是主持人，请你为这次活动准备一段开场白。要求：除讲明活动的意义外，更需要用激情洋溢的语言，"点燃"现场的气氛，让大家产生跃跃欲试的冲动，激发起斗志和热情。

2. 假如你所在的班级要举行一次"月光夜话"的主题班会活动，而你是本次活动的主持人，请你设计一段开场白。要求：语言要有艺术感染力，能激发起同学们参与的积极性。内容忌套话连篇，语言忌平淡沉闷。

3. 开场白的技巧有很多，生活中，我们更为欣赏的可能是诙谐幽默型的开场白，请试用这种类型的开场白介绍自己。

三、主持设计训练。

1. 为学院举办的"大爱无疆——公益慈善晚会"量身定制节目单，确定主持情景，撰写完整的主持串联词。

2. 分组模拟主持一次校园常见的会议，例如主题班会、经验交流会、学术或形势报告会等。

四、试着把这段连缀词读出来，想想这段连缀词用了哪些修辞手法？有什么作用？这些修辞手法的娴熟运用又得益于主持者哪方面的能力？

1. 昔日长城的阵阵烽火狼烟，仿佛还在我们眼前飘拂。
2. 今天黄河的滚滚惊涛骇浪，依然还在我们胸中奔腾。
3. 万里延伸的长城是一条凝固的黄河，挺直了中华的脊梁。
4. 奔流到海的黄河是一道流淌的长城，积蓄着民族的悲壮。(接钢琴协奏曲《黄河》)

五、有很多场合，常常会出现意外事件，如果不能妥善处理，就会呈现难堪的局面，从而破坏现场气氛。你认为主持人应该怎样应对下面的意外事件？

舞台上，一位杂技演员表演踩蛋时，一不留神，把脚下的一个鸡蛋踩碎，这一切全暴露在观众的眼里，台下一阵骚动。这位演员很尴尬地又换了一个鸡蛋。这时，主持人忙打圆场："为了增加艺术效果，证实鸡蛋是真的，所以演员故意踩碎了一个给大家看。"可是，主持人话音刚落，演员脚下的鸡蛋又踩碎了一个。

六、在第 32 期《今夜星辰》"露一手"节目中，上海铁路公安处张欣同志准备表演当场画模拟像。主持人叶惠贤说："哪位愿意上台请张欣同志画一张，这是个好机会啊！"然而却没有一个观众作出反应，会场一下子冷了下来。叶惠贤赶忙又补上一句："看来大家不愿意，怕当'罪犯'哪，哈哈！"话音刚落，观众一个个踊跃举手要求上去，场内的气氛立即转冷为热，又活跃起来。思考：主持人用的是什么方法？你有更好的方法吗？

七、下面是"心连心"艺术团第 40 场慰问演出的结束语，分角色模拟主持人练习并回答后面的问题。

张政：朋友们，在激情的红土地上，我们正创造着一种神奇。
周涛：在祖国版图中部，我们把历史、今天和未来紧紧联系在一起。
瞿弦和：4200 万英雄的江西人民，在蔚蓝色的天空中放飞着理想。
文清：4200 万英雄的江西人民，正以开放的姿态走向新世纪。
张政：让我们紧密团结在党中央的周围。
周涛：万众一心，奋发图强。
瞿弦和：把中国特色社会主义事业不断推向前进。
文清：共同创造我们的幸福生活和美好未来。
张政：江西的明天一定更加美好，祖国的明天一定会——
齐：更加美好！

(歌舞：《中国永远收获着希望》，结束)

第十一章 主持人口才

1. 这个结束语讲了什么内容？有什么作用？
2. 与单人主持相比，采用四人联合主持有什么作用和效果？

综合技能训练

一、如果你在"八一"建军节音乐会上担任主持人，请根据歌曲的内容，设计开场语和衔接语(顺序自定)。

《边疆的泉水清又纯》《唱支山歌给党听》《打起手鼓唱起歌》

《大海啊，故乡！》《歌唱祖国》《乡恋》《歌声与微笑》

《南泥湾》《松花江上》《爱的奉献》

二、主持人临场发挥训练，要求语言生动、得体，最大限度地缓和紧张气氛。

1. 在婚礼上，新娘为公婆奉茶时，不慎将茶杯打破。作为婚礼的主持人，你应该怎样为新娘解围？

2. 文艺晚会直播过程中，某位歌手唱到歌曲最后几句，歌曲伴奏卡带了，但是他坚持唱完了整首歌曲。你作为主持人准备如何圆场并适度夸赞歌手？

3. 一场学术研讨会上，进行嘉宾介绍时，将下一位发言人"张三"说成"李四"了。你作为主持人如何幽默而巧妙地化解这个失误？

三、开班会时，有几个同学不断地接听电话或者低声交谈，影响了会议秩序。作为主持人，你将怎样用婉转的语言加以制止？要求能够灵活运用会议推进的方法，用委婉的词语控制台下开小会的现象。制止的语言要在简练的基础上幽默，保证不能伤害被制止者的自尊心。

四、下面是节目主持人凌峰的一段主持词，有什么特点？做一次模仿训练。

一次，凌峰主持春节晚会《给您拜个年》节目。在录制节目时，他演唱歌曲《春天里》，歌词大意是，在美好的春季里，一位男子遇见一位漂亮的姑娘……当唱到这里，凌峰骤然停下，面对前排的妻子，朝向周围观众："许多人也许不知，我和太太都是青岛人，是一样的水土，但现在为什么会养出两样的品种？(指着妻子)这是属于'红富士'，(指着自己)这是属于'莱阳梨'。这大概是与胎教有关，她母亲怀孕时正处在社会主义的发展时期，而我母亲怀孕时正是抗日战争最后一年，所以长得非常艰难，充满着苦难！"在场的观众忍俊不禁地报以热烈的掌声。

五、请以"文明创建"为话题，做点评练习。从学校的"文明创建"工作中寻找鲜活事例，攫取闪光点，找到不足，鼓舞学校全体师生创建文明新生活。

第十二章 导游口才

【案例导入】

改革开放以来,我国旅游业日渐兴起和发展,职业导游的素质和水平也随之提高。导游成为一门学问,解说也成为一种艺术。导游在整个导游过程中,对游客迎送、景点讲解、生活服务都需要锤炼自己的语言,练出一副好口才,这样才会受到游客的欢迎。例如某导游员对太湖石的解说词。

各位朋友:这是一块太湖石,人称"美人腰",它美就美在这杨柳细腰上,仿佛一位身着古代素装的妙龄少女。传说,当人们在这亭内稍事休息,欣赏周围的美景时,就有可能看到这位因害羞而欲躲的美少女。祝愿各位能有这样的好运气。

这段解说词,语言既生动形象,又风趣幽默,既活跃了气氛,又给游客留下了美好的印象,充分体现了导游员良好的景点讲解口才。什么是导游口才?导游口才有哪些表达技巧?

【本章要点】

- 导游口才概述。
- 导游口才的技巧。

第一节 导游口才概述

俗话说:看景不如听景。良好的口才是导游员必备的职场基本能力,拥有好口才可以使自己的工作得心应手,使游客流连忘返。有效提高导游口才技能,掌握一定的理论非常重要。

一、导游口才的含义

导游口才是导游员与旅游者在交流思想感情、指导游览、进行讲解、传播文化等服务中使用的一种具有丰富表现力、生动形象的语言。

二、导游口才的特征

导游口才是在社会实践中逐渐形成的有职业特点的行业语言,导游服务的核心在于"说"。导游口才的语言特征主要表现在以下几个方面。

(一)内容准确规范

准确性是指导游员在宣传、讲解及在回答游客的问题时必须做到准确无误、以实论虚、合情合理,对于史料的考证要真实可靠。切忌随意解说、夸大其词、无中生有和主观臆断,防止出现词不达意、以偏概全甚至杜撰史实的解说词。

(二)语言形象生动

导游口才不像辩论口才、谈判口才那样逻辑推理严谨缜密。因游客是来游览自然景观或人文景观的,需要的是轻松而自然,因此,导游员的语言表达方式或叙事托景,融情入景;或运用修辞形象生动;或寓庄于谐、妙趣横生,从而使旅游者在导游的讲解中尽情享受旅游的快乐。

"看景不如听景",讲的就是导游人员语言生动对景点所起的升华作用。如果导游人员的语言表达平淡无奇,像和尚念经般单调呆板,或者十分生硬,游客听了必定兴趣索然,甚至在心理上产生不耐烦或厌恶感。反之,生动形象、妙趣横生、发人深省的导游语言不仅能引人入胜,还会起到情景交融的作用。为此,导游语言的表达应力求使用形象化的语言,以创造美的意境;使用鲜明生动的语言,以增加语言的情趣性。

(三)形式活泼多样

导游员的解说词大多是事先准备好的,但作为导游员,讲解的表达方式应该针对不同游客的特点而有所变化,使讲解活泼、多样化。导游语言的美感特征表现在描绘性语言的华丽美、叙述性语言的流畅美、质疑方式的得体美、缩距技巧的熨贴美、点化技巧的升华美等多个方面。

三、导游口才的基本要求

导游口才有着自身的特殊性,其要求主要体现在以下几个方面。

(一)音量有高度

导游无论是与旅游者对话还是解说,大多在室外,甚至在喧哗热闹的景点,抑或在马达轰鸣的车、船上或是需要边走边讲解,都不可能有很安静的环境,因此,导游员讲解的音量往往比普通音量要高。作为导游员,首先要学会放开喉咙大声讲解,平日注重提高肺活量,使游客无论是在景区还是在车、船上都能听清你的讲解。

(二)普通话有规范

用普通话讲解是对导游员起码的口才要求。因为导游的讲解目的是让游客听懂,即使有的顾客听不懂普通话,错也不在导游。当然,如果有时旅客来自不同地域,需要外语或少数民族语言,则另当别论。

(三)语调有变化

导游在解说时的语音要随着室内室外、人多人少、感情的激越或低沉变化而变化。不能一种语音、一个腔调、一种节奏讲到底，要根据内容，当快则快以显流利顺畅，当慢则慢娓娓道来，如数家珍，让游客享受轻松。

(四)文明有热情

导游员的身份就是主人，要接待那些从远道而来的客人。要求导游语言文明，热情礼貌，一般要说"您好""您辛苦了""没关系""有什么要帮忙的尽管找我""对不起""让你久等了""再见，祝你一路顺风"等。这类话是导游的专业术语，要挂在嘴边以显示导游员的主人身份。热情、热情、再热情，直到说"再见"的那一刻，脸上都要一直挂着笑容，这是导游员的天职。

(五)知识有分量

导游员在从事这个行业之前，对各个景点的知识已经能够滚瓜烂熟、倒背如流，但还要注意不断充实新的内容，争取成为"一部集自然景观与人文景观于一体的百科全书"，使游客从中获得丰富的知识，感觉不虚此行。该向游客讲解的地方或直观介绍，或勾勒描述，必要时还可引导游客散幽发微，展开联想，给游客以深刻的启迪，或使游客产生新的文化顿悟。

(六)应变有能力

导游工作有时就像舞台，而导游员就在舞台上唱戏，因此，讲解要不拘谨、不慌张，并根据游客的情绪好坏调整讲解内容。当看到游客满脸疲惫时，则应停止介绍；当游客满脸兴奋或疑惑时，抓住时机介绍，让他们感觉到旅途中的快乐。

第二节 导游口才的技巧

导游员要想提高口头表达能力，掌握导游口才的技巧并灵活运用显得尤为重要。

一、接送游客的技巧

导游员开始接触和最终送别游客时，口语表达的主要内容是致欢迎词和欢送词等。

(一)巧说欢迎词

导游员带团讲解时要有礼貌地致欢迎词。欢迎词的内容往往有问候语、自我介绍及介绍同伴、表达服务意愿和祝福。

第十二章　导游口才

1. 介绍式

用简洁清晰的语言进行自我介绍和工作伙伴介绍，包括姓名、好记忆的称呼及电话号码等。例如：

各位朋友，大家一路辛苦！我是××旅行社导游员×××，大家称我小王，也可以叫我王导，我的电话是1397×××。这是我们的司机牛师傅，他姓牛，开车也很"牛"，一路上由我们来为大家服务。

2. 表达式

表达服务意愿和祝福，营造出迫切欣赏美景的心情。例如：

女士们，先生们：当你们踏上这块美丽的土地，就仿佛身于诗情画意之中。古往今来，文人墨客赞美它，风流人物向往它，英雄豪杰追求它。今天，这片美丽的土地张开了它的双臂热烈欢迎你们的到来。祝愿大家高兴而来，满意而归！

3. 幽默式

用诙谐幽默的语言消除游客刚到达目的地时的疲惫，营造轻松的旅游氛围，拉近与游客的距离。例如：

亲爱的游客朋友，大家好！我是导游员××，欢迎各位贵宾到桂林参观和指导，我会全心全意热心服务让您没白跑。旅游之前有些事情在这和您聊一聊，好让您的这次旅游含金量更高。桂林是个旅游城市，环境特别好，希望各位能够入乡随俗注意环保；旅游旺季就要来到，景区人山人海您千万别烦恼，如果您烦恼，别忘了笑一笑……景区小摊小贩吆喝声挺高，土特产品没有保障建议你别瞧，您瞧了也别买，买了也别吃，要是吃了出了问题我也管不了。我说了这么多，吐沫费了不少，总之，希望您在桂林感觉会很好，到底好不好，逛了就知道……

(资料来源：梁老师. 北京导游资格证考试. http://www.010tianma.cn.)

另外，欢迎词要注意吸取一些谚语、名言、充满文采的语言，这样会收到意想不到的效果。例如"有朋自远方来，不亦乐乎""千年修得同船渡""千里有缘来相会""世界像部书，如果您没出外旅行，您可只读了书中之一页，现在您在我们这里旅行，你就可读完中国这部书的其中一章"等，也会收到很好的效果。

(二)欢送词

欢送词是旅游结束，送别旅客时导游员所说的结束语。一段好的欢送词犹如一篇好文章的精彩结尾，会给游客留下长久的回味，也为前面的导游讲解工作锦上添花。

1. 旅游小结

旅游小结是指与旅客一起回忆一下这段时间所游览的项目和参加的活动、收获及成果。例如：

各位朋友：

我们的旅程马上就要结束了，王导也要跟大家说再见了。临别之际没什么送大家的，就送大家四个字吧。首先第一个字是"缘"，缘分的"缘"，俗话说"百年修得同船渡，千年修得共枕眠"，那么和大家7天的共处，算算也有百年的缘分了！接下来这个字是原谅的"原"，在这几天中，王导有做得不好的地方，希望大家多多包涵，在这里说声对不起了！再一个就是圆满的"圆"，此次行程圆满地结束多亏了大家对我工作的支持和配合，小王说声谢谢了！最后一个字还是"源"字，财源的"源"，祝大家的财源犹如滔滔江水连绵不绝，也祝大家工作好，身体好，今天好，明天好，现在好，将来好，不好也好，好上加好，给点掌声好不好！

2．感谢合作

感谢合作是指对旅游中旅客给予自己的支持、合作、帮助、谅解表示感谢。感谢并表示没有他们的支持就难以保证旅游的顺利和成功。

3．表示惜别

表示惜别是指对分别表示惋惜之情、留恋之意。在讲到这方面的内容时，导游面部表情应深沉一些，有"相见时难别亦难"的感慨，以给游客留下深刻、难以忘怀的记忆。例如：

天下没有不散的筵席，送君千里，终有一别。在你们即将踏上返程的时刻，我不由得想说："朋友"别忘了这里的冬雪，还有夏凉，还有秋实，还有春暖，还有接待你们的导游员——小赵。

4．期盼重逢

期盼重逢是分别时表示留恋之意可又不得不分开的心情。例如：

中国有句古语，叫作"两山不能相遇，俩人总能相逢"，我期盼着不久的将来，我们还会在这里相见，欢迎大家重游美不胜收的九寨沟。再见，祝大家一路顺风！

二、运用文本解说词的技巧

文本解说词是导游给游客讲解景点时所用的讲稿，如何将书面语转化为解说语是导游员必备的技能之一。

(一)运用文本解说词的基本要求

运用文本解说词的基本要求主要体现在内容、语言、表达三个方面，具体如下。

1．内容丰富翔实

文本解说词一般包括景点的历史渊源、历史人物、诗文出处、发源地质、地貌形成、风光的观赏品味、审美等，这些都需要导游员进行翔实的讲解。讲解时要做到言之有据、言之有理、言之有物、言之有趣、言之有神、言之有喻。"言之有喻"是用比喻的语言和

第十二章　导游口才

旅游者熟悉的事物来介绍、比喻参观的事物，使旅游者对自己原本生疏的事物能很快理解并产生亲切感。例如：

在北京向美国游客推荐游览王府井时，美国人感觉"王府井"令人费解，你只要说"请你们去看看北京的纽约第五大街"就可以了。因为纽约第五大街是全美最著名的商业街，他们一听不仅有亲切感，而且还能很快理解王府井的性质和特点。再如说苏州是"东方的威尼斯"，称上海为"中国的悉尼"等。

2．语言通俗易懂

导游员在讲解景点前要对文本解说词进行认真的背记，进行景点现场解说时，要灵活运用语言表达技巧，做到通俗易懂，不能像背台词一样机械抽象。

3．表达灵活多样

在解说景点的过程中，导游不可能完全依据自己事先准备好的解说词进行景点解说，因为在解说的过程中会遇到游客提问或其他意料之外的事情，因此，在表达过程中，要依据实际情况适时调整解说方式，使解说灵活多变，富有对话色彩。

(二)运用文本解说词的技巧

1．讲清知识

导游的口才还体现在对文本解说词的运用上。解说词所包含的知识是游客最想知道的，因此，导游的任务就是在对文本解说词进行深入研究的基础上，以自己独到的讲解方式创造性地向游客描述现场景点，使游客听自己的讲解如同读书，开卷有益。例如：

各位朋友，欢迎你们来到布达拉宫。举世闻名的布达拉宫是西藏的标志性建筑，同时也是宝贵的世界文化遗产之一。作为昔日历代达赖喇嘛的"冬宫"和西藏地方政教合一的政权中心，它是西藏地区现存最大最完整的宫堡式建筑群，也是地球上海拔最高的大型古代宫殿。这座无与伦比的神宇宫阙被誉为世界十大杰出土木石建筑之一，集中体现了西藏建筑、绘画、宗教的艺术精华，所藏的大量历史宗教文物亦是令人叹为观止的无价之宝。所以，当你决定将双脚踏上布达拉宫山脚那巨大的花岗石阶的时候，你应该在内心默念：布达拉宫是世界上最高的宫殿群，它神秘、肃穆、伟岸，傲立尘世；它荟萃世间最美好的珍宝与伟大的心灵……它的存在本身就是不可思议的奇迹！然后，平静并轻松地抬足吧！

导游员凭借自己良好的口才，灵活运用文本解说词明白晓畅地告诉游客布达拉宫在西藏的地位、建筑风格及艺术精华在人们心中的价值，使游客获得知识，增长见识，得到享受。

2．增加趣味

导游员在运用文本解说词时适当地穿插一些有关景点的传说故事、笑话、当地的顺口溜，或者名人留下的诗歌、散文等，可增加情趣；或者借题(借景或借事)发挥，用夸张、比喻、讽刺、双关语等活跃讲解气氛，增强艺术表现力，让游客在欣赏美景的同时得到精神的愉悦享受。例如：

游客朋友，我们旅游的目的地山西永济就要到了。地处黄河中游的山西，有许多值得去的地方……传说中"沉鱼落雁""闭月羞花"四大美人之一的杨玉环就出生于永济的独头村。"一苍三阁老，对门九尚书。站在古楼往南看，二十四家翰林院。大大小小知州县，三斗六升菜籽官。"这句流传至今的顺口溜可以证明这里是人才辈出的地方。

(资料来源：导游吧. 山西永济. http://www.daoyou8.com.)

这种风趣活泼的讲解语言，不仅能融洽感情、活跃气氛，而且能增添客人们的游兴，获得一种精神享受。

3．注重科普

在介绍景点时，导游不能只运用文本解说词中的神话故事、历史传说和民俗风情，而忽略科学知识，应让游客在旅游放松心情的同时增长知识。例如，对有关地质遗迹景观的特点、成因演变、保护等科学内容应多讲解，这需要导游员多学习地质学、地理学、生态学、环境学等方面的知识，以满足游客增长科普知识的需要。例如：

朋友们，九寨沟的水美在色彩，赤、橙、黄、蓝、紫、绿一应俱全。赤的赤得发紫，黄的黄得灿烂，绿的绿得青翠，蓝的蓝得清纯。九寨沟的水为什么这么色彩斑斓？这是石灰岩的化学溶解引起的一系列地貌现象。九寨沟地表大量堆积的钙形成钙化堤、钙化滩、钙化池，在九寨沟地表地理环境下，较强的蒸发作用、地下水溢出后压力的减小、地形陡变处水流流速的增大，特别是水生植物的光合作用对 CO_2 的大量吸收，更加速了钙的堆积，这种现象形成喀斯特景观，成为"九寨沟"的一大杰作。

4．强化参与

导游对文本解说词的评说可以"蜻蜓点水"般点到即止，要学会吊起游客的胃口，让游客自己慢慢体味和思考，让游客带着问题饶有兴趣地赏玩。如果是年轻游客，很难静下来听导游的长篇大论，不妨采取问答的方式与他们交流、互动，这样会收到意想不到的效果。

三、个性解说景点的技巧

个性解说指的是针对景点的不同、游客的类型、游客的情绪等采用不同的表达方式，使用不同的技巧，使讲解形式活泼、多样、有美感。

1．简述法

简述法就是用准确简练的语言，把景观介绍给游客，使他们在具体欣赏景观之前对景观有一个初步印象。可以按前后顺序，或按时间、地点、人物、事件等，或按因果关系对景物进行系统解说。

导游人员引领着游客来到岳阳楼前，在登楼之前，导游介绍说："这就是驰名中外的

岳阳楼,它与武昌的黄鹤楼、南昌的滕王阁合称江南三大名楼,素有'洞庭天下水,岳阳天下楼'的美誉。它原是三国时代东吴时鲁肃训练水师的阅兵台。唐代建为岳阳楼,宋代由巴陵县令滕子京主持重修,整个楼阁为纯木结构,重檐盔顶,1984年落架大修后重新开放。现在楼高20米,由四根楠木柱支撑,楼顶就像古代将军的头盔。全楼没有一颗铁钉,这在力学、美学、建筑学、工艺学等方面都有杰出的成就。现在,楼内藏有清代刻的《岳阳楼记》雕屏,大家要想领略'衔远山,吞长江,浩浩荡荡,横无际涯'的风光,请随我登楼观赏。"

2. 描绘法

描绘法就是用具体形象和富有文采的语言对眼前的景观进行描绘,使其细微的特点显现于游客面前。在旅游过程中,有些景观如果没有导游人员的讲解和指点,游客很难发现其美妙所在,只有经过导游的一番画龙点睛或重彩泼墨似的描绘之后,才能唤起美的感受。

在景色如画的苏州西湖洞庭山的石公山上,导游这样描绘:"朋友们,我们现在身在仙山妙境。请看,我们的前面是无边无垠的太湖,身后是一片葱翠的丛林。青山绕着湖水,湖水映着青山;山石伸进了湖面,湖水'咬'住了山石;头上有山,脚下有水。真是天外有天,山外有山,岛中有岛,湖中有湖;山如青龙伏水,水似碧海浮动。"接着,他跌宕有致地吟道:"茫茫三千顷,日夜浩青葱,骨立风云外,孤撑涛声中。"

这位导游员情景交融的描绘,使游客就像在观看彩色宽幅风景影片的同时,又听着优美的画外音。

3. 联想法

联想法是指用畅想式的语言由此景联想到彼景,或是与此景有关的知识,让旅客展开丰富的联想,让游客得到很大的满足。例如:

我们奇石林的石头,不看不知道,一看真奇妙。这些石头奇形怪状,鬼斧神工,请大家展开想象的翅膀去联想、遐思。

请大家看这块石头,我们称它为"象鼻石",看了它,就会想起桂林的象鼻山;再看这块……它们把奇石林装点得生机勃勃,令人心旷神怡!

4. 感慨法

感慨法就是用寓情于景、富有哲理性的语言激发游客的情绪,得到一种愉悦的启迪。例如:

我们中华民族花了一千多年的时间,在祖国960万平方公里的土地上写了一个大字,这个大字就是"人"字。万里长城就是"人"字的一撇,而千里大运河就是这"人"字的一捺。这是没有进入吉尼斯世界大全的一个大写的"人",我们每一个炎黄子孙都当为此而感到骄傲。同时,长城和大运河的存在又时时提醒我们,不要辜负了这个"人"!

5. 述古法

述古法就是向游客叙述有关历史人物、事件、神话故事、轶闻典故等，以丰富游客的历史知识，使他们运用形象思维更好地了解眼前的景观。

各位游客，在泌芳亭的西北处，我们可以欣赏到一组回合院式的建筑，称"体仁沐德"。这是元春省亲时休息更衣的地方。各位请看，木框架中有两扇厚木黑色大门，狮头门环，走进大门，只见一条表砖石板地，两旁地坪铺着用彩色鹅卵石拼成的金钱与梅花的彩色图案。两边耳房内摆设着元春出行所用的仪仗，东边有华盖和宫扇，西边有一顶八人抬的大红轿子⋯⋯

6. 猜谜法

猜谜法就是根据旅游景观的内容和特点，以猜想推测的形式引发游客的兴致。例如：

有位导游员在杭州九溪十八涧对游客说："这儿的山路蜿蜒幽静，路边的溪水叮咚作响，远近的山峦郁郁葱葱。清代文人俞樾游到这里时，诗兴大发，挥笔写道'曲曲环环路，叮叮咚咚泉，远远近近山⋯⋯'诗的每一句都用了叠词，朋友们猜猜看，第四句写树时，诗人用的什么叠词？"游客们议论纷纷，有的说"郁郁葱葱树"，有的说"大大小小树"，最后在导游员的启发下猜出是"高高下下树"。大家都惊叹诗人用词的精妙，这"高"和"下"贴切传神，写活了沿山而长的树林。游无锡蠡园时，导游让游客先看春、夏、秋、冬四个亭中的春亭，指着匾说："春亭挂的匾额是'滴翠'，表达了春天的形象，有特色。那么，夏、秋、冬三个亭子会用什么题匾呢？各位朋友是否能猜中？"一石激起千层浪，游客边猜边看，猜中的笑逐颜开，未猜中的纷纷敬佩题匾者的文笔之妙。

（资料来源：导游吧．解说词．http://www.daoyou8.com.）

7. 悬念法

悬念法是根据不同的导游内容，有意识地创造连环套似的情境，先抑后扬地提出问题，以造成"欲知结果如何，且听下回分解"的悬念，使游客由被动听讲解变为主动探寻，以激起欲知其究竟的好奇心和求知欲。例如：

在导游定陵时，可分为门前、展室和地宫三大部分。在门前，先讲概况，然后点出发掘年代。想要知道发掘过程吗？请到展室来。在展室，主要讲述发掘过程，再点出地宫内所葬何人。想要知道是怎样入葬的吗？请随同一起下地宫。这样整个导游过程就环环相扣，引得游客非听非看不可。

8. 设问法

有时为了激起游客的兴致，让游客在游览中观察，在观察中领悟，可以运用提问、反问等方法，做到讲中有问，问中有答，你问我答，我问大家答，使双方关系融洽。例如：

游客们，你们知道"黄山"名字的由来吗？你们知道"猴子观海"的传说吗？

各位团友，天涯海角很快就要到了，为什么要将此地称为"天涯海角"呢？在这个世界上真有"天涯海角"这样一个地方吗？这正是我要告诉大家的。

9．对比法

在介绍眼前景物前，先简述天下知名景点中的同类景物，这样可以唤起游过该地的游客的美好回忆，同时又是对眼前景物的烘托映衬，引起游客的游兴。例如：

九寨沟，人间仙境，有"看完九寨不看水，看完黄山不看山"之说。可能你看过漓江，看过黄河，看过长江，但今天你将要看到的是不同于以往所看到的任何水的美景——九寨，它为你展示的是一幅色彩斑斓、多姿多彩的水的世界。

10．幽默法

劳累、景观重复等原因会使游客情绪降低，此时用幽默与调侃的语言，能够让游客在笑声中消除疲劳，在游玩途中注意行为的文明。例如：

下面我们就要到地下室去参观马王堆一号汉墓的主人——西汉女尸辛追了。在下楼之前，我想提醒各位一件事。辛老太太已经在地下埋藏了两千一百多年，睡得正香呢！咱们看的时候得安静点，别打扰了人家的美梦。如果您不小心将她老人家吵醒了，后果可得自负！

11．变换法

变换法就是将外国游客难以理解的词或句子意译成或变换成他们所熟悉的易懂的词或句子。例如：

"三个臭皮匠，赛过诸葛亮。"如果直译成日语，日本人不一定懂，若意译成日本民谚"三人凑一块儿，可顶上文殊菩萨的智慧"，效果就好得多。再如，"This is Dingling，the one of Zhu yijun and his empresses，Xiaoduan and Xiaojing (这是定陵，是朱翊钧与他的皇后孝端和孝靖的寝陵)。"英美客人很难一下理解这句话的意思，因为他们不熟悉中国历史，若变换一种表达方式"This is the tomb of the thirteenth emperor of ming dynasty where he was burried with his two empresses (这是明朝第十三个皇帝的陵寝，他与他的两个皇后葬在这里)"，他们一听便懂。

四、与游客交谈的技巧

导游在与游客打交道时的对话，常常牵涉礼貌、交通、住宿服务等内容。导游如同主人，对游客要礼貌，见面问"大家好""大家一路辛苦""今天大家辛苦了""希望早点休息，明天一早还要出发"。导游员无论何时何地都要礼貌在先、彬彬有礼。

(一)得体

得体而友好的提示会使游客听起来顺耳，反之，会让游客不高兴。

导游小时接待了一个全部由男性旅客组成的旅游团。第一天游览活动结束后，游客希望明天换个女导游。小时感到很委屈，但还是将游客的意见报告给了旅行社经理。不过由于正值旅游旺季，所有导游都上团了，临时换导游根本不可能。第二天出发时，游客发现还是小时带团，有些不高兴。小时对他们说："我已经把大家的意见转达给了经理，由于现在是旅游旺季，人手不够，别说是女导游，就是男导游都调不过来，你们再将就一天吧。"游客听了更加不舒服。

(二)尊重

尊重游客是导游员口才的基本要求。称呼、安排服务等都应尊重游客，对导游过程中出现的错误及时道歉也是对游客的尊重。导游与游客交谈、安排服务时的尊重应做到以下几点。

(1) 以引发游客的兴致为目的的交谈可以多说，其他无关的话题不说或少说。
(2) 选择话题要得体。根据对方职业、文化程度、性别、年龄选择适当的话题交谈。
(3) 审时度势。对方愿意倾听则与之多谈，对方倦怠时，则少谈或不谈。
(4) 对游客不太合理的意见，巧妙地解释。

导游员："刚才我们已经吃了到这里后的第一顿饭，你觉得怎么样？"
游客："挺好，不过稍微辣了点。"
导游员："这是特意为大家这样安排的，因为我们湖南湘菜的特色之一就是辣。"

单项技能训练

一、自选或自撰一段导游欢迎词或欢送词，按照欢迎词和欢送词的训练技巧进行模拟练习。

二、以导游员的身份，针对不同的游客(年龄、职业)设计欢迎词。内容包括：欢迎光临、介绍工作伙伴、表达服务意愿和祝福。

三、有人说：导游中的交际话题范围广，从日常生活的吃穿住行到地方风俗、从业余爱好到个人隐私等都可交谈。你以为如何，为什么？

四、许多名山，往往因为山间的特殊气候环境而使天气出现一天三变的状况。请分别为晴天、小雨、大雨、雪天的张家界设计景点解说词，并大声讲出来。

五、根据欢送词的写作要求，设计三种不同的欢送词。内容包括：旅程回顾、感谢之情、惜别之意、相逢之盼及美好的祝愿。

第十二章　导游口才

综合技能训练

一、以导游员的身份，说好下列欢迎词、欢送词。要求：声音洪亮，普通话标准，语音、语调、节奏富有变化。

欢迎词：

各位团友：

大家好！欢迎大家参加中国旅行社组织的新疆之旅。我是中国旅行社的导游员，我姓赵，大家叫我小赵就可以了。在我身旁的正在开车的师傅姓马，有着多年的驾龄，综合地说，我们的马师傅可称得上是"三好"师傅——驾驶技术好、脾气好、长得也好！由马师傅为我们驾车大家可以放心。俗话说，"有朋自远方来，不亦乐乎！"有幸与大家相识，在接下来的几天里，我将陪同大家一起游览美丽的新疆，希望在这短暂的时间里大家可以随着我的讲解走进新疆，了解新疆。在行车路途中为避免意外发生，请大家不要把您的头、手、肘伸出窗外，在游览的路途中旅游车就是我们第二个家，请大家注意一下我们车上的卫生。如果您有什么要求可以直接告诉我，我会尽全力地为您服务！希望大家在这几天里可以玩得开心，住得舒心，吃得顺心！

欢送词：

只有在离别的时候，才深深地感到我们相处的时间太短。在此期间，大家亲如兄弟，胜过亲人。说真的，我很舍不得离开大家，我会想念你们的。将要分别，我送给大家一首歌，来表达此时此刻的心情。

二、模拟训练。

1. 假设有一兄弟院校参观团来我校参观，你作为一名学生导游，如何引导他们参观校园？如何设计欢迎词、主体用语和欢送词？与同学分组加以训练，然后将自己的导游词录下来，进行自我评价或互评。

2. 10人为小组(导游1人，游客9人)，组团到张家界天门山旅游。要求：导游员按照《张家界天门山解说词》的内容及导游表达技巧，为游客做全程导游服务。

张家界天门山解说词

朋友们：

相信大家对天门山并不陌生。1999年11月举行的世界特技飞行大奖赛，完成了人类首次驾机穿越自然溶洞的壮举，天门山的名字一下子走进了世人的视野。多少人希望能一睹天门山的风采，今天，你们终于如愿以偿！

天门山距张家界市区南侧约8公里，山顶南北宽1.93公里，东西长1.96公里，面积2.2平方公里，海拔1518.6米，它以发育较齐全的岩溶地貌区别于武陵源的砂岩峰林景观，是一座四周绝壁的台形孤山。

天门山东汉时称嵩梁山，三国时因山壁洞开一门，吴王孙休认为是吉祥之兆而更名为

天门山,并撤武陵郡置天门郡。天门山是大自然的杰作,在漫长的地质历史中,它经历海相沉积上升为陆相沉积,形成高山,并经受亿万年风雨剥蚀,尤以三叠纪燕山运动为最甚。白垩纪末,大规模的喜马拉雅山造山运动,使天门山进一步抬升,分别被两条断层峡谷切为孤山,使高山与谷地拉开极大高差,几公里之内高差达 1300 多米,从而造就了天门山孤峰高耸、临空独尊的雄伟气势。

天门山气象独特,门洞奇绝,植被丰富,历史悠久,是历史文化与佛道文化的神秘载体,是自然景观与人文景观的完美结合。

在天门山 1264 米高的绝壁之上,生出一个南北洞穿的天然门洞,称作天门洞。洞底至洞顶 131.5 米,宽 37 米,纵深 30 米。洞北面顶部边缘,有倒垂的龙头竹,它的根像龙头,树叶像凤尾,因此又叫凤尾竹。东侧是高约 200 多米的沟槽,有泉水从上面飘散,落下点点梅花雨。据说谁能张口接下 48 滴梅花雨,便可羽化成仙。在天门洞口,经常能看到岩燕飞舞、山鹰盘旋。随着天气的变化,天门洞有时候吞云吐雾,有时候明朗似镜,构成循环往复、瞬息万变的气象景观。

那么,天门洞是怎样形成的呢?地质学家覃功炯先生认为是"漏斗"溶蚀作用的结果。他认为,天门洞东侧地形微向西倾,西侧地形微向东倾,向斜的核部正对天门洞道。东西两壁为两条走向 320 度左右的节理所切,同时有一条走向 40 度的节理在天门洞处与其相交。洞顶的两处岩溶漏斗也对岩溶过程起了重要作用。雨水落下后,地表水顺地面斜坡向漏斗流动,一部分渗入土中的水,顺着地层的层间裂隙朝着向斜的核部汇集下流,长期不断的溶蚀过程使局部崩塌,最终使两组溶洞并为一体,形成了天门洞。

但是,也有人对此产生异议:天门洞照此理形成,为什么洞的底座是一块巨大的平台,这些岩石能平展展地"崩"出洞外吗?所以说,天门洞的形成至今还是未解之谜。

天门山寺最早建于唐代,古称云钵庵、灵泉院、嵩梁堂,明代时,因择址不当而屡遭风摧又常遭水荒,后才将天门山寺从东部山顶迁移至此。以前这里古木参天,浓荫蔽日。古寺门楣上刻有"天门仙山"四字,大门两边的对联是"天外有天天不夜,山上无山山独尊",传为李自成部将野拂撰书。进门为大佛殿,后面有观音堂,两边六间平房,最后一栋是祖师殿,规模宏大。民间概括为"三进堂、六耳房,砖墙铁瓦锅如炉"。山寺原建筑十分讲究,飞檐翘角,雕龙画凤,并塑有佛道神像菩萨等。还有大鼓一面,千斤大钟一口,一座七级石塔和一个大化钱炉。据碑刻记载,自清乾隆至中华民国五年的 163 年间,天门山寺共修葺过七次,香火曾盛极一时,湘鄂川黔边境十多个县的信徒络绎不绝,都来这里进香拜佛。现天门山旅游股份有限公司正在大规模地修复天门山寺,昔日的繁华又将重现。

这叫龙头岩,以前在石塔上安有石雕的可以转动的龙头。龙头岩面临百丈悬崖。据说过去有不少香客为表示求神拜佛的诚意,手抱龙头绕悬崖转一个圈,只要心诚,保你无事。后来,龙头被人掀下悬崖,现只能看到安放龙头的石坑。龙头岩是观日出的最佳观景台。明代岳州知府李镜有天门山唱和诗咏赞:

    小山历尽到高峰,万仞天门咫尺通。
    仰望蓬莱红日下,远瞻庐阜白云中。

第十二章 导游口才

苍崖突兀松杉古,曲经迢遥马迹空。

欲造最高峰上立,飞腾须是仗天风。

(赤松峰金水池)这个小水池,长约1.3米,宽0.6米,深仅几公分,无论怎样干旱,池水终年不涸,据说这是远古时期神农皇帝的雨师赤松子炼丹的金水池。北面绝壁下有一形如丹灶的山峰叫丹灶峰,峰顶时有云雾缭绕,像灶膛升起的青烟,相传是赤松子炼丹用的灶。前人有诗:"荒烟杳露处,昔有仙人处。遗迹留丹灶,还疑常来去。"丹灶峰下有雷洞和电洞,传说赤松子炼丹,除了用金水池的水,还要借助雷、电才能达到一定的火候。

(野拂藏宝处)天门山有许多稀奇古怪的事儿,说不清道不明,其中有四大古谜,代代相传,没有人破解。一是天门洞开之谜,二是鬼谷子显影之谜,三是山顶翻水之谜,四是野拂藏宝之谜。传说这大榉树下就是当年野拂藏宝处。清光绪《永定县乡土志》"天门山"篇有这段文字:"明季野拂自夹山寺飞锡此山。野拂为闯贼余党,事发,削发为僧,竟逃天诛。"

(鬼谷洞)相传李自成部将野拂当年上山时,带了100多人马和许多金银财宝,雇乘9只木船逆澧水秘密潜入大庸境内,神不知鬼不觉上了天门山。野拂这次出家,并非真正要"立地成佛",而是每日"枕戈待旦""拔剑登坛",准备有朝一日"恢复中原""扫平寰宇"。但形势急转直下,农民军失败,清廷建立,野拂终于忧患成疾而逝。据说,临死前,他将带来的财宝全部分散秘藏于天门山中几个秘密去处,并用毒酒将藏宝民工全部毒死。数百年来,不知有多少江洋大盗、香客和天门山的神秘僧人都借故上天门朝拜,实际上是为偷窥地形,寻找宝藏,但都空手而归。财宝究竟藏在哪里?始终是个谜。

站在这里远望300米开外的百丈绝壁上,有个倒梯形的山洞,洞口有树,并有瀑布向洞外飞洒,缥缈如烟。相传战国名士鬼谷子曾在洞里面壁学《易》,潜心练功,创立了闻名天下的"鬼谷神功"。又藏有武林秘籍《天门三十六量天尺》,后人就叫此洞为鬼谷洞。鬼谷子是战国时期纵横术的创始人,其主要著作《捭阖策》被称为奇书,是研究从政治和外交上运用联合或分化手段搞垮对方的学问。史学界评论说,一部战国乱史就是从鬼谷洞演绎出去的,足见鬼谷子其人了得。清人罗福海有《鬼谷洞》诗一首:"桃花流水去飘然,笑入云深访洞天。隐逸流多埋姓宇,纵横术竟出神仙。道书壁上文留篆,丹决炉中火化铅。满耳恍闻钧奏乐,一条瀑泻万峰巅。"得鬼谷神功真谛的山脚西溪坪、官黎坪一带,是有名的硬气功之乡,气功大师赵继书曾多次随国家领导人出访欧洲各国,为祖国赢得了荣誉。

从古到今,闯荡鬼谷洞的勇士不知有多少,但都没有探出个名堂来,20世纪80年代末至90年代,天门山南麓赤松村有位退伍军人李光玉曾先后6次垂索下洞考察,一次探洞时他偶尔用相机拍到了鬼谷子面壁学《易》的头像。这是一个侧面像,五官轮廓清晰可辨,与至今流传甚广的鬼谷子画像有异曲同工之妙。鬼谷子的影像如此惟妙惟肖,是偶然还是巧合,抑或是上苍有意的安排,又成为天门山的一个难解之谜。

(空中园林)请大家留意,游道两边有许多裸露出地面的石芽和石林,高高低低,形态各异,像是列队欢迎我们的到来。这是天门山岩溶地貌的又一显著特征。山顶有多处成片的石芽和石林,分布于密林中间,形成独特而又原始的空中园林,它们像一座座迷宫,又

像是扑朔迷离、变化万千的八阵图。游人穿行其间,情趣无限。民间相传,谁要是能顺利地穿过这些迷宫,也就能畅通无阻地闯过佛家所谓的 48 道众生关。朋友们,不妨现在就试一试,我祝大家的人生之路畅通无阻!

(资料来源:导游吧. 张家界天门山解说词. http://www.daoyou8.com.)

第十三章 营销口才

【案例导入】

口才在营销活动中起着至关重要的作用,它的妙处在于直接有效地唤起顾客的消费需求,推动顾客的购买行为。

家电商场中,一位老年人盯住一台大彩电看了又看。营业员面带微笑走上前去。

营业员:"喜欢吗?大屏幕、重低音,价格比去年便宜了近千元……"

顾客:"色彩和声音都不错,就是太大了,跟我房间不匹配。"

营业员:"哎呀先生,现在住房改革,房子可以重新装修,房间可以由小改大。当下时兴大屏幕,您的孙子一定喜欢看大屏幕的……"

这位顾客点头笑着,一边掏腰包,一边叫"开票"。

(资料来源:许利平. 职业口才训练教程[M]. 北京:北京交通大学出版社,2007.)

世界著名口才教育家戴尔·卡耐基认为,在各式各样的交易洽谈中,常有一些不利的因素,而要消除这些不利因素需要有耐心,要心平气和。这位营业员重视客户的异议,并采取积极的态度排除了销售障碍,促使顾客采取了购买行动。

【本章要点】

- 营销口才概述。
- 营销口才的技巧。
- 主要营销环节的口才技巧。

第一节 营销口才概述

营销口才是推销员成功地说服客户购买商品的一种语言艺术。"没有营销,就没有企业。"可见营销对于企业是多么重要。对于市场营销人员来说,做成生意最需要的是好口才,营销奇迹的 80%是由口才创造的。

一、营销口才的含义

在市场经济条件下,市场是一切经济活动的集中体现。从生产企业到消费者个人,无不与市场有着千丝万缕的联系。市场是所有企业从事生产经营活动的出发点和归宿,是不同国家、地区、行业的生产者相互联系和竞争的载体。

现代著名营销学家、美国西北大学教授菲利浦·考特勒指出:"市场营销是与市场有关的人类活动，市场营销意味着和市场打交道，为了满足人类需要和欲望，去实现潜在交换""市场营销是一种社会过程：个人和团体通过创造以及与别人交换产品和价值来满足其需要和欲望"。考特勒的这个定义把市场营销定义为企业的活动，其目的在于满足目标顾客的需要，以此实现本企业目标。

人员推销虽是一种最古老、最简单的营销方法，但仍是现代营销中特别有效的方法。人员推销具有其他营销方式无可比拟的优势和特点，它是通过人与人之间的接触，并运用语言沟通艺术以产生特别效应。营销口才就是营销人员在宣传推介和销售产品时所表达的语言技巧。

口才是营销员梦想成功的基石。随着当今市场经济的高速发展，竞争愈加激烈，营销人员如何把自己的优质产品恰到好处地传播给消费者是一个重要课题。一位优秀的营销员就像一位无所不能的魔术师，他用绝妙的语言技巧把顾客吸引住，用精彩的示范表演赢得顾客的信任，用热情的销售态度去打动顾客。因此，精明的企业家，总是在人事决策上把营销人才放在第一线。拥有口才，不愁商品卖不出去；拥有口才，不怕市场拓展不开。

二、营销口才的作用

营销过程是营销人员运用各种方式、方法和技巧去说服客户购买商品的过程。营销大师安东尼·罗宾曾说："销售没有成功，不是客户有问题，而是我们的说服力有问题。"然而，许多刚刚从事营销工作的人员，由于没有工作经验，对于怎样与客户打交道，如何与客户拉近距离，怎样说服客户购买自己推销的商品等问题，心中一片茫然。其实，经验是在实践中积累起来的，没有人天生就是营销专家。营销口才的作用主要体现在以下三个方面。

(1) 建立联系纽带。营销帮助顾客认识商品和解决有关问题，在顾客心目中建立起企业和商品的良好信誉，使顾客最终成为企业的买主。

(2) 弥补广告不足。营销口才针对性强，工作弹性大，可以直接对顾客进行预测分析，确定重点对象，进行面对面的推销，签订销售合同。

(3) 提高营销业绩。营销可以使推销员在本职工作范围内独立地、创造性地工作，稳妥有效地实现企业的销售目标。

三、营销语言的基本原则

视顾客为朋友、熟人，想方设法让服务用语做到贴心、自然、令人愉悦，这是营销语言的基本出发点。出色的营销人员，是一个懂得如何把语言的艺术融入商品营销中的人。一个营销人员有了语言魅力，就等于向成功迈出了第一步。

(一)顾客中心

关注顾客的内心，设身处地为对方着想。主动说明顾客购买某种东西所带来的好处，

第十三章 营销口才

对这些好处作详细、生动、准确的描述，这是引导顾客购买商品的关键。"如果是我，为什么要买这个东西呢？"这样换位思考，就能深入了解顾客所期望的目标，也就能抓住所要说明的要点。最好用顾客的语言和思维顺序来介绍产品，安排说话顺序，不要一股脑儿说下去，要注意顾客的表情，灵活调整营销语言，并力求通俗易懂。

(二)认真倾听

"三分说，七分听"，这是人际交谈的基本原理——倾听原则在推销语言中的运用。在推销商品时，不能只顾自己介绍商品，还要"观其色，听其言"。除了观察对方的表情和态度外，还要虚心倾听对方议论，洞察对方的真正意图和打算。要找出双方的共同点，表示理解对方的观点，并要扮演比较恰当、适中的角色，向顾客推销商品。

(三)记住禁忌

在保持积极的态度时，沟通用语要尽量选择体现正面意思的词，选择积极的用词与方式。要保持商量的口吻，不要用命令或乞求语气，尽量避免使人丧气的说法。

"不好意思，让您久等了。"(大众说法)→"谢谢您的耐心等待。"(积极说法)

"问题是那种产品都卖完了。"→"由于需求很多，送货暂时没有接上。"

"你住在哪里？我还得给你送货。"→"请问，我可以知道您住哪里吗？我这就给您送货到家。"

"如果你需要我们的帮助，你必须……"→"我愿意帮助您，但首先我需要……"

"你没有弄明白，这次听好了。"→"也许我说得不够清楚，请允许我再解释一下。"

(四)"低褒微感"

"低"，就是态度谦恭，谦逊平易。"褒"是褒扬赞美。"微"是微笑，营销员要常常面带微笑，给顾客带来购物的好心情。"感"是感谢，由衷地感谢顾客的惠顾。如"谢谢您，正好是××元。""谢谢您，这是我们公司的发票，请收好。""谢谢您，欢迎您下次光临。"①

第二节 营销口才的技巧

在营销过程中，营销人员需要灵活运用营销语言技巧，向客户介绍产品或服务等方面的情况，以便成功地促使顾客决定购买或消费。而当销售过程中顾客有异议时，恰当的语言表达技巧又是转移或搁置矛盾、缩小或化解分歧的主要手段。同时，在阐述意见和要求时，合理的语言表达方式，既可以清楚地说明自己的观点，又不至于引起对方的不良反应。想客户之所想，帮助客户得到更多更好的服务，经营者就会发现，顾客不仅仅是满

---

① 罗纯. 演讲与口才实用教程[M]. 北京：北京邮电大学出版社，2011.

意，而是"铁定"消费营销人员的商品了。

一、设计营销陈述

营销陈述就是在营销过程中，营销人员向客户进行的产品或服务方面的清晰而简明的介绍。其作用：一是让客户通过营销陈述能清晰地了解自己的需求，为下一步的营销陈述作铺垫。二是创造消费、享受的氛围，让客户有满足的感觉。这是营销过程的核心部分。三是通过营销陈述化解客户异议，进入购买程序，实现商品销售。具体技巧如下。

(一)用客户能懂的语言介绍

通俗易懂的语言最容易被大众所接受，所以在语言使用上，营销人员要多用通俗化的语句，让自己的客户听得懂。营销人员对产品和交易条件的介绍必须简单明了，表达方式必须直截了当；表达不清楚，语言不明白，就可能产生沟通障碍，进而影响成交。

(二)用讲故事的方式介绍

人们都爱听故事，所以如果用讲故事的方法来介绍自己的产品，常常能收到很好的效果。

一位顾客挑选了许久，看中了一台海尔冰箱，她不放心地问海尔的营销人员："我这几年已经连续换了两台冰箱了，你们的质量有保障吗？"

营销人员没有直接回答，只是给她讲起海尔的总裁张瑞敏上任时砸冰箱的故事。故事讲完，那位顾客立刻对海尔冰箱的质量肃然起敬了。

许多商品都有一些有趣的话题：发明、生产过程、产品带给顾客的好处等。营销人员可以挑选生动、有趣的部分，把它们串成一个令人喝彩的动人故事，作为营销的有效方法。所以销售大师保罗·梅耶说："用这种方法，你就能迎合顾客、吸引顾客的注意，使顾客产生信心和兴趣，进而毫无困难地达到销售的目的。"

(三)用形象的描绘介绍

有位营销培训师总是给学员讲这样一句话："说话一定要打动顾客的心而不是顾客的脑袋。"而打动客户心的最有效的办法就是用形象的描绘。

一位先生和太太一起逛商场，太太试穿了一件紫色的羊绒大衣，那位卖衣服的小姐对她说了一句话，使本来只想试试并没有购买欲望的她毫不犹豫地掏出了钱包，先生拉都拉不住。这位营销人员对他太太说的什么话竟有如此大的魔力？那句话就是："穿上这件衣服可以成全你的美丽。"

"成全你的美丽"，一句话就使太太动心了。这位女店主说话很高明，很会做生意。在顾客心中，不是顾客在照顾她的生意，而是她在成全顾客的美丽。虽然这话也是赞誉之词，但让人听起来效果截然不同。

第十三章 营销口才

(四)用幽默有趣的语言介绍

许多人都喜欢和幽默风趣的人打交道,而不愿和一个死气沉沉的人待在一起,所以一个幽默的营销人员更容易得到大家的认可。当"危机"产生时,营销员恰当地应用幽默可化解客户的异议,避免冲突的发生,扭转局面,获得意想不到的效果。

肖伟是一家外卖公司的营销员。一天,他为一位客户送完餐,正要走的时候,客户突然叫住他:"等一等,你自己过来看一下!"肖伟问:"您还有什么事吗?"客户:"你看看你们的菜,里面怎么还有小虫子,你们这是在做菜吗?"肖伟说:"真是对不起,我马上给您换一份。不过这虫子可真是太聪明了,竟然知道什么是最好吃的东西!"客户说:"这……呵呵,好吧,既然这么好吃,我明天还要这道菜吧。但记住,我可不希望明天的菜里还有虫子来游泳。"

基于营销陈述在推销业务中的重要作用,在营销陈述之前,营销人员需要做好充分的准备。首先,要从客户角度出发,以客户为中心来组织陈述要点。其次,优化陈述序列。一个产品的相关信息有很多,其中有些是客户所关心的,有些是营销人员必须知道但客户却不感兴趣的。营销人员应把重点放在客户必须知道的信息上,特别是在客户提供的时间有限时,要先保证快捷而准确地传达给客户关键信息。

在营销陈述时,有的客户会担心如果表现出外行,就可能在交易中处于弱势,因而往往表现出一种挑战的神情,在洽谈中争强好胜。面对这种情形,营销人员要用温和的态度和专业的营销陈述来打消客户的疑虑。此外,当客户谈到价格时,营销人员不要立即认为客户不愿意听营销陈述,只关心价格。事实上,很多时候客户往往是在试探一下谈判的可能性,因为价格是最容易说出来的一个理由。所以客户常常也相应地由价格开始谈起。

好的陈述所产生的效果要大于公司和产品的知名度对客户的影响。因此,营销人员不必因为自己的产品没有做过广告,或知名度低而产生畏惧心理,实际上完全可以凭借自己专业的营销陈述来成功打动客户。[①]

二、理解顾客异议

在与顾客沟通的过程中,客户对营销人员所提供的产品或服务提出异议,这是很正常的现象。

(一)发掘异议

所谓异议,也就是顾客的不同意见,其实质是客户对于产品或服务的不满意。客户表达异议的方式多种多样,客户可能直接说对产品没有兴趣,也可能借口要开会或需要和其他人进行商量。这些异议可能是真的,也有可能是假的。但即使是假的异议,背后也往往隐藏着真的反对意见。客户的异议往往如同冰山,异议本身只是客户全部意思表达中很小

---

① 许利平. 职业口才训练教程[M]. 北京:北京交通大学出版社,2007.

的一部分，真正的异议是客户隐藏起来的那更大的部分，需要营销人员去进行深入发掘。

(二) 理解异议

异议的存在和积累往往会造成交易的失败。只有正确理解异议，才能科学化解异议，进而解决客户的疑惑，化解客户的不满。

从顾客方面来看，有的顾客对具有新功能的新产品、新的推销方式缺乏认识，没有认识与发现自己新的需要，还是固守原来的购买内容、对象、方式，因而对新事物提出异议；有的客户由于缺乏支付能力，而对自己喜爱的商品提出价格方面的异议等。

从营销方面来说，有的异议来源于产品质量与顾客的需求有差距，有的异议是因为商品定价不稳定，有的异议则是因为营销服务的态度与质量欠佳，产生矛盾的根源是极其复杂的。所以，营销人员不能要求顾客的一切异议都完全合理。解决问题的关键不在于营销人员能不能有理有据地驳倒对方异议中的不合理因素，而在于首先树立"顾客是上帝"的宗旨，并由此去理解顾客的不满，了解他们提出异议的合理性和客观性，以改进自己的服务，化解顾客的不满和抱怨。

(三) 化解异议

商品交易中经常出现磕磕碰碰的情况。有的顾客喜欢抱怨，横挑鼻子竖挑眼；有的营销员脾气暴躁、针锋相对，结果交易不成，还影响心情。聪明的营销者遇到异议，往往给顾客一个"台阶"，让对方心理平衡，使顾客愉快地购买自己的产品。

1. 劝说式

传统的优秀营销人员往往采用说服的方式，进行"劝说式销售"。只是这种方式解决一般异议尚可，如遇特殊异议很难奏效。

2. 合作式

合作式的营销人员通常主张双方共同协商找到解决问题的办法，从而克服异议。他们更注重考虑双方共同的利益，着眼于双方都能接受、较为妥善的解决方案，共同获得最大的利益，达到"双赢"。

3. 竞争式

竞争式的营销人员着眼于最大的利益，主张找到问题，即客户的真正利益所在，然后加以消除。但有时客户也坚持自己最大的利益，最终可能由于双方利益的严重冲突而导致交易的彻底失败，甚至永远失去客户。

营销过程中，无论采用哪种化解异议的方法，都要以平和的心态、赞赏的口吻让顾客感受到尊重和理解，只有这样营销沟通才能顺利进行。

第十三章 营销口才

第三节 主要营销环节的口才技巧

很多知名企业都遵循"顾客就是上帝"的宗旨,可是为什么在客户服务中做到了礼貌服务却依然不能使顾客忠诚而只是满意呢?"满意的客户不一定是忠诚的客户,而忠诚的客户一定是满意的客户",因此,培养能说会道的高级营销人员,让他们掌握营销口才技巧非常重要。

一、精彩的开场白

好的开始是成功的一半,客户听第一句话要比听以后的话认真得多。听完第一句话,许多客户就自觉不自觉地决定是尽快打发营销员走还是继续谈下去。因此,营销员在拜访客户之前一定要想好自己的开场白,给客户留下好的印象,为成交奠定基础。下面是一个营销员拜访客户的开场白。

营销员:"先生,您好!"
经理:"你是谁?"
营销员:"我是××公司的营销员——小杨,今天到贵公司,有两件事专程来请教您,因为您是行业中最有名气的经理。"
经理:"过奖了。"
营销员:"是的!大家都这么说,我今天是慕名而来啊。"
经理:"站着不方便,请进来说吧!"

从上例可以看出,好的开场白能够吸引对方的注意力,引起客户的兴趣,使客户有继续交谈下去的愿望。讲好开场白,需要注意以下三个方面。

(一)把握交谈时机

与客户第一次约见,把握好交谈的时机很重要。有很多营销员工作热情很高,也掌握了熟练的口才技巧,但还是经常遇到没等切入正题就被客户拒之门外的情况,这往往是因为没有选择好恰当的交谈时间。

如果在不恰当的时间与客户进行交流,客户就会认为自己的事情受到了干扰。比如,当客户情绪低落的时候,或正赶上客户忙得不可开交时,营销员贸然上门,通常都不会达到预期的沟通效果。现举例如下。

营销员:"您好,能否打扰您一下,我是××公司的营销员,以前贵公司买过我们的产品,现在想做一个使用调查,占用您一点点儿时间,可以吗?"
客户:"不可以!你没看见我正忙着吗?真是的,刚才总经理还打电话来催报表。我没有时间,你改日再来吧。"

如果营销员事先对客户的时间安排有所了解，就可以有效地避免尴尬局面的发生。对客户的具体时间安排了解得越清楚，营销人员就越容易找到合适时机与客户展开沟通，从而最大限度地避免无功而返或引起客户厌烦等情况的发生。

(二)形成亲和关系

人与人之间从毫无关系的两个人到认识，再到信任，甚至成为朋友，这需要彼此间心与心的交流。在与客户正式沟通前，营销员也要有意识地制造自己与客户之间的这种缘分，而制造这种缘分的关键就是让客户在第一眼看到你时有一种亲切感和亲和力。

亲和力的建立，就是通过某种方法让客户喜欢你、接受你，当客户对你产生这种依赖感时，自然对你的产品也会爱屋及乌。营销员要想和客户建立起亲和力，可以利用天气、利益、生活、新闻事件、兴趣爱好、赞美的话语等作为开场白的话题。例如："今天天气不错！""一家人都在这儿，真是温馨又热闹。""嗬，真气派，大家庭就是不一样！""啊，你也喜欢打网球呀。"

(三)语言准确流畅

在与客户交谈的开场白中，营销员准确流畅的语言除了能给客户带来惊喜、信任外，还可以给自己的第一形象加分。有些营销员辛辛苦苦地准备好各式各样的精彩开场白，就因自己一开口磕磕绊绊、吞吞吐吐，让客户产生了反感。要让自己的语言表达更加准确流畅，必须做到：语速适中、语调吸引人、吐字清晰、用词文雅、发音准确。

二、幽默的交谈语

幽默可以说是打开销售成功之门的金钥匙，它具有很强的感染力和吸引力，能让客户在会心一笑后，对营销员、产品或服务产生好感，从而诱发购买动机，促成交易的迅速达成。

"您好！我是××保险的崔林。""噢！又是保险公司的，你们公司的推销员昨天才来过，我不想买。""是吗？不过我总比昨天那个同事英俊潇洒吧！只不过个子矮了点。矮个没坏人，再说辣椒不是越小越辣吗？只需3分钟时间，你就会知道我与那位仁兄有何不同。"崔林的话引得对方开怀大笑，陌生感消失，洽谈得以进行。

做一个幽默的营销高手要做到：心中充满趣味的思想，注重收集幽默的资源，学会自嘲，善于妙用比喻；当然，最重要的是要对生活充满期待、热爱和自信，这是幽默的源泉。

三、精妙的对话语

好奇心是人们希望自己能知道或了解更多事物的不满足心态，是人类认识大自然和自

身的原动力。好奇心是"心灵的饥饿",没有人可以抵挡住好奇心的诱惑。营销人员要想使自己的产品引起客户的兴趣,就要设法使客户对产品产生好奇心,借助好奇心理与客户建立联系。

汤姆推销一款300美元的烹调器具。一次,他登门向一名客户推销,客户立刻拒绝了他:"我是不会购买这么昂贵的烹调器具的。"

第二天,汤姆仍然来敲这位客户的门,客户推开门,一看是他,立刻说:"我说过我是不会买你的东西的。"汤姆不答话,而是从口袋中掏出一张一美元的钞票,当着客户的面把它撕碎,对客户说:"你心疼吗?"客户吃惊地看着他,汤姆没等客户回答就离开了。

第三天,汤姆又来到这位客户门前,客户开门后,汤姆又掏出一张一美元的钞票,当着她的面把它撕碎。然后问:"你心疼吗?"

客户说:"我不心疼。你撕的是你自己的钱,如果你愿意,尽管撕吧。"

汤姆说:"我撕的不是我的钱,而是你的钱。"

客户很奇怪:"怎么会是我的钱呢?"

汤姆说:"你结婚已经20年了吧,如果这20年,你使用的是我的烹调器具做饭,每天就可以节省1美元,一年360美元,20年就7200美元,不等于就撕掉了7200美元吗?你今天还是没有用它,所以又撕掉了1美元。"

客户被汤姆的话说服了,立刻购买了他的产品。

(资料来源:美兰.让顾客心动[J].思维与智慧,2001(12).)

本例中汤姆利用悬念唤起了客户的好奇心,引发客户的注意和兴趣,使营销出奇制胜。唤起顾客好奇心的方法主要有:①提出刺激性问题,让客户不自觉地产生关注;②显露价值的冰山一角,诱使客户想获取更多信息;③朦胧介绍说明法,让客户自己去想象、去探索;④利用从众心理,如"××先生,我们为你的许多同行解决了非常重要的问题",从而让客户感到好奇而主动参与进来。

四、适时的赞美语

渴望被人赏识是人最基本的天性。赞美之于人心,犹如阳光于万物,让人增加自信,让人更有活力,让被称赞者更能接受、肯定自己。

一位年轻的女士来到羊毛衫柜台,仔细端详着一款羊毛衫。营业员迎上前说:"小姐,这款羊毛衫是专门为像您这样气质高雅的人设计的,质地好,款式新,品位高。"听了营业员的介绍,这位女士说:"是不错,只是不喜欢跟别人穿同样的衣服。"营业员笑着说:"这款式我们总共才进了3件,你是第一位买这种款式的顾客。"该女士最终买走了这款羊毛衫。

五、巧妙的提问语

会沟通的人都是会问问题的人,通过良好的提问,能够充分了解对方的想法,得到自己想知道的信息。销售也离不开巧妙提问。若营销员问得好、问得妙,就能留住客户的心,把生意做成。

营销提问的基本方式有以下几种。

(一)开放式提问

开放式提问是让客户用自己的语言来回答和解释营销人员的提问。例如,营销人员可以这样询问:"产品在使用过程中您感觉如何?""您觉得这种产品的哪些优势最吸引您?""您对目前的产品有哪些不满意的地方?"以开放式问题询问客户并耐心等待,或用鼓励的语言让客户作出比较深入、详尽的回答,可提高客户的参与性,完整地了解客户的需求。

(二)封闭式提问

封闭式提问是让客户在固定选项中简单地回答"是"或"不是"。例如:"……对您是否重要?""您是否在寻找……""这是我给您做的计划书,您看合适吗?"封闭式提问特别有利于将客户引向一个具体的话题。例如:

一位饮料导购员问消费者:"您觉得这种饮料好喝吗?"消费者:"不好喝。"导购员:"为什么呢?是太甜了?"消费者:"是的,还有些腻。"导购员:"除了太甜,有些腻之外,您还有没有其他的不满意呢?"消费者:"包装不好。"导购员:"是不便携带,还是不美观?"消费者:"颜色太深,不喜庆。"导购员:"还有不满意的地方吗?"消费者:"没有了,你真虚心。"导购员:"谢谢!"

在营销实践中,尽量多用开放式提问。如果客户的需求不够明确,要设法追问清楚。如果不能确定客户的需求,再用封闭式问题进行确认。因为过多的封闭式问题,容易让客户有被审问的感觉,甚至产生令人尴尬的沉默。

六、真诚的呼唤语

客户虽然可能对产品感兴趣,但与产生购买欲望还是有一段距离的。只有客户有了强烈的购买欲望,才会下定决心购买你的产品。因此,营销人员必须准确地把握住客户的心理,想方设法激发客户的购买欲望。

有这样一个汽车销售场景。一位年轻时尚的汽车营销员精神饱满、面带笑容地将客户引到汽车前面。

营销员:"这款车是流线型的,最适合年轻人开,尤其是这种银灰色,是今年最流行

第十三章 营销口才

的颜色，开出去既炫又亮眼。"(示意他可以触摸。)

客户："看起来很不错噢。"(客户打开门然后关上门，砰！)

营销员："您看多么扎实！这辆车的结构非常安全，从听关门的声音就知道。一般的车关门声都是空荡荡的，这个关门声您都听到了，多么扎实，单单听关门的声音就很舒服！"(营销员再打开车门，微笑着用手势招呼客户进到车里。)

营销员："您一进来是不是有一种紧紧包实的感觉？这样您开车过程中会觉得很安全；然后您看发动引擎，踩下油门，您有没有听到怒吼声？仿佛在说我想要出去兜风哦！"

客户："是啊，我感觉到了！"

营销员："当您拥有这样一辆车，您一定会得到朋友和同事们更多的美慕，而且很适合您的身份和气质。"

客户："那好吧，就要这一辆了！"

这位营销员通过让客户触摸车身、开关车门、坐进车里等，成全了客户的参与感；通过强调安全性和舒适性，满足了客户的心理需求，从而激发出客户购买的欲望，最终交易成功。

给顾客一个购买理由，主要从以下几个方面考虑：①实用、省时、经济耐用上的考虑；②健康方面的考虑；③舒适与方便上的考虑；④安全上的考虑；⑤多样化和消遣上的考虑；⑥爱好和兴趣上的考虑；⑦声誉和认可上的考虑。

七、耐心的倾听语

日本推销大师原一平曾说：对推销而言，善听比善说更重要。在如今竞争激烈的市场中，一个营销员仅仅拥有能说会道的"口才"是不够的；要成为一个顶尖的销售员还要具备另一种能力，那就是倾听。

丰女士来到彭老板的水果摊前，彭老板见丰女士面露喜色，便问："阿姨，什么事这么高兴啊？"丰女士乐呵呵地说："快抱孙子了！"彭老板马上说："恭喜！恭喜！喜欢吃酸的吧？"丰女士说："是啊，我看你的橘子挺好的。"彭老板说："这是刚进的，酸中带甜，维生素 C 特别丰富，您儿媳吃了，准能生个大胖小子。""是吗？给我来 5 斤。"丰女士大声说道。

(资料来源：罗纯. 演讲与口才实用教程[M]. 北京：北京邮电大学出版社，2011.)

倾听对销售的帮助体现在：第一，倾听是对客户的一种尊重；第二，倾听能真实地了解客户，增加沟通的效力；第三，倾听才能思考；第四，倾听可以全面了解客户的需求。有效倾听客户的言辞可以让营销人员获得全面准确的信息，从中创造和寻找成交时机，所以，营销时不仅要带上自己的"嘴巴"，也要带上自己的"耳朵"。

演讲与口才实训教程(第4版)

单项技能训练

一、假如你是某公司的推销员,在市场调研与分析的基础上,请确定并描绘你的客户。

(1) 描述你的当前客户:年龄段、性别、收入、文化水平、职业、家庭、民族、社会阶层、生活方式。

(2) 他们来自何处?(本地、国内、国外)

(3) 他们买什么?(产品、服务、附加利益)

(4) 他们每隔多长时间购买一次?(每天、每周、每月、随时、其他)

(5) 他们买多少?(按数量、按金额)

(6) 他们怎样买?(赊购、现金、签合同)

(7) 他们怎样了解你的企业?(网络、广告、报纸、广播、电视、口头、其他)

(8) 他们对你的公司、产品、服务怎么看?(客户的感受)

(9) 你的市场有多大?市场份额是多少?(按地区、按人口、按潜在客户)

(10) 你想让市场对你的公司产生怎样的感受?

二、营销陈述设计训练。

在教师指导下,由学生自由组合成 4~6 人为一组的产品推广小组,并确定负责人。根据营销口才知识,结合当地市场实际,为某一产品设计几段营销陈述。

综合技能训练

一、阅读个人成功案例,先独立进行分析再讨论交流。

【案例1】 三句话销售伊爱

我做营销有个习惯,就是要销售一件东西前,先到目标单位应聘,这样做第一锻炼了我的口才表达,第二把自己的身价摆低,容易沟通,隔山打牛,指东打西。

一次偶然的机会,我去了太原,看到大昌集团汽车租赁公司招聘人员,我想,是个机会(我兼职做 GPS 产品销售,就是汽车卫星定位系统),因为租赁汽车最需要这个产品,我就以应聘人的身份接触了大昌集团的负责人。

按照应聘的程序谈完话,我就把话题转移,谈到 GPS 话题,果然他们正为这个事情举棋不定,因为品牌太多。我就用三句话做成了这笔业务,使得伊爱和大昌成功合作。

对方问我:你为何要推荐伊爱品牌呢?

我答:我出于贵公司和伊爱作为朋友的立场,因为选择伊爱,就选择了质量的保障。我的实践经验告诉我,伊爱品牌是我经历吃亏才选择的,经验教训很珍贵。给你推销高质量产品,是我的荣幸,也是你的荣幸。

对方问我:价格是不是太贵了?

第十三章 营销口才

我答:价格不是重要因素,这个产品最重要的是服务保障。试想,你用了价格很低质量很次的产品,汽车丢了都找不到,你还用它吗?汽车的价值很高的呀!

对方问我:有的产品很小巧,你的这么大,是不是不够精密?

我答:小巧不一定就精密,合适才是最有效的。伊爱产品的大小是建立在合适基础上的。

就这样,大昌集团通过考察,最终和伊爱建立了长期稳定的合作。

(资料来源:http://xk.cn.yahoo.com.)

【案例2】八层楼的高度

他又来到了这幢楼下。

他仰望一眼 8 楼最东边的那个亮着灯光的窗户,心里满怀犹豫:"上,还是不上?"他知道自己今天要再上就是第 5 次上这 8 层楼了。前 4 次虽然每次都是挂着满头的汗珠跨进那家的门槛,但得到的回答都是同样一句话:"今天我没空,请改日再来!"他明显感受到那家主人是看不起自己,在有意搪塞敷衍,他后悔自己不该在第一次跨进他家门槛就说出自己是靠推销商品混日子的,是来求教上门推销商品经验的。但他又觉得不平:你神气个啥?你原先不也是个下岗职工,不也是靠推销商品过日子的嘛!这几年发了,办了公司,当了老板就看不起人了?报纸上还说你乐于助人呢,呸!在第二次听他说"今天我没空,请改日再来"之后,他就曾暗下决心不再来了,人总得有点骨气嘛!但当他满街乱转,累得腰酸腿疼,说得口干舌燥也销不了几瓶"去油污剂"时,便又不知不觉地转到了这幢楼下。

"上",他下了决心。

当他拎着装满"去油污剂"的大包登完 8 层楼梯,第 5 次挂着满头汗珠按响那家的门铃时,主人不同以往地开门把他让进屋,又不同以往地说:"你三番五次来我家够辛苦的,为了不让你太失望,我今天买两瓶'去油污剂',但今天仍没空和你谈别的,等以后再说。"

他再次失望,失望中第一次掺进义愤:你也太高傲自大了,算什么先进人物?报社记者瞎了眼!但他想到主人要买他的"去油污剂"能让他挣几个钱时,心里已有些慰藉,取不到经挣到钱也行。于是他像在别的人家一样放下提包,打开,要主人随意取一瓶开塞,先在厨房排油烟机上做实验,当看到一处处油渍转眼消失,主人当即夸赞"这东西灵光,我买 10 瓶。"他马上说:"一下买 10 瓶不行,这东西有效期短,过了期就会失效,你先买两瓶,以后我会及时再来。"

"好,听你的,就买两瓶。"主人随即掏口袋付钱,两瓶 50 元。

他接过钱想再等会儿,请他多少传点经,主人却做欲关门状,他只得离去。

回到家,清点当天的收入,他发现货款不符,多收了 50 元,显然是哪个买主错给他的。他心里不安起来:"怎么能多拿人家钱呢,这是不义之财!"他决定给人家退回去,可是是谁错给他的呢?他回忆今天所有买主的房号门牌,马上出发,逐户询问,好在今天买主只有 6 户,当前 5 户都回答没有错给他钱后,他又登上这 8 层楼来到这个已让他来过 5 次的家。主人听他说明来意后,告诉他这钱是他错给的,而且是有意将一张 100 元整钞当 50 元给他。他气红了脸:"你……你耍我!""不是耍你,是测试你,你不是要取经吗？告诉你，你已经踏上了成功之路，不需要取什么经了。"

"这……"他大惑。

主人说："我的体会，一个人要成功，一靠不辞辛劳，要吃得苦中苦；二靠至诚至信赢得广泛信誉，这二者你都出色地具备了。"主人告诉他，前面 4 次让他看冷眼是要测试他的意志和精神：一次次拎着大包登 8 层楼还要看冷眼，没有坚强的意志和吃苦耐劳的精神是做不到的。主人还说，凭他自己的经济实力，什么房子买不到？但他还要住这不带电梯的 8 层楼，就是为了锻炼自己的意志和精神。

"噢！"他若有所悟，情不自禁地向主人鞠一躬，说了句："谢谢!"

之后，他推销的"去油污剂"日渐增多。后来，他有了自己的公司，成了老板。

(资料来源：http://www.wsbedu.com.)

二、阅读下列失败案例，进行分析讨论。

【案例 1】记得刚做汽车配件销售的时候，有一次好不容易得知一个大量求购的信息，于是自己找到了客户的联系方式，心里像揣着七八只小兔似的给对方打过去了电话，是一位女士接的。我问："你好，是××公司吗？我有您所要的配件！"然后就完了，等待对方的回音。过了几秒钟，听到那位女士说："哦！谢谢！"我也没考虑，就回答了句："不客气！"然后人家就直接和我 Bye-bye 了！我现在回想起来，觉得自己当时真是很傻，怎么那么不会推销自己，还说了句"不客气！"现在我再主动找客户联系，已经可以从容应对了！

【案例 2】老王想换一部新手机，来到商场。

营业员："买手机？这款不错。"

老王："可是它太贵了。"

营业员："我们有便宜的啊，只不过没有上网功能。"

老王："要是没有上网功能我为什么要换一部新手机呢？"

营业员："既想马儿好，又想马儿不吃草，天下哪有这样的美事？"

老王："你怎么说话呢？"

营业员："爱买不买，没事找事。"

老王愤然离开。

三、模拟推销。

广州好迪化妆品有限公司主要生产"好迪"牌洗发、护发、护肤、清洁、儿童等几大系列 80 多个品种的产品。"好迪"牌洗发水的广告口号是"大家好，才是真的好"，突出产品的大众性和好品质。

(1) 请将班上的同学分成 3 个小组，每个小组选出 3 个人模拟营销员采用直销的方式进行产品销售。

(2) 营销员通过老顾客转介法，向一位潜在顾客进行产品推销。首先运用电话预约获得该客户的家庭住址，并约定见面时间；然后，上门拜访，进行推销。

第十四章 谈 判 口 才

【案例导入】

谈判口才是现代人必须具备的重要能力之一。当今世界大到国际争端,小至家庭纠纷,都可以通过谈判的方式来解决。

某轴承厂与某农机厂进行商务谈判,在交货时间上发生了分歧,谈判陷入僵局。

农机厂厂长:本厂定做的各种型号的轴承,必须在一个月内全部交货!

轴承厂厂长:一个月内交货,仅所需的原材料都不可能全部到位,巧妇难为无米之炊哟,请你们谅解,两个月内交货,我们是可以做到的。

农机厂厂长:两个月交货会严重影响我厂的总装进度。

轴承厂厂长:我们非常理解你们的急需,也请你们体谅我们的实际困难。这样吧,我们提前半个月,一个半月保证交齐。

农机厂厂长:好吧,我们同意,但是第一个月月底必须交货70%。

高效的谈判可以促成买卖双方的交易,解决买卖双方的争端,并取得利益的共长共赢。上例谈判为什么能够成功?谈判口才有哪些技巧呢?

【本章要点】

- 谈判口才概述。
- 谈判口才的策略。
- 谈判口才的技巧。

第一节 谈判口才概述

谈判是"谈"出来的,离开了话语言谈,就不称其为谈判了。了解谈判理论,是进行有效谈判的前提条件。

一、谈判口才的含义

谈判是什么?广义地说,凡是生活中的讨价还价都是谈判。狭义地说,谈判是指有准备、有步骤地寻求意见、利益协调,通过口头协商,并以书面形式予以反映的磋商过程。

所谓谈判口才,就是在一定的时空条件下,谈判主体运用准确、得体、恰当、有力、生动、巧妙、有效的口语表达策略,同对手进行磋商,以达到特定的经济或政治目的,取得圆满的口语表达效果的艺术和技巧。

二、谈判口才的特征

谈判与口才密不可分，一切谈判都要经过双方人员的口才较量，然后才能达成协议。谈判的过程就是口才的运用和发挥的过程。谈判口才具有以下四个方面的特征。

(一)目的的功利性

促使谈判的动力是人们的需要，谈判各方都是为了满足自己的功利需要而走到谈判桌前。因此，无论是个人间、组织间，还是国家间的谈判，都为着不同功利需要而在进行着言语交锋。

(二)话语的随机性

谈判时，谈判人员必须根据不同的对象、不同的内容、不同的阶段、不同的时机来随时调整自己话语的表述方式，包括不同的句型、语气、修辞，随机应变地运用自己的口才技巧，与对方周旋于谈判桌上。

(三)策略的睿智性

谈判与论辩一样，既是口才的角逐，也是智力的较量：或言不由衷，微言大义；或旁敲侧击，循循暗示；或言必有中，一语道破；或快速激问，或絮语软磨……出色的谈判大师总是善于鼓动如簧巧舌，善于调动手中的筹码，以取得理想的谈判效果。

(四)战术的实效性

谈判不同于朋友之间的聊天，也不同于情人之间的绵绵絮语，谈判注重效率，在战术上具有实效性的特征，这也是它独具的特征之一。谈判之初，参谈各方都有自己预定的谈判决策方案，其中包括各谈判阶段所安排的内容、进度、目标，以及谈判的截止日期等。这种实效性特征也可以用作迫使对方让步的武器。

三、谈判口才必需的心理素养

要使谈判顺利、有效地进行，谈判者必须具备以下心理素养。

(一)保持充分自信

一位谈判高手曾说："自信使人心服。相信你在谈判论辩进程中的表现。如果做不到这一点，你就失去了机会。"的确，我们无法想象一个畏畏缩缩的人会在谈判中获得成功。自信从哪里来？自信来源于谈判前的充分准备和谈判中的沉着与微笑。谈判前的准备包括积极分析资源(如利我资源、利他资源、弊我资源、弊他资源等)、搜集主题信息、丰

富相关知识(包括谈判的技巧知识和谈判主题所涉及的各方面知识)。如果你对谈判主题有关的各种信息的把握比对方更加迅疾和丰富,那么在谈判中往往会占主动地位,你将能够明确地指出对方的问题所在,从而迫使对方作出让步。

(二)积极控制情绪

尽管谈判桌不是战场,但是对不同的观点进行论辩、妥协,总会出现许多情绪异常激动的场面。在这种情况下,你必须很好地控制自己的情绪,什么时候该收敛情绪,什么时候该爆发情绪,都要根据谈判的进程而定,千万不要让情绪主宰了你,而使自己成了情绪的奴隶。

(三)学会认真倾听

心理学研究发现,在语言交流中,人们更愿意被倾听。因此,对于谈判者来说,不仅需要运用机智幽默的语言阐述自己的观点,同时还需要养成一个重要的优秀品质,那就是认真倾听对方的谈话。这一方面体现了你对对方的尊重,体现了自身良好的人品修养和人格魅力,给对方以人格魅力的威慑;同时,也能够在认真倾听之中把握更多的你所需要的信息,及时调整自己的谈判策略。①

第二节　谈判口才的策略

从某种意义上说,谈判是一场智慧的较量,策略在谈判过程中发挥着重要作用。策略包含战略、战术(技巧)两层意思。战略是指谈判中所体现的原则、方针等指导思想,而战术是指实施战略所采用的方法。

一、谈判口才的思维策略

运用谈判思维策略,可以帮助谈判者掌握谈判主动权,取得比较理想的谈判效果。

(一)主动出击

谈判中几方的立场往往会有"主动—被动"交替的现象,这是正常的。但是如果一味地处于被动立场,被对方牵着鼻子走,对方问什么,你就答什么,缺乏提问意识,缺乏控制全局的能力,就对你的谈判非常不利。

(二)把握底线

谈判是彼此权衡利弊,作出一些妥协和让步的决策活动。谈判者应该明确自己在谈判中应获得的基本需求(即根本需求或首要需求)和派生需求(即次级需求)分别是什么,这样才

---

① 罗纯. 演讲与口才实用教程[M]. 北京:北京邮电大学出版社,2011.

能在谈判中灵活把握什么是必须保证的，什么是可以舍让的。如果你的需要是多方面的，那么你就需要对这些需要按照强弱程度进行排序，使自己对谈判的进程心中有数。

(三)制定目标

制定目标即制定自己的分阶段、分步骤目标，以促成自己目标的实现。

(四)灵活变通

立场是指谈判的立脚点。谈判中，双方刚开始都是站在各自的立场上发言。我们可以做一个简单的假设，如果双方都死死地坚持自己的立场不改变，那么谈判的让步是很难实现的，谈判的成功也往往会付出更多艰辛。另一方面，谈判中灵活变通立场并不等于放弃自己的立场，而是学会从不同的思维角度重新考虑这个问题，也许会收到"柳暗花明又一村"的出人意料的效果。

(五)注意方法

注意方法，是指在何处、何种问题上，采用什么手段，以及如何运用这些手段。

(六)讨价还价

谈判离不开讨价还价。在西方国家，不仅商务谈判要进行讨价还价，其他活动如企业兼并、劳资纠纷、与政府官员周旋等谈判活动，也需要讨价还价。

(七)关注长远

我国有一句古训："人无远虑，必有近忧。"谈判中的利益，有的是短期利益，有的则是长远利益，作为一个聪明的谈判者，更应该关注的是长远利益。

(八)全面考虑

中国有一句古训："知己知彼，百战不殆。"只有明白对方需要什么，我们才能够在允许的范围内进行从容的进退。同时，这样的思维方式能够保证你学会站在对方的立场上思考，了解对方的期望值，对谈判进行整体的认识，以更广阔的思维空间和视野全盘考虑，使整个谈判过程更多地呈现出合作的性质。

(九)寻找共性

谈判是在观点不一致时开展的决策活动。很多时候，谈判会因意见不一致而陷入僵局，影响谈判进程。在这种情况下，"寻找各方共同因素"是一个可行的方法。共同因素是指各方共同感兴趣的话题，这一话题可以是谈判范围内的，也可以是谈判范围外的，包括共同的饮食习惯、体育爱好等。这些共同因素可以拉近谈判者的距离，缓和谈判过程中的对立情绪，从而促进谈判的顺利进行。

二、谈判口才的攻防策略

谈判口才的策略不胜枚举，根据双方所处的地位，可分为攻势策略和防御策略两大类。

(一)攻势策略

当谈判一方实力较强，处于主动地位时，可以发起攻势，迫使对方作出更大让步。

1. 软硬兼施

同一谈判班子中，某人扮演固执己见的顽固角色，而另一个人则扮演通情达理的老好人角色，即我们通常所说的一个唱白脸，一个唱红脸。两人一唱一和，如演双簧，虚实难分，软硬兼施，就是一种常用且很奏效的策略。

2. 反向诱导

为了说服对方接受某主张，可以提出一项恰恰相反的主张，即逆向谈判法。有的谈判对手往往怀疑对方建议的诚实性，为此，故意提出一条截然相反的建议，可以诱导其接受先前的建议。

3. 最后期限

大多数谈判，常常到了谈判的最后期限或临近这个期限时才达成协议。如果拖延谈判时间，或者在谈判开始时规定最后期限，也是一种谈判策略。如一位英国公司的代表被派往美国谈判。美方在接待的时候得知对方两周后必须返回，美方没有急于开始谈判，而是用 10 天时间陪他在各知名景点旅游，每天晚上安排宴会或舞会盛情款待。谈判终于在第 11 天开始，但每天都早早结束，为的是客人能够去打高尔夫球。终于在第 14 天谈到重点，但这时候英国人该回去了，没有时间和对方周旋，只好答应对方的全部条件，签订了协议。

(二)防御策略

当谈判中的一方处于被动局面时，就采用防御策略。

1. 先发制人

对方处于绝对优势时，往往提出十分苛刻的条件。这时自己可以先发制人，抢先开出条件，并以此作为谈判的基础。

2. 避重就轻

谈判的目的是要使双方得到利益上的满足。当谈判出现僵局时，在重要问题上仍要坚持立场，而在次要利益上可以作出适当的让步。

3. 抑扬对比

如果在谈判过程中，对方趾高气扬，宣扬自己的优惠条件从而压迫你时，你要根据自己占有的详细资料，采用抑扬对比策略予以对付。"抑"是贬低对方所说的条件，"扬"是在适当时候强调突出己方的优点。

4．原地退后

有一种舞蹈动作，看起来在后退，实际上还在原地。在谈判中也可以作出这种无损失的让步，让对手感到满足。

5．虚设转嫁

当对方实力雄厚、咄咄逼人时怎么办？可以虚设后台，拒绝对方，并把责任推给虚设的后台上。例如，向对方讲"上级有指示"或"不在自己权限范围内"等，这样，可以将自己的处境转劣为优。

6．缓兵解围

当对方占据主动，己方一时不能接受对方的要求导致谈判僵局时，可采用缓兵解围策略。例如，宣布休会，即暂时终止谈判，以便取得更多的时间制定应付的策略，这样往往能使谈判从"山重水复疑无路"转到"柳暗花明又一村"的境界。

7．理智让步

谈判双方各自坚持自己的利益，互不相让，形成僵局，这是谈判桌上常见的现象。这时，如果没有一方愿意作出让步，那么谈判就不可能取得成功。让步是保证谈判获得成功的原则和策略，在谈判中让步，不是一件容易的事情。每一次让步，均应考虑其对全局的影响。

第三节　谈判口才的技巧

谈判口才的技巧主要有答复、说服、拒绝等，掌握这些技巧，有利于提高谈判技能。

一、谈判中的答复技巧

谈判中回答问题，不是一件容易的事，答话者对自己回答的每一句话都负有责任，因为对方可以把你的回答理所当然地认为是一种承诺。因此一个谈判者水平的高低，很大程度上取决于答复问题的水平高低。掌握谈判的答复技巧应注意以下要领。

(一)不作彻底回答

答话者要缩小问题的范围，或者对回答的前提加以修饰和说明。例如：

对方对某种产品的价格表示关心，直接询问其价格。如果彻底回答对方，把价钱一说了之，在后面的谈判中，回答的一方可能就比较被动了。倘若这样回答："我相信产品的价格会令你们满意，请先让我把这种产品的几种性能作一下说明好吗？我相信你们会对这

种产品感兴趣的……"这样回答，就巧妙避免了一下子把对方的注意力吸引到价格问题的焦点上来。

(二)不给确切答案

回答问题要给自己留一定余地，不要过早地暴露自己的实力。通常可以先说明一种类似的情况，再拉回正题；或者利用反问的方法把重点转移。例如：

"是的，我猜想你会这样问，我可以给你满意的答复。不过，在我回答之前请允许我提一个问题。"

若是对方还不满意，可以这样回答："也许你的想法很对，不过你的理由是什么？""那么，你希望我怎么解释呢？"等。

(三)减少追问机会

问话者如果发现了答话者的漏洞，往往会刨根问底地追问下去。所以回答问题时要特别注意不让对方抓住某一点继续发问。为此，借口问题无法回答也是一种回避问题的方法。例如：

"这是一个无法回答的问题。"
"这个问题只好留待今后解决。"
"现在讨论这个问题为时尚早，是不会有什么结果的。"

(四)争取思考时间

回答问题前必须谨慎，对问题要认真思考，要做到这一点就需要有充分的思考时间。

一般情况下，谈判者对问题答复的好坏与思考时间成正比。正因为如此，有些提问者会不断地催问，迫使你在对问题未进行充分思考的情况下仓促作答。这种情况下，作为答复者更要沉着，你不必顾虑谈判对手的催问，而是转告对方因认真思考，需要时间。

(五)弄清对方用意

谈判者回答问题，应该具有针对性，有的放矢，因此有必要了解问题的真实含义。同时，有些谈判者会提出一些模棱两可或旁敲侧击的问题，意在以此摸对方的底。对这一类问题更要清楚地了解对方的用意，否则，极易造成己方的被动。

(六)巧妙拖延答复

谈判时，谈判者有时可以用资料不全或需要请示等借口来拖延答复。比如，可以这样回答：

"对你的提问，我没有第一手的资料来作答，我想，你是希望我为你做详尽并圆满的答复的，但这需要时间，你说对吗？"

当然拖延时间只是缓兵之计，它并不意味着可以拒绝回答对方所提出的问题。因此，谈判者要进一步思考如何来回答问题。[①]

二、谈判中的说服技巧

谈判中能否说服对方接受自己的观点，是谈判能否成功的一个关键。谈判中的说服就是综合运用听、问、叙等各种技巧，改变对方的起初想法而接受己方的意见。说服是谈判过程中最艰巨、最复杂同时也是最富有技巧性的工作。

(一)创造说服对方的条件

1．创造宽松的谈判环境

宽松的谈判环境可以使双方建立起信任并形成和谐的气氛。

1972年2月，美国总统尼克松访华，中美双方将要展开一场具有重大历史意义的国际谈判。中国方面在周恩来总理的亲自领导下，对谈判的环境做了精心周密的准备和安排，甚至对宴会上要演奏的中美两国民间乐曲都进行了精心的挑选。在欢迎尼克松一行的国宴上，当军乐队熟练地演奏起由周总理亲自选定的《美丽的亚美利加》时，尼克松总统简直听呆了，他绝没有想到能在中国的北京听到他如此熟悉的乐曲，因为，这是他平生最喜爱的并且指定在他的就职典礼上演奏的家乡乐曲。敬酒时，他特地到乐队前表示感谢，此时国宴达到了高潮，而一种融洽而热烈的气氛也同时感染了美国客人。一个小小的精心安排，赢得了和谐融洽的谈判气氛，这不能不说是一种高超的谈判艺术。

(资料来源：http://www.blog.163.com.)

2．改善与对方的关系

当一个人考虑是否接受说服之前，他会先衡量说服者与他熟悉的程度，实际就是对你的信任度。对方在情绪上与你对立时，不可能接受你的劝说。

3．强化说服的理由

在进行说服时，还要注意向对方讲你之所以选择他为说服对象的理由，使对方重视与你交谈的机会。

4．把握说服的时机

在对方情绪激动或不稳定时，在对方喜欢或敬重的人在场时，或在对方的思维方式极端定式时，暂时不要说服。这时你首先应当设法安定对方的情绪，避免让对方失面子，然后才可以进行说服。

[①] 罗纯. 演讲与口才实用教程[M]. 北京：北京邮电大学出版社，2011.

(二)掌握说服对方的技巧

1．努力寻求共同点

谈判者要说服对方，应努力寻求并强调与对方立场一致的地方，这样可以赢得对方的信任，消除对方的对抗情绪，然后用双方立场的一致性为跳板，因势利导地解开对方思想的扭结，说服才能奏效。

2．反复强调一致性

说服工作要立足于强调双方利益的一致性，淡化相互间的矛盾性，这样对方就较容易接受你的观点。

3．诚挚分析利弊处(或点)

诚挚地说明利弊得失，既要讲明接受你的意见后对方将会得到什么样的益处，己方将会得到什么样的益处，也要讲明接受你的意见，对方的损失是什么，己方的损失有哪些。这样做的好处是：一方面使人感到你的客观、善解人意；另一方面当对方接受你的意见后，如果出现了恶劣的情况，你也可以进行适当的解释。

4．认真研究难易度

谈判中的说服是一种思想工作，因此也应遵照循序渐进的方针。开始时，要避开重要的问题，先进行那些容易说服的问题，打开缺口，逐步扩展。一时难以解决的问题可以暂时抛开，等待时机再行说服。

5．坚决杜绝欺诈术

说服不是压服，也不是骗服，成功的说服必须要体现双方的真实意思。采用胁迫或欺诈的方法使对方接受意见，会给谈判埋下危机。

三、谈判中的拒绝技巧

谈判中，讨价还价是难免的，也是正常的，有时对方提出的要求或观点与自己相反或相差太远，这就需要拒绝、否定。但若拒绝、否定方法死板、武断甚至粗鲁，会伤害对方，使谈判出现僵局，甚至导致谈判失败。高明的拒绝否定应是审时度势、随机应变、有理有节地进行，让双方都有回旋余地，使双方达到成交的目的。

(一)问题法

问题法就是面对对方的过分要求，提出一连串的问题。这一连串的问题足以使对方明白你不是一个可以任人欺骗的笨蛋，无论对方回答或不回答这一连串的问题，也不论对方承认或不承认，都已经使他明白他提的要求太过分了。

"您说有了A可以使B工作得更好，那么您可以描述一下A的特征吗？"

"如果将两者结合起来考虑，那么最终将会产生什么样的影响？这对约束期限又有什

么潜在影响？"

(二)幽默法

在谈判中，有时会遇到不好正面拒绝对方，或者对方坚决不肯让步的情况，此时用幽默的话语加以拒绝，往往能产生好的效果。

某蔬菜公司一位副科长到外地调运蔬菜，卖方想趁机捞上一把，因而报价很高，双方谈判眼看就要搁浅，这让副科长心急如焚。然而，为了稳住对方，他幽默地说："其实你们把我给看高了，我只不过是个小科长，而且还是个副的，手里能有多大权力？今天天气这么热，我花大价钱做一笔赔本的买卖，这个责任我想担也担不起啊！"小科长的这番幽默既表明了自己在价格上的态度，又让对方感到在价格上的强人所难，最终卖方选择了让步。

(三)迂回补偿法

谈判中仅靠以理服人、以情动人是不够的，毕竟双方最关心的是切身利益，断然拒绝有时会激怒对方，甚至使交易终止。假如在拒绝时，在能力所及的范围内，给予适当的优惠条件或补偿，往往会取得曲径通幽的效果。

房地产开发商在与电梯供销商谈判时，对供销商报价较其他同业稍高极为不满。供销商信心十足地说："我们的产品是国家免检产品，优质原料，进口生产线，相对来说成本较高，但我们的产品美观耐用，安全节能，而且售后服务完善，一年包换，终身维修，每年还例行两次保养维修，解除您的后顾之忧。相信您能作出明智的选择。"

(四)不说理由法

谈判中你最怕说什么？很多谈判者的回答是：最怕说"不"。"不"是一切词汇中最具魅力的一个词，它意味着自我、独立、尊严，是拒绝的最高境界。"不"也是谈判桌上最具弹性的一个词，不能多用，也不能不用，它可能给谈判带来希望，也可能带来灾难。对于对方提出的不合理条件，要敢于说"不"，更要善于说"不"。

苏联外长葛罗米柯是精通谈判之道的高手。他在对手准备了无可辩驳的理由，或者无法在理论上与对手一争高低，或者不具备摆脱对方的条件时，他的看家本领是不说明任何理由，光说一个"不"字。美国前国务卿万斯早就领教过葛罗米柯的"不"战术。1979年，他在维也纳同葛罗米柯谈判时，出于好奇在谈判中记录了葛罗米柯说"不"的次数，一次谈判下来竟然有 12 次之多。平心而论，葛罗米柯之所以历经四位苏联领导人的变换而不倒，先后同九位美国总统谈判而不败，这种不说明理由的"不"战术，是他众多法宝中的重要法宝之一。

(资料来源：http://zhougangman.blog.sohu.com.)

很多情况下是不能如此直接说"不"的，要想委婉地拒绝，巧妙地说"不"，有以下建设性做法：用沉默表示"不"；用拖延表示"不"；用推脱表示"不"；用回避表示

"不"；用反话表示"不"；用客气表示"不"；还可以运用那句韵味十足的"无可奉告"。

四、谈判中的应对技巧

谈判是一场顽强的性格之战，因为我们要接触的谈判对手可能千差万别，无论经验如何丰富，也很难做到万无一失。因此，对于各种不同的谈判对手，可以视其性格的不同而加以调整，具体方法如下。

(一)深藏不露的对手

这是谈判中最危险的对手，切不可掉以轻心。这种对手的特点是：不露"庐山真面目"，城府很深，难以摸透他们想说什么或想做什么；精于"装糊涂"，善于伪装，有时好像没听懂对方所表达的意思，回答问题吞吞吐吐，闪烁其词；惯于"后发制人"，开始不动声色，默然观察，揣测对方，时机一到便出其不意地发起谈判攻势，使对方无法招架而败北。

碰到这种谈判对手，要有高度的警惕性和清醒的头脑，灵活地综合运用谈判策略：首先必须挖空心思探测对方的情报和底细，使其露出"庐山真面目"。比如可以通过其他途径了解他的特别嗜好，以期打开吐露真情的"缺口"。其次要学会运用谈判中的体态语言，特别要注意他的眼神和表情的细微变化，揣测他同意什么，反对什么。再次以"是非"提问的方式征求有关谈判项目的意见，让其做出肯定或否定的回答。最后自己要从容不迫，静观其变。

(二)顽强固执的对手

这种对手的特点是具有"韧"性，精力充沛，在谈判中能锲而不舍地坚持到底，即使遇到困难也不灰心，在谈判进程上既不一鼓作气，也不拖拖拉拉，而是精力和毅力有机结合，适应谈判进度；固执已见，不轻易改变自己的观点，有时事实已证明他的办法行不通，也要"倔强"到底，我行我素，不给别人留下任何余地。

碰到这类对手，可以采取"以柔克刚"的办法，必须保持冷静和耐心，温文尔雅地与之交谈，力求通过"感化"向谈判目标推进。同时要尽力寻找对方的弱点，包括对方的谈判实力和个性弱点，把诱发需求和利用弱点结合起来，也许有成功的希望。另一种办法是虚虚实实，软硬兼施。比如你设法提出一项对己有利或对双方有利的建议，看看对方如何反应。必要时也可找借口制造"冲突"，向对方施加压力。

(三)热情爽快的对手

这种人的性格特点是在商场上有些松松垮垮，他们谈判准备往往不充分也不是很细致。这些人较为和善、友好、容易相处，具有灵活性，对建议性意见反应积极。所以与这样的对手谈判表现出热情友好，多提建议性意见，谈判成功就很容易。

(四)冷静沉默的对手

这种性格的对手在谈判的喧嚣阶段表现沉默。他们从不激动,讲话慢条斯理。他们在开场陈述时十分坦率,愿意使对方明悉有关他们的立场。他们擅长提建议性意见,作出积极的决策。在与这种性格的人谈判时,应该坦诚相待,采取灵活和积极的态度。

(五)犹豫不决的对手

在这种性格的人看来,信誉第一重要,他们特别重视开端,往往会在交际上花很长时间,其间也穿插一些摸底。经过长时间广泛、友好的会谈,增进了彼此的敬意,也许会出现双方共同接受的成交可能。与这种性格的人做生意,首先要防止对方拖延时间和打断谈判,还必须把重点放在制造谈判气氛和摸底阶段的工作上。一旦获得了对方的信任,就可以大大缩短报价和磋商阶段,尽快达成协议。

(六)自大霸道的对手

由于具有自身优势,这种性格的人十分注重保护其在经济贸易以及所有事情上的垄断权。与这种人过招儿应做到:准备工作要面面俱到;要随时准备改变交易形式;要花大量的精力讨价还价,压低其价格;最终达成的协议要写得十分详细。

总之,谈判是无烟的斗智之战,有竞争也有合作,根据对手性格投其所好,会大大提高谈判成功的概率。①

单项技能训练

一、阅读下文,思考并回答美国商人签约的原因。

在某次交易会上,我外贸部门与一美商洽谈出口业务。谈判一开始,美商采取多种招数来摸我方的底,并故意压低购货数量。我方告诉对方:一、我方的货源不多;二、产品的市场需求很大;三、其他厂商不能供货。最终美商接受了我方的价格并签下了巨额订单。

二、案例分析并讨论交流。

【案例1】我国某厂与美国某公司谈判设备购买生意时,美商报价218万美元,我方不同意,美方降至128万美元,我方仍不同意。美方诈怒,扬言再降10万美元,118万美元不成交就回国。我方谈判代表因为掌握了美商交易的历史情报,所以不为美方的威胁所动,坚持再降。第二天,美商果真回国,我方毫不吃惊。果然,几天后美方代表又回到中国继续谈判。我方代表亮出在国外获取的情报——美方在两年前以98万美元将同样设备卖给匈牙利客商。情报出示后,美方以物价上涨等理由狡辩了一番后,将价格降至合理价位

---

① 林森. 口才大全全集[M]. 乌鲁木齐:新疆人民出版社,2006.

第十四章 谈判口才

——100万美元。我方这才同意接受。

【案例2】在一家画廊,一位画商正和一位酷爱收藏字画的客户讨价还价。这位画商所出售的几十幅作品,几乎每幅售价都在1000～10 000元之间,而唯独客户看中的三幅画他要价每幅2万元。谈判进行时,客户对画商的这种做法十分不满,认为他是在敲竹杠。所以在谈判中,客户颇多微词,双方迟迟无法达成协议。突然间,画商作出一个惊人之举,他怒气冲冲地把其中最好的一幅画点火烧了。客户眼睁睁地看着自己喜爱的画付之一炬,非常惋惜,然而他却不为所动地问画商余下的两幅画最低价格是多少,画商仍然坚持2万元,客户还是不愿买下。这时,画商疯了似的发誓宁可烧掉亦不愿卖了,并点火烧了第二幅画。酷爱收藏的客户此时再也沉不住气了,他乞求画商不要再烧最后一幅画,他愿意用4万元的高价买下它。

(资料来源:http://blog.sina.com.cn.)

综合技能训练

一、阅读案例,并讨论交流如下问题。

日本一家著名的汽车公司刚刚在美国"登陆",急需找一个美国代理商为其推销商品,以弥补他们不了解美国市场的缺陷。当日本公司准备同一家美国公司谈判时,谈判代表因为堵车迟到了,美国谈判代表紧紧抓住这件事不放,想以此为手段获取更多的优惠条件。日本代表发现无路可退,于是站起来说:"我们十分抱歉,耽误了您的时间,但这绝非我们的本意,我们对美国的交通状况了解不够,导致了这个不愉快的结果。我希望不要再因为这个无所谓的问题耽误宝贵的时间了,如果因为这件事情怀疑我们合作的诚意,那么我们只好结束这次谈判。我认为,我们所提出的优惠条件,在美国是不会找不到合作伙伴的。"日本代表的一番话,让美国代表哑口无言,美国人也不想失去这次赚钱的机会,于是谈判顺利进行了下去。

1. 美国公司的谈判代表在开始谈判时试图营造何种谈判气氛?
2. 日本公司的谈判代表采取了哪一种谈判开局策略?
3. 如果你是美方谈判代表,你将如何挽回劣势?

二、从下面两个案例中,你能得到什么启示?请加以评析并与同学相互交流。

【案例1】谈判双方见面对话。"欢迎你,见到你真高兴!""我也十分高兴能来这里——这笔买卖如何?""这笔买卖对你我都至关重要。但首先请允许我对你的平安抵达表示祝贺。旅途愉快吗?""非常愉快——交货还有什么困难吗?""这个问题也是我们这次要讨论的——途中饮食怎样?来点咖啡好吗?"

【案例2】中方卷烟厂准备从德国引进一条香烟装配生产线。谈判开始时,德方口气强硬,价格也超过了中方卷烟厂所能接受的外汇底价。中方代表说:"关于香烟装配线,我们又考察了法国的同类产品,其产品质量和性能都很好,但价格却比贵公司低得多。我们准备与他们进一步接触,不过,考虑到中德两国人民的感情,如果贵国的价格适中,我们会首先考虑贵国的。"第二天，德方主动找上门来谈判，愿意降低产品价格，交易成功。

(资料来源：许利平. 职业口才训练教程[M]. 北京：北京交通大学出版社，2007.)

三、情景模拟训练。

将学生分成两个小组，组建虚拟的商务公司，综合运用所学的谈判知识，模拟相关的商务交往活动。

第一步：以几个相关行业(相互间会发生商务往来的)作为工作背景，选出学生组长担任各公司经理(如小白象公司)，负责设定职务；然后通过应聘活动招募属下人员，安排工作内容(如确定经营业务、行业关系、产品和服务、职务需求)。

第二步：公司组建后，模拟开展相关行业的谈判、营销等商务活动(如进行信息收集、制定价格及谈判方略、制定营销策略、现场交易谈判等)。

第三步：你作为一家公司的谈判代表，到另一家公司去进行一批货物的购置谈判，尽量降低价格，并说服公司接受你的价格要求。

第十五章 医护口才

【案例导入】

世界医学之父希波克拉底说过：医生有"三大法宝"，这三大法宝分别是语言、药物、手术刀。著名健康教育专家洪昭光教授也认为：语言是医生最重要的法宝，医生一句鼓励的话，可以使病人转忧为喜，精神倍增，病情立见起色；相反，一句泄气的话，也可以使病人抑郁焦虑，卧床不起，甚至不治而亡。

一位患者，从乡下到县城看病，还专门挂了专家号，谁知一见面，这位专家只看了看检验报告，就下结论说："你来晚了！回家吧！"这位病人精神上已经快接受不了了，急忙央求说："大夫，求求您，一定想想办法。"专家回答说："你早干什么去了？"这位患者听后，当场就站不起来了，还没走出医院大门就没命了。

案例中医生向病人履行"告知"义务，病人却在听完诊断后轻生了。虽然这是个特例，但它的发生却让人难以平静。医护人员的语言对病人的心情乃至病情都有很大影响，会说话的医生，带给病人的是春风，是希望；不会说话的医生，带给病人的是伤害，是绝望。医患沟通中如何运用语言艺术提高服务水平呢？

【本章要点】

- 医护口才概述。
- 医患交谈沟通的技巧。
- 医患沟通临床实践。

第一节 医护口才概述

常言道，"治病，三分靠治疗，七分靠沟通"，医生和护士拥有良好的口才，可以帮助患者树立战胜疾病的信心，取得较好的治疗效果。

一、医护口才的含义

医护口才是医护人员在治疗、护理患者的过程中，与患者进行口头交谈沟通时所表现的一种语言才能。医生询问病情、了解病变、进行治疗及健康指导，都是通过交谈来实现的。恰到好处的交谈可以解除病人的思想包袱，增加医护人员与患者之间的相互理解，增加患者对医护人员及院方的信任，增强患者战胜疾病的信心，取得患者最大限度的密切配合，为疾病的顺利康复奠定基础。

二、医护口才的特征

医护口才具有服务性、职业性和广泛性等特征,理解这些特征,对掌握医患交谈沟通技巧非常有帮助。

(一)服务性

医护口才是医疗服务的手段和医患双方交谈沟通的主要载体。在整个医疗服务过程中,无论是接诊、问诊,还是检查、治疗、回访,医护工作者都要通过真诚性、解释性、安慰性、保护性的语言为患者提供优质的服务,如输液前对病人说:"马上就要给你输液了,需要去卫生间吗?"

(二)职业性

在医院、诊所、社区服务等特殊的环境之中,医护人员为了替患者诊疗疾病、解除病痛、恢复健康,与患者交谈沟通并建立了特殊的服务性人际关系。这一人际关系是一种工作关系,具有职业特性。

(三)广泛性

口头交谈沟通是医护人员日常工作中最常用的交际手段。统计资料表明,每个医护工作者一天平均说话不少于 1 小时。据中国医师协会近期统计:95%以上的医疗纠纷实际上是由于医患交谈沟通不当造成的。

三、医患交谈沟通的内容

人际交往沟通的内容根据交往双方具体的情况而定,内容广泛,话题繁多。但是医护人员与病人的沟通有特定的内容要求,往往围绕对疾病的征兆、感受、探查与判断来进行。

(一)信息沟通

对于病人来说,信息沟通是沟通的重要内容。因为生命与健康是人们的切身利益,关心自己的健康是能够被理解的。所以,医护人员应高度重视信息沟通这一环节。

1. 环境信息

病人入院以后,对医院的环境是陌生的,因而易产生恐惧、焦虑等心理,医护人员可以帮助病人尽快熟悉病区环境。应将如下相关信息告知病人:住院的规章制度(如陪床制度、探视制度、订餐制度等)、医院及病区的环境(如药房、检验科、影像科、盥洗室等)、病室内病友的相关情况等,尽快消除其陌生感和孤独感。

2. 病情信息

病人患病后，希望得到更详细的病情信息，会进一步向医护人员询问与治疗、预后有关的情况，如同类疾病的治疗效果、主管医生的医疗水平、病程、治疗方案、用药情况、不良反应、诊疗费用以及治愈率和复发率等。医护人员应该站在病人的立场上，尽量满足对方的要求，耐心解释，为病人提供正常畅通的信息渠道。但是，也要谨慎行事，掌握保密原则，不该说的话切忌乱说，以免加重病人的心理负担。

3. 知识信息

医务工作者是普及科学知识的宣传员，在与病人交流时，应把医学领域里的新知识、新进展、新技术告知病人，将新的健康观念潜移默化地传递给病人，并对病人进行有计划的健康教育。

(二)情感沟通

医学心理学认为，情绪、精神状态与康复和药物疗效有关。"马斯洛需要层次"理论告诉人们，病人的需要是多层次的。要想满足病人情感沟通的需要，解除病人的痛苦，调动病人的内在积极因素，配合治疗，达到较为理想的康复过程，必须从以下几个方面入手。

1. 关爱病人

由于病人角色的缘故，远离了家庭和工作岗位的亲朋好友，一时之间丧失或减弱了各种社会角色，进入了完全陌生的医疗环境，再加上疾病痛苦的折磨，他们会产生非常强烈的归属动机，即使平素意志坚强的人，也会难以自控地表现出情感的脆弱，出现情绪不稳、容易发怒、行为幼稚等现象，病人往往比任何时候都渴望家庭、社会、医护人员的关爱。一位医生给患者看牙。患者："我真的非常害怕拔牙，太疼了，能不能不拔牙啊？"医生："我了解你的感受，拔牙的时候的确有些疼，但如果不拔掉这颗虫牙的话，它会继续发炎。别害怕，我一定会尽最大的努力减轻你的痛苦。"

2. 尊重病人

沟通要在平等和谐的医患关系中进行。

医护人员在实施治疗方案时，无论病人是什么年龄、性别、长相、收入、职业，也无论患什么疾病、经济状况如何、社会地位如何，都要一视同仁。尤其是做暴露病人身体的检查或妇科检查时，应该做好解释工作，不可忽略其他病人的存在。

3. 激励病人

激励他人会使他人产生自信，他会因为你的期盼而全力以赴。医护人员若用语言激励、关注、赞同病人，病人就会产生更多的快乐、更强的自尊和自信，从而配合治疗，促进康复。激励要从与病人建立良好的医患关系开始。根据教育学的观点，激励可以通过物质、荣誉、情感、关注、赞同等方式实施，医护人员可以灵活地应用。

4. 宽容病人

宽容待人是中华民族的一种传统美德。由于病人对病因、疾病、预后过分担心，对陌生环境有戒备心理，对某些检查和治疗感到恐惧等，因而容易产生焦虑、烦躁等情绪。这就要求医护人员在工作中秉承济世救人的精神，具备换位思考、不计个人得失的风范，以宽容关爱之心对待病人。

四、医患交谈沟通的种类

医护人员与病人交谈具有一般性交谈的特征，但主要目的是解决病人的健康问题，即预防疾病、促进健康、提高生活质量。医患专业性交谈分为摄入性交谈和治疗性交谈。

(一)摄入性交谈

摄入性交谈的目的主要是收集信息资料，以确定病人现存的和潜在的健康问题。交谈所涉及的问题大多与病情有关，主要包括：病人的既往健康问题和当前的健康问题、家族史、遗传史、心理与精神状况、自理能力、生活习惯等。例如病人说："近来我的胃肠活动不好。"医护人员深入地追问："你平时大便规律吗？你……"经过进一步询问，得知他是痔疮出血。所以与病人交谈时，医护人员应认真地分析原因，找到问题的根源，正确地估计病情，以便为诊断疾病提供可靠依据。

(二)治疗性交谈

治疗性交谈的主要目的是帮助病人解决健康问题，是医护人员为病人提供健康服务的重要途径。它一般分为两种类型，即指导性交谈和非指导性交谈。

(1) 指导性交谈，是指医护人员解答病人提出的问题或者是医护人员围绕病人病情所要阐明的观点说明病因、与治疗有关的注意事项以及治疗的措施等。指导性交谈需要医护人员具备较全面的医学基础知识和临床护理知识。在这种交谈中，医护人员占主导地位，病人主要属于倾听者。这种交谈方式省时，信息量大。

(2) 非指导性交谈，是指探讨问题的交谈。出发点是鼓励病人积极参与治疗和护理过程，改变过去不健康的生活方式和行为，获得更为广泛的信息，如心理、社会、家庭和精神等方面，为找出病人现存的健康问题和潜在的健康问题提供依据。非指导性交谈属于非正式交谈，双方处于平等关系，可以获得更多的信息，有利于提高病人的参与度，但比较费时。

在医护工作中，指导性交谈与非指导性交谈经常是交叉进行、作用互补的，可以达到指导病人康复、全面收集可靠信息的目的。

第二节　医患交谈沟通的技巧

医患沟通最重要的是医护人员的态度。医护人员必须诚恳、平易近人，有帮助患者减轻痛苦和促进康复的愿望和动机，充分体现医护人员为患者服务的精神。

一、开场技巧

接诊病人时，患者多表现为紧张、焦虑、痛苦，因此应把消除患者紧张焦虑情绪、解除病人的痛苦、给病人以精神上的安慰放在首位。开场技巧是绝不可马虎对待的。首先要面带微笑，给对方以温暖的感觉，营造良好氛围，拉近双方的距离，尽快消除初次见面的陌生感。然后是必要的寒暄，寒暄的目的是促使双方都尽快稳定情绪，调整思路和心态，也是对双方谈话风格的初步了解。那么如何进行有效的开场呢？

(一)介绍式

"你好，是新来的病友吗？我叫苏敏，是这个病室的责任护士，我已经了解了你的病情，医护人员正在积极治疗，解除你的病痛，如果不出什么意外，用不了多久就可以痊愈出院了。""有什么要求请尽管告诉我，我会尽全力帮助你的，你先休息吧，有事请叫我，好吗？"

(二)问候式

"昨天晚上睡得好吗？""今天早晨吃药了没有？""今天感觉好些了吗？"

(三)关心式

"你哪儿不舒服，让我给你测量一下血压，好吗？"

(四)言他式

"哟，这么多好吃的东西呀，是你家人送来的吧，他们多关心你呀，他们一定是希望你配合医生和护士的治疗，争取早日康复出院，你说呢？"

(五)赞美式

"小明，今天你真勇敢。"

(资料来源：高燕. 护理礼仪与人际沟通[M]. 北京：高等教育出版社，2003.)

对于老年病人和儿童多应用赞美技巧。

二、话题技巧

医患交谈应有目的、有计划地进行。在交谈前，医生应做好充分准备，明确交谈的目的、步骤和方式，话题的选择要能满足患者内心的强烈需要。

一位中年妇女患了乳腺增生，其最关心的是如何自我触摸检查并界定乳腺肿块形成的软、韧、硬三个阶段。因此，作为大夫最好说："触摸时，手感像嘴唇的是软，像鼻尖的是韧，像额头的是硬。"

三、倾听技巧

医患交谈中，听患者说话，与跟患者说话同等重要。医护人员应尽可能耐心、专心地倾听患者的诉说并有所反应，这样，病人就会消除顾虑，畅所欲言。

(一)得体的体态语言

体态反映出一个人的修养，医护人员要善于运用肢体语言，如真诚的微笑、信任的眼神、适当的搀扶、轻拍肩膀的鼓励等，拉近与病人的距离，增进与病人的感情，减少医患之间的误会，减少医患纠纷的发生。如产妇分娩时，抚摸产妇的腹部，握住产妇的手，可以使其安静，增强信心，减轻疼痛，有利分娩。

(二)专注倾听适时插话

与病人交谈时，医护人员首先要全神贯注，把自己的情感融入病人的需要中，热情友好、耐心及时地倾听对方讲话，表现出对病人的尊重。但是，如果听病人说话而自己却沉默不语，也会使病人感到受了冷落而不快。因此，适当地插话和提问，不仅表示你在认真倾听，而且让病人感受到你的真诚和尊重，并获得对方的信任和尊重。

(三)敏锐体会谈话意图

人人心中都有一架衡量语言的天平。医护人员要尽快发现对方谈话的意图，要理解病人表述的真实内涵，才能从容自如地跟随对方将话题引向深入。对方也会因为你能敏锐地理解他的话而对你表示敬佩和赞赏。

一位阑尾炎的患者需要急诊手术，病人对医护人员说："打针能治好我的病吗？"看来病人是害怕手术，有恐惧心理。此时医护人员应从如何消除病人的恐惧心理入手，而不是解释打针能否治病。

(四)理性分析慎下结论

常言道：兼听则明，偏听则暗。医护人员与病人交谈时，不应该刚听一两句就匆忙下结论，而要在听的过程中进行分析判断，哪些是病人真正要反映、要表述的深层面的信息，哪些是浅层面的信息；这些是他的心里话，还是别有隐情。总之，要冷静倾听，理智分析，慎重地下结论，以免被动，甚至误解。

(五)依据性格区别对待

医院的就诊病人来自四面八方、各行各业，性格各异。对于性格急躁的病人，即使言语过激，医护人员也得耐心听完，因势利导地说明自己的看法。而慢性格的病人，可能会东拉西扯，不入正题，此时切忌表现出不耐烦的情绪。医护人员可以追问，引导病人从速表达主题，以便有针对性地交谈，达到了解病情的目的。

(六)复核强调重点内容

当病人说完以后，医护人员要用简明扼要的话语总结病人表达的内容，以核实医护人员的理解是否与病人反映的问题一致。最好把对方隐藏的意图恰当地表达出来，以示你确实在听，而且明白了他的意图，使他满意。

四、提问技巧

在治疗性交谈中，提问不仅是收集信息和核实信息的手段，而且可以引导医护人员与病人围绕主题展开话题，及时了解病人的需求。

(一)封闭式提问

这是一种将病人的回答限制在特定范围内的提问，病人回答问题的选择性很小，有时甚至只要求回答"是"或"不是"，"好"或"不好"，"同意"或"不同意"等。例如："今天你按时服药了吗？""伤口的疼痛感减轻了吗？""有没有在花园里散散步？"

在某些情况下，询问者还可以在一定的范围内提问，例如："你昨天晚上睡得好吗，大概睡了几个小时？""请你回忆一下，你的亲戚中还有其他人与你患同样的病吗？"

封闭式提问的特点是省时，单位时间内获得的信息量大，适合医生收集患者资料，如采集病史。但答案比较机械死板，患者得不到解释自己想法和表达情感的机会。

(二)开放式提问

这种方式提问的范围较广，不限制病人，鼓励病人说出内心感受，特别是心理、精神等方面的信息。例如："你对我们的护理工作有何建议？""使用了这种新的治疗方法，你感觉怎么样？"

开放式提问有利于医护人员了解病人的真实想法，明确其观点；病人也能更好地发挥主观能动性，有较多的主动权；医护人员可获得更多、更可靠的第一手资料；便于医护人员有的放矢地护理病人。①

(三)提问时注意的问题

(1) 不宜向对方连续性提问。一般情况下，先提出一个问题，待病人答复后，再提下一个问题，如果一口气连续问几个问题，往往使对方只能记住最后一个问题。

(2) 不宜提对方不懂的问题。如果你不能确定对方能否充分地回答你的问题，那么你还是不问为佳。例如你问病人一些医学方面的知识，这些问题病人很可能答不出来，即便病人知道一点医学常识，那也是微乎其微的。假如病人说"我不太清楚"，就有失体面，医护人员也会感到没趣。

(3) 不宜追问对方难以回答或伤感的问题。"别人服了这种药病情就减轻了，而你用了这么久，怎么一点也不见效？"这样的问话方式，看似关心对方，其实对被询问者来说无疑隐含着责备之意，会增加病人的思想负担，勾起病人不愉快的情感。

(4) 不宜向对方一问到底。如果提问时不注意分寸，一味地追问对方，会产生打听隐私的嫌疑。如果工作需要询问，医护人员要向对方说明，在得到对方理解的基础上方可发问。②

五、阐述技巧

阐述是叙述并解释的意思。通常情况下，病人的疑虑较多，需要医护人员解答他们的问题，这就要求医护人员具有一定的阐述技巧。常见的阐述内容包括以下几个方面。

(一)形象解释患者疑虑

医护人员可根据病人的病情及恢复状况作相应的解释，以减轻病人的紧张情绪等。

一位中年人在体检时被发现患有动脉硬化。他非常担心，请教一位医学专家。专家指着胸前听诊器的胶管说："人的血管就像这根胶管，新的时候，柔软有弹性，用得时间长了，就老化、变脆、变硬。一旦破裂，血液就会冒出来，如果在脑部，就是脑出血；在眼部，就是眼底出血。吃药就是让'胶管'延缓老化脆裂。"深入浅出的讲解，使这位患者豁然开朗。

(二)耐心解释护理操作各环节

做各项护理操作时，操作前、中、后期都应对病人作解释，主要包括操作目的、如何配合、注意哪些问题等，以确保操作的质量，减轻病人的痛苦，减少并发症。如做肝功能检查为什么要空腹抽血、为什么手术当天早晨禁食等。

---

① 罗纯. 演讲与口才实用教程[M]. 北京：北京邮电大学出版社，2011.
② 高燕. 护理礼仪与人际沟通[M]. 北京：高等教育出版社，2003.

(三)通俗解释治疗方案

根据病人的综合文化素质,用通俗易懂的话语告诉病人解决问题的方法,给出具体指导方案,使病人明确自己现阶段做什么、怎样做。如产妇分娩之后,补充营养对其本人的身体复原、母乳喂养都是必需和有益的,但有些产妇为了体形而盲目节食,造成的后果不堪设想。医护人员应该帮助产妇走出误区,从营养学和生理学的角度,建议产妇采用合理的产后膳食和适当的运动,这样既有利于哺乳又有利于产后恢复。

六、重构技巧

重构是把患者的话用不同的措辞和句子加以复述、正确引导,但不改变患者说话的意图。

有位患者诉说:"我的母亲根本不理解我,也不是真正关心我。"这显然是一种抱怨,医生恰当的反应是:"你的苦恼我完全可以理解,因为我们每个人都需要亲人的理解和关心。"一般来说,患者对医生这样的说法予以首肯。这样一来,就把"抱怨"变成了"需要","需要"成了医生和患者的共同语言,同时也为进一步的交谈开辟了途径:患者需要母亲的理解和关心,这是合情合理的,患者的这种需要未能得到满足,除了母亲一方的原因外,患者这一方面可以做些什么来促进需要的满足呢?这就把消极的抱怨引导到用实际行动(母子间的交流)去满足需要的积极道路上来了。

七、对焦技巧

对焦是一种心理治疗专门性的技术。患者的内心可能有多个问题,医护人员一般应选择一个作为"焦点"。选择什么问题作为焦点,就要求医生对患者有比较全面的了解。对焦是一个互相交流、商讨的过程,一旦对上了"焦",医生和患者便可以围绕共同的主题深入讨论,有的放矢地交谈下去,直至问题获得解答。值得注意的是,对焦本身对患者心理有良好的效应。在对焦的那一刻,患者会有获得了"知音"之感,会觉得和医生"想到一块儿去了。"

八、沉默技巧

沉默本身就是一种信息交流,是超越语言力量的一种沟通方式。沉默具有多重表现性,如赞美、默认、同情、震慑、毫无主见、决心已定、抗议、保留意见、心虚、附和等。可见沉默表现的空间之大、寓意之广,在特定的情况下,是语言表达所不能及的。恰如其分地使用沉默技巧,对病人的治疗会起到意想不到的效果。

(一)医护工作中沉默的作用

(1) 有助于病人宣泄自己的情感,感到自己得到了尊重。

(2) 病人觉得你在认真专注地听他诉说，有一种满足感。

(3) 当遇到棘手的问题时，通过片刻沉默，医护人员可以整理思绪，为解答病人提出的问题以及该如何进行交谈做好准备。

(4) 病人在沉默中也可以考虑自己的问题以及需要进一步咨询的问题。

(二)如何打破沉默

医护工作中，医护人员要学会主动打破沉默。

"如果此时你不愿意回答这个问题也不勉强了。假如你需要我帮助，请一定告诉我，好吗？"

"你怎么不说话了，能说说你现在的感觉吗？"

"能详细说说你对这些问题的看法吗？"

发现病人欲言又止时，医护人员应灵活应变："接着说，你说得很好，还有什么不清楚的也说出来吧。"

九、安慰技巧

安慰性语言是对病人心理上和精神上的支持，具有"雪中送炭"之功效，能给病人带来安全和温暖，带来光明和力量。当今社会，心理病症日益增多，有些疾病用药物治疗效果不佳，要靠语言来治疗。安慰病人仅凭着热情、善良是不够的，还要讲究方式方法。

(一)对身患绝症的病人

人一旦告别健康，尤其是生重病患绝症时，情绪抑郁，甚至产生死之将临的恐惧感。这个时期是病人特别敏感的时期。"良言一句三冬暖，恶语伤人六月寒"，一语亲切的问候、一声亲热的招呼、一句亲善的话语，可能化坚冰为春水，化浓云为晴空。

(二)对病情危重的病人

面对危重病人，不要过多地谈论病情和治疗情况。也许病人已背上了沉重的包袱，医护人员再谈及过多，势必雪上加霜。不妨谈谈病人关心或感兴趣的事，如新闻、喜事、好消息，以此来转移病人的注意力，使其精神愉快，这样有利于病人的康复。

(三)对年老体弱的病人

目前我国已提前进入老龄化社会，对老年病人的安慰不可忽略老龄的特点，不要谈论死亡，不要提及孤独寂寞等，而要特别尊重他们，最好能像儿女一样关心体贴他们，让他们感受到家庭的温暖。

(四)对行动不便的残疾病人

残疾病人由于多种原因，脱离社会，生活单调，多伴有自卑、自怨、自弃、孤独、性

情急躁等现象,因此,安慰他们要小心谨慎,避免其产生医护人员怜悯他的错觉。多说些积极向上、鼓励的话语,多举残疾人与病痛作斗争的事例,唤起病人重新生活的信心和勇气。

(五)对遭遇人生不幸的病人

当医护人员与不幸的人相处时,要扮演的角色是支持和帮助对方的人,谈话内容集中在对方的情感上,而不应该讲自己的诸多问题。不应以别人的不幸为由来倾诉自己同样的经历,但你可以对病人说:"我也曾经有过这种经历,我理解你此时的心情。"

(六)对病人家属

病人家属,既是病人的照顾者、精神上的依赖者,也是病人的代言人。他们在病人面前表现得镇静、坚强,作出一副若无其事的样子。但是他们往往承担着沉重的压力,既痛苦又无助,若安慰不当反而会勾起辛酸往事。医护人员应旁敲侧击,多谈论平常事,让他们放宽心,或做好精神准备,在这个时候千万不能对病人有任何微词。

(七)对死者家属

失去亲人的人,需要经历一段悲痛时间,他们需要向别人倾诉感情和思念。这时不应打断他们,而应该仔细倾听,对他们的感情表示理解。劝慰时,要劝其节哀,往远处想,不能武断地制止其哭泣。眼泪是宣泄痛苦的一种方式,只有把内心的苦闷发泄出来,精神压力才会消除,心情才会好转。①

第三节 医患沟通临床实践

医患沟通非常重要,要因人而异,注意沟通对象、患者的病情。只有方法恰当,才能取得理想的沟通效果。

一、与不同年龄阶段患者的沟通

不同年龄的患者,有不同的社会经历,需要不同的接诊语言。在临床实践中,要根据患者不同的年龄特点运用不同的语言表达。

(一)与患儿的交谈沟通

在临床工作中,除儿科医生外,其他科室的医生也常与患儿接触,因此,医生需要学习和掌握与患儿及其家长沟通的技巧,学会关心、体谅和理解,以取得配合,为临床诊治工作的顺利进行提供保障。

---

① 高燕. 护理礼仪与人际沟通[M]. 北京:高等教育出版社,2003.

1. 患儿的心身特点

(1) 患儿具有生理发育快、对疾病耐受能力低、反应性强等特点。3岁以内的患儿，由于处于生长发育初期，脑神经发育不够完善，对外界刺激反应强烈，稍有不适或疼痛，就表现出急躁、哭闹不安、注意力不易集中、好动、易被外界吸引，很难控制与他们的谈话，因而，医生在与他们的合作过程如游戏、玩耍中同他们进行谈话效果最好。

(2) 恐惧不安。儿童的神经系统发育不全，兴奋过程占优势，常表现出较高的反应性。他们常因疼痛、不适等刺激而处于烦躁不安、愤怒、惊骇等状态，也有的患儿对医院环境不熟悉，考虑到上学、功课等而表现出抑郁、沉默、消极、孤独，以及饮食和睡眠障碍等，这就更需要医生多沟通和交流，通过关心、爱抚，建立良好的医患关系。①

2. 语言沟通技巧

儿童对医生、医院感到恐惧是十分普遍的现象，因此医护人员在与患儿交谈过程中，首先，应尊重孩子的权利，不可随心所欲，伤害孩子的自尊心。其次，要面带笑容，声音柔和亲切，也可唤孩子的名字或昵称，语言要体现平等，符合孩子的年龄要求，尽量使孩子感到轻松舒适。此外，问诊还要保持严谨，切忌不恰当的恐吓。为患儿检查前，应该不厌其烦地向他们讲解，为他们做些什么检查，可能有些不舒服，但不会有什么疼痛，有针对性地消除他们的疑虑、恐惧，使患儿积极配合诊疗工作。

一位医生接诊一位小朋友。

医生："小朋友，你好。我是杨医生，能告诉阿姨你叫什么名字吗？"

患儿："我叫张浩。"

医生："浩浩几岁了？"

患儿："6岁半了。"

医生："那浩浩上学了没有？"

患儿："我上一年级。"

医生："浩浩是和妈妈一起来的吗？"

患儿："是的。"

医生："平时都是妈妈和你一起游戏，今天我和你一起玩一个讲故事的游戏，好吗？"

间接交谈让患儿觉得很有趣，一下子拉近了和医生之间的距离，这样医生就很容易将患儿引导到设置的情境中，并与患儿的病情联系起来。原则上，患儿年龄小的以与其父母交流为主，年龄大的患儿可直接交谈，但谈话的时间不宜过长。

(二)与青少年患者的交谈沟通

1. 青少年患者的心身特点

青少年正值青春期阶段，发育成长迅速，内分泌趋于成熟，性激素开始产生，但由于

---

① 马存根. 医学心理学[M]. 北京：人民卫生出版社，2004.

青少年心身发展不平衡,生病后会表现一系列的心理问题。①焦虑心理:青少年生病急而重,表现为心情紧张、焦虑,不安于患者角色,急于把病治好。②悲观心理:患慢性病或预后不良的疾病后,在不能满足生活需要的情况下,会产生悲观情绪,严重者甚至会轻生。③抵触心理:易于急于求成,在治疗见效慢时,就会产生抵触情绪,表现为对医生的不信任,不相信药物效能或拒绝治疗。

2. 与青少年患者沟通的技巧

(1) 态度体现平等原则。医护人员与青少年患者交谈语气要亲切,态度要平等,话语要有趣。这样交谈就成为双方共同参与的事情,交谈内容无论是痛苦恐惧、焦虑,还是令人棘手的决定,都由双方一起分担,医患共同参与疾病的治疗。

(2) 话题适合年龄特征。与青少年患者交谈,话题要活泼,重点要突出,谈话要具体,善于抓住要点解决主要矛盾,不可模棱两可、漫无边际,否则难以获取重要信息。

(3) 批评教育讲究方法。青少年患者常任性、好动,有不愿意遵守医院规章制度、不遵医嘱或随意出走等现象。对这样的患者,医护人员要以温和的态度予以适当的教育与约束,必要时提出批评以制止不良行为。

(4) 隐私保密履行承诺。青少年患者需要被尊重和理解的愿望强烈,有关个人隐私问题,需要医护人员予以保密,医护人员要履行承诺。如果交谈的某些内容有必要让家长知道,医护人员要保证变通一下,转达给家长。

(5) 预后告知巧妙得当。对青少年患者的治疗告一段落时,要及时向他们提出疾病的预后情况,以消除他们的焦虑和疑虑心理。对预后不良或可能出现并发症、后遗症的患者,医护人员要巧妙地提示疾病的预后,做到既告知疾病信息,又不至于引起患者强烈的情绪反应;对预后差的患者,要采取"逐渐渗透"或先告知家属再由家属告知患者的"迂回战术"。

3. 与青少年患者沟通存在的问题

(1) 医护人员与患者交谈时,空洞乏味,流于说教或像小型报告会,不考虑患者的年龄特征或需求,对其缺少理解,易导致沟通障碍。

(2) 医护人员摆出居高临下的姿态,造成他们的不平等感。

(3) 医护人员总是站在父母一边合伙对待他们或不支持他们。

(4) 医护人员唠叨过多,表现得婆婆妈妈。

(5) 医护人员不考虑他们的理解能力,说话用词太复杂,或过多的专业术语和双重否定使他们不知所云,深感困惑。

(6) 医护人员缺乏幽默感,交流时过于正统、呆板,不能与患者轻松地谈论那些沉重伤感或难以启齿的话题。

一般而言,青少年或多或少地存在对成人权威性和价值观的对抗和蔑视,但是抗争中又包含着强烈的依赖性,尤其是生病过程中。因此对青少年患者要采取温和的方式,对他们的坦率要表示认可和接纳,不要总是严厉制止或妄加指责,以友好、轻松、幽默来抵消他们的攻击态度和言行,专心地倾听他们发泄心中的苦恼,以取得良好的沟通效果,形成良好的医患关系。

(三)与老年患者沟通

1. 老年患者的心身特点

随着年龄的增长,各组织和器官发生变性萎缩,代谢下降,功能衰退。由于机体老化,心、脑、胃、肾以及内分泌腺的变化使老年人大多患有慢性或老年性疾病,如高血压、动脉硬化、糖尿病、关节炎、视听能力降低等。

由于大脑功能的衰退,老年人的心理也会有很大变化,相应会出现感知功能减退、思维能力下降、记忆衰退、性格行为改变、情绪情感变化等。所以当生病或病情较重时,老年患者对病情估计多为悲观心理突出,表现为无价值感和孤独感,情感也变得幼稚,甚至如同孩子,为不顺心的小事而哭泣,为某些照顾不周而生气,他们突出的要求是被重视和尊敬。

2. 与老年患者的沟通技巧

1) 充分重视

根据老年患者特有的心身特点,医护人员在与老年患者交谈时,应像尊敬自己的父老兄长一样地尊重他们,对他们提出的各种要求和建议需耐心地倾听,认真对待;对不能满足的需求,要耐心、诚恳地解释清楚;回答问题语速要慢,声音要大而柔和,发问也要简洁明确;沟通过程中,应主动将要点重复及条理化,必要时可将重要事项写成摘要,供老人随时参考。

2) 热情耐心

医护人员要给老年患者以热情关怀、认真照顾,尽可能安排一些患者与老年患者相互交谈,向他们讲解与疾病斗争、如何配合治疗和护理、疾病的预后的相关知识等,并根据病情的需要进行健康教育,消除他们的疑虑和恐惧心理。

3) 尊重关心

医护人员要充分了解老年人的情感需求,富有同情心。与老年人打招呼,切忌直呼其名或床号,要恰当称呼,如"张老""李老""王大爷""刘大妈"等,这些称呼能满足老年患者被尊重的需要,并可增进交往,促进沟通;在非原则问题上,应尽量多迁就,不强词夺理而激怒他;对老年患者要口勤,查房时多问候,听他们讲话要专心耐心,不要嫌弃他们啰唆,切忌对他们态度冷淡、不理不睬或故意疏远;尽量多找时间与老年患者交谈,以消除他们的孤独感和不安全感。

4) 善用体态语言

善用体态语言即通过谈话的动作、手势、面部表情、朝向距离等与患者进行情感交流,建立良好的医患关系,以利于诊治工作的顺利进行。医护人员巡视病房时,可以用亲切的目光环视病房,向每个病人微笑或点头致意,传达医护工作者对病人的尊重和关心。

二、与特殊患者的沟通

与特殊患者进行沟通，首先应该了解各类特殊患者的心理状态，建立良好的医患关系，及时满足病人身心健康的需要，使患者真正接受科学的、整体的、全方位的医疗模式，争取早日康复。

(一)预后不良的患者

与预后不良患者(如重度残疾、恶性肿瘤、急危重症等)沟通时，医护人员应做的是：减轻患者身体的痛苦，给予心理上的支持，可通过心理疏导调动积极情绪，引发高尚的抗病动机，如"你不是很爱你的家人吗？但你现在这样颓丧，家人一定比你更难过！"再者，医护人员给予患者诚实的保证，以免让患者感到被蒙骗而产生更大的失望或绝望，如保证会继续照顾他们，采用新的治疗方法，请上级医院会诊或制定新的治疗方案等。此外，不宜抑制患者悲哀的情绪，而是要倾听他们的宣泄，给予心理支持，使其面对现实，与疾病抗争。

(二)疑病症倾向的患者

疑病症倾向患者过分关心自己的身体状况，总担心自己的身体某部分有病，医护人员为其解决一项疑点后，立即将注意力转移到其他组织器官，并害怕或推想是否得了不治之症，他们尤其会对结果产生怀疑，表现纠缠。医护人员面对这类患者时，除认真地排除是否真正患有身体疾病外，应给予患者适度的支持与关心，因为有疑病倾向的人心理上往往缺乏安全感，特别希望得到别人的关心；但最重要的是了解患者成长及日常生活情况，帮助患者分析病情原因，正视自己生活中遭遇的困难，帮助患者转移注意力，指导和教会调适的方法。

(三)多重抱怨的患者

这类患者可以主诉多种系统及器官的症状，可以从头到脚都不舒适，但这些症状都很含糊，如头晕、倦怠、疼痛，有时还抱怨生活、工作、社会等事件，甚至抱怨医生治疗无效，能力水平低下，易使医生感到无从下手或产生挫折感，也常会抵触或不耐烦去倾听他们的长篇抱怨。这些患者有焦虑及不满的情绪，又缺乏家庭和社会的支持，因此医护人员在与之沟通时，须了解其真正问题不在于所抱怨的事情上，而是生活事件所致的应对障碍和调适不良，故应从解决这些方面的问题入手，通过分析原因，采取有效的沟通策略。

(四)充满愤怒的患者

这类患者说话常愤世嫉俗，容易和医护人员及病房室友等起冲突，不遵医嘱行事，具有对抗心理。这样的患者多因生病、个人目标受挫、生活压力无力排遣、人格异常等原因所致。医护人员应以坦诚的态度表达积极的协助意向，设法找出患者挫折及压力的来源，

并加以疏导，注意避免反转移的行为发生；采取措施感化患者，多予关心，疏导、平息愤怒的情绪，让患者体会和认识自己的愤怒，并在平静时向其说明愤怒情绪行为会加重病情、延长病程。

(五)依赖性强的患者

这类患者缺乏主观能动性，所有的问题都想依赖医护人员解决，认为医护人员可以给予无穷无尽的帮助，因此常让医护人员做这做那，使医护人员穷于应付。对这样的病人，医护人员要在建立医患关系的早期了解其人格特点，告知医患关系的范围和极限，帮助其树立战胜困难的勇气，鼓励他们主动解决问题并帮助他人解决问题，使之产生成就感，同时适度地利用各种资源条件提供协助，使其获得成功的体验，建立自信，减少依赖。

(六)骄傲自大的患者

这类患者常表现出自大的态度及言行，认为自己什么都很内行，地位高、见识广，以威胁利诱的方法向医护人员提出许多要求。他们的心理问题除自大外，还存在怕被忽视、唯恐医护人员不重视自己等问题。在与这样的患者沟通时，医护人员应避免正面冲突和争吵，巧妙地将这种狂妄自大的态度导向积极的方面，如"如果你这么内行，一定知道这疾病应该……"等。①

单项技能训练

一、王老是一位肝癌患者，长期在你的病区住院治疗。你作为一名当代医护工作者，应怎样表达自己的感情，具备哪些言语沟通技巧？

二、运用相关知识，分析点评下面案例。

【案例 1】李某因再生障碍性贫血入院，住院后情绪低落。护士小王见了李某主动询问："今天感觉怎样？好些了吗？"李某："听说再生障碍性贫血不好治，心里特别害怕。"小王说："是的，这种病不太好治，但是只要治疗及时，坚持服药，也有人康复了。你是个意志坚强的人，相信你一定能积极配合治疗，痊愈出院！"李某："谢谢你！你的话我记住了，心情也好多了。"

【案例 2】一位急性肠梗阻病人被抬进急诊病房时，面色苍白，大汗淋漓，非常痛苦，急需手术。此时，当班护士面带微笑地对病人家属说："请不要着急，我马上通知医生为病人检查。"说完不慌不忙地走了出去。

【案例 3】滕女士心脏不好，到某医院就诊。滕女士简单地讲述了自己的病情，医生听完后用听诊器听了她的心脏，然后就低头开处方。滕女士问："是否做个心电图？"医生不答话，仍旧写处方。滕女士有点急了："我心脏到底怎么了？"医生抬起头，把处方

---

① 马存根. 医学心理学[M]. 北京：人民卫生出版社，2004.

递给滕女士，说了一句："更年期综合征，都写在病历上了，自己看吧！"

综合技能训练

应用卫生部颁发的《卫生行业人员服务用语规范及禁语》，设定一个医院场景，3 人一组，分角色扮演医生、护士和病人，进行打针、住院、检查等情形交谈训练。然后请"病人"说出对"医生""护士"的印象和评价，指出具体的优缺点。

第十六章 教学口才

【案例导入】

常言道："当教师三分靠内才，七分靠口才"，优秀的教育工作者都是驾驭语言的高手，他们常常会让自己的教学语言充满魅力，让学生耳目一新，使课堂内容引人入胜，于无形中提高教学质量。如一位教师在讲授《诗经·蒹葭》时设计的一段开场白：

有一种声音能拨动心底的颤动，有一种画面能勾起千年的记忆，那就是先秦的《诗经》。古人云，不读诗，无以言。古人所说的"诗"，就是指《诗经》。那么《诗经》是怎样一部书？《蒹葭》为什么让人百读不厌，思索不尽呢？

这段充满情感的导入语，震撼着学生的心灵，将其带进良好的学习氛围之中。什么叫教学口才？教师需要掌握哪些教学口才技巧，以提高教学效率？

【本章要点】

- 教学口才概述。
- 主要教学环节的口才技巧。
- 适应教学对象的口才技巧。

第一节 教学口才概述

如果说教师的教育风格是一座大厦，那么教师的口才就是这座大厦中闪着灯光的窗口。教师与学生的相识要借助语言，教师与学生的沟通要依靠语言，教师对学生的行为要求更离不开语言。

一、教学口才的含义

教学口才是教师在教育、教学情境中善于选择和运用规范、准确、生动的话语，向学生传授知识、培养能力、启迪智慧的口语表达艺术。它是教师先进的教育思想、丰厚的知识积淀、娴熟的教育技巧和高超的言语运用能力的完美结合，也是教师人格美和语言美的统一。教学口语是教师进行教学不可缺少的职业语言。作为教育教学工具的教师口语与其他口语的区别不仅仅在于其科学性、规范性和教育性，更在于其艺术性。

二、教学口才的基本特点

教学与口才密不可分，教学过程就是口才运用和发挥的过程。在教学过程中，教师要注意四个统一。

(一)科学性和艺术性的统一

科学性是指教师口语既符合教学内容的学科特点，具有专业用语的科学性，表述得准确、全面、严密，又符合语言学意义上的科学性，即语言的规范性。教师传授的知识多是系统的知识，每一门学科都有一套特定的概念、术语，知识点之间有着内在的逻辑联系。这就要求教师口语做到用语准确无误。教师只有严格地使用规范的、饱含知识信息的教学口语进行教学，才能使学生掌握比较扎实的基础知识。

艺术性则表现在语言运用的巧妙、机智与灵活性以及独特的话语风格上。在教学中，教师口语既要有日常口语通俗平易、自然活泼的优点，又必须十分讲究规范得体、高雅精练。有一位学生评价老师说："老师每堂课都给我们打开一扇新的通向世界、通向未来的窗口。"教师的语言修养直接影响着教学效果和教学质量，直接决定着教育的成败。生动、活泼、形象的语言，会使学生如临其境，激发其想象力和创造性，收到很好的教学效果。

科学性和艺术性的统一是优秀教师口语艺术的显著特点。优秀的教师口语是经过转化的书面语和经过优化的口头语的"合金"，是教师精心创造的艺术精品。

(二)教育性与审美性的统一

1. 教师口语的教育性

优秀教师口语的教育性不仅体现在语言内容饱含着积极的思想教育和健康的情感滋润上，而且体现在语言本身的教育作用上。教学内容本身就具有相当多的思想教育因素。教师在讲授知识的同时，应当激发学生高尚的道德情感，唤起他们对理想的追求，对真善美的向往。

(1) 明确的教育目的。在进行课堂设计时，就要想到结合教学内容进行哪些教育，怎样设计好这段教育性的话语来引发学生的情感高潮。

(2) 深刻的情感体验。教学口语的教育性不是外加的教育性"佐料"，而是教师在钻研教材过程中获得的真切的情感体验，再用饱含教育因素与激情的话语讲出来。

(3) 正面的教育话语。教师以挚爱、宽容的态度，坦诚、体贴、诱导的正面话语，晓之以理、动之以情，才能将育人功能发挥到极致。

2. 教师口语的审美性

(1) 语言美。优美的语汇、甜美的语音、悦耳的语调、适宜的节奏等都具有很强的审美感，如一位历史老师为了帮助学生理解洋务运动失败的原因，巧打比方说：洋务派引进的西方先进科学技术好比是一朵美丽的鲜花，而腐朽的清朝统治就好比是一堆牛粪，一朵美丽的鲜花插在牛粪上，鲜花最终能结出好的果实吗？

(2) 语境美。教师娴熟地运用语言的机智、出神入化的讲说、完美的逻辑推导等，形成一种引人入胜的优美语境，给学生以浓郁的审美感受。

(3) 流程美。流程美包括教学流程中融洽畅达的沟通美、新鲜有趣的导入美、天衣无缝的衔接美、动静交错的起伏美、抑扬顿挫的节奏美和耐人寻味的结语美。

(三)教材与讲解的统一

教学是以教材为蓝本，经过教师口语加工的过程。这里说的以教材为蓝本的加工，包括：第一，语体加工——根据教学的需要，把教材的书面语加工为带有书面语色彩的口语体；第二，词语加工——把难懂的字词换一个说法或相近的词语加以诠释；第三，语音加工——运用抑扬顿挫的语调，句读分明地讲说。

1. 浅显化加工

浅显化加工是指把相应的抽象知识讲得浅近、显豁，使之入耳、入心。教师把概念、术语、知识点，先内化为自己的理解与体验，再选择学生理解的话语讲出来；运用比喻、拟人等多种修辞手法，把深奥晦涩的事理浅显化、通俗化。

一次，有人请教爱因斯坦相对论是什么，爱因斯坦没有直接解释，而是巧妙地用了一个比喻："你同你最亲爱的人坐在炙热的火炉旁，一个小时过去了，你觉得好像只过了 5 分钟；而你若一人孤孤单单地坐在热气逼人的火炉边，只过了 5 分钟，但你却像坐了一个小时。这就是相对论。"

2. 鲜明化加工

教师创造性地运用语言，使教材中原本抽象的事物变得形象、生动起来。即语言所表达的思想观点要鲜明，忌隐晦、忌含糊、忌暧昧；语言的感情色彩要鲜明，忌灰色、忌冷漠；语言的形象意境要鲜明，忌枯燥、忌干瘪。教学口语鲜明化的主要做法有如下三点。

(1) 直截了当、简明清晰地把问题说清楚。
(2) 用语精练，要言不烦，不啰唆，不含混，不晦涩。
(3) 长句变短句，分层表述，用语简明。[①]

(四)声、情、义的统一

声：声音清亮、甜美，吐字清晰，字正腔圆，表达顺畅；语调讲究抑扬顿挫，高低有别，强弱迥异；语速讲究快慢变化，优美动听，富有音乐美和韵律美。

情：话语中饱含真情、热情，能用温情的语态、深情的语气来感染学生。

义：言简意赅，言近意远，饱含哲理而发人深省。

---

① 罗纯. 演讲与口才实用教程[M]. 北京：北京邮电大学出版社，2011.

声、情、义的统一，使教师语言具有"震撼力""穿透力"，使学生为之动心，为之动情。正如特级教师于漪描述的：教师语言的魅力来自善于激趣、深于传情、工于达意，对学生产生吸引力、感染力，产生春风化雨般的魅力。

某省重点高中有位姓严的数学老师，治学非常严谨，要求学生非常严格。一日，当他走进课堂，见黑板上赫然写着"严可畏"三字。严老师并没有发怒，而是深情地对学生说道："真正可畏的是你们！后生可畏嘛！为了让你们这些后生真的可畏，超过我们这些老朽，我这严老师怎可名不副实呀！"顿时，教室里响起热烈的掌声。

(资料来源：方明. 每天学点口才学[M]. 北京：金城出版社，2010.)

许多优秀教师都把锤炼自己的教师语言艺术作为提高自身修养的重要目标。古人说：工欲善其事，必先利其器。这话也可以套用为：教欲善其事，必先敏其言。课堂里教师的语言，可以成为萌发学生思维的春风，也可以成为凋零学生思维的秋霜。机智的一语点拨可以让学生的思维茅塞顿开；一句轻声的责备，也可以熄灭学生思维的火花。因此，教师课堂上的每一句话，乃至每一个词都要"出言谨慎"，反复推敲，不仅要加大"含金量"，准确、深刻、富有哲理，而且要增多"糖分"，亲切、自然，如话家常。

第二节　主要教学环节的口才技巧

教学口才是一种创造性的语言运用艺术，包括教师富有独创性的话语风格、巧妙的语言策略、敏锐的语言应变和话语灵感、丰富的语言表现力，以及对语言美的不断追求。

教学口语是教师用来"传道、授业、解惑"的工作用语。"茶壶煮饺子，有货倒不出"的苦恼和遗憾使许多人无奈地走下了讲坛，从此无缘执教。口才在教学中的重要性是毋庸置疑的，它决定和左右着教学的一切活动。教师除了要不断提升文化品位外，还必须终身锤炼自己的教学语言艺术。在教学环节中经常涉及的口语技能有以下几个方面。

一、导入语技巧

课堂导入语又叫开课语，是教师引导学生向新的知识领域进军的第一步。导入语在整个课堂教学中至关重要。它如同桥梁，联系着旧课与新课；如同序幕，预示着后面的高潮和结局；如同路标，指明学生思维的方向。

(一)导入语的作用

(1) 激发兴趣，引发动机。兴趣是感情的体现，是学习的导师，是推动学生学习的一种最实际的动力。所以，"善导"的教师，在教学开始时，总是千方百计地设计自己的教学语言，以激发学生的求知欲。

(2) 引起关注，导入情境。上课开始时把学生的注意力迅速集中并指向特定的教学任务和程序之中，为完成新的学习任务做好心理上的准备，是教学导入语的一个重要功能。

(3) 沟通情感，活跃气氛。课堂上学生活动在很大程度上依赖于心理状态，而这种心理状态又在很大程度上依存于师生双边活动时的心理相容。高明的教师总是善于运用独特的开场白来活跃气氛以达到师生心理相容的目的。这种良好的教学氛围，既有利于教师的"教"，更有利于学生的"学"。

(二)导入语的指导思想

(1) 新颖活泼，忌平淡刻板。教师的导入语新颖活泼才能激发学生的求知欲；否则，平淡刻板会使学生失去学习兴趣。

(2) 庄谐适度，忌庸俗低级。教师在课堂上语言过于庄重，容易使学生产生压抑感，不利于沟通感情；但如果过于低俗，又不能激发学生的美感，也会令学生厌烦。所以，教师应该根据教学内容、教学对象设计教学语言，争取达到庄谐适度。

(3) 短小精悍，忌冗长拖沓。导入语仅仅是一堂课的引子，不宜占用太多时间。导入语要克服随意性与盲目性，不能游离于教学和训练内容之外而任意发挥，要简明扼要。

(三)导入语的类型

导入语的设计以学生对象、教学内容、教学目的为主要依据。如何才能让导入语放射出灵性的光芒呢？可以采用以下几种方法。

1. 故事导入法

故事导入就是教师把要讲课的重点内容编成一个故事，用故事来吸引学生的注意力，以激发学生学习积极性为目的的方法。采取寓意深刻而幽默的故事导入，是学生喜闻乐见的导入语形式。

一位数学老师在讲授"比较分数的大小"时，这样导入：话说唐僧等师徒四人去西天取经，走进火焰山，热得要命，这时猪八戒到一户人家要来一个西瓜，大家十分高兴。猪八戒心想，如果 4 个人平均分，我只能吃到这个西瓜的 1/4，我跑了路，应多吃一份，于是提出给他 1/5 的要求。孙悟空一听哈哈大笑，满口答应。谁知八戒分到 1/5 的西瓜以后，嘟着长嘴气极了。猪八戒究竟为什么这样气？今天我们学了比较分数的大小便可以知道了。

2. 情境导入法

情境导入就是教师根据不同的教学内容，设置出不同的教学情境，使学生有一种身临其境的感觉，以激发学生学习积极性为目的的方法。例如，语文老师在讲授《林教头风雪山神庙》一课时，运用情境导入法，播放《好汉歌》的音频，并出示歌词、风景图片等让学生欣赏。

音乐也是信息社会中信息呈现方式之一，运用与主题有关的音频，容易激发学生的兴趣。

3. 知识导入法

知识导入就是教师在教授新课前，通过名言诗文、提问、复习旧知识等教学活动，以达到为学生学习新知识提供支撑点为目的的方法。

一位物理老师在讲压强定律的时候是这样导入的：英国著名的生物学家达尔文曾经说"科学就是整理事实，以便从中得出普遍的规律或结论"。今天我们来做几个实验，大家一起来看看可以从中得出什么结论。

4. 情感传递法

常言道：感人心者，莫先乎情。所谓情感传递法，是指一种以富有激情的语言导入新课的方法。

一位语文老师讲老子三章时这样导入：今年9月份，我们的罗院长带着4名大二学生前往美国福克纳大学进行学术访问。访问期间，罗院长应邀为该校全体师生介绍了中国的老子、孔子等文化名人。宽大的学术报告厅，座无虚席，人人聚精会神，个个满怀敬畏之情，此时此景，让在场的每一个中国人都感到无比自豪。今天就让我们一起走近老子，聆听老子——智者的低语。

这段导入语，教师采用情感传递法，深情介绍了罗院长访美期间所做的学术演讲及现场效果，对进一步激发学生的民族自豪感和学习课文的兴趣非常有效。

5. 心理沟通法

心理沟通法是指教师根据学生的心理状态及时排除学生的心理障碍。在教学中，学生的心理障碍主要来自对某些学习内容的畏难心理，甚至抵触情绪。在这种情况下，就需要教师通过必要而巧妙的导语予以缓解、排除，引导学生顺利地进入新课的学习。

一位地理老师在讲"中东"这一节时，这样导入：在电视的国际新闻中，差不多每天都有关于中东的报道。为什么他们这么让人操心呢？因为他们这个地方战争不断。这个地方为什么战争不断呢？有人说他们是为水而战，有人说他们是为石油而战。到底是为什么，今天就让我们一起去瞧瞧吧。

老师以趣味性的问题吸引学生，让学生因为强烈的好奇心缓解了学习地理的紧张情绪，自然而然地进入了具体内容的学习。

6. 解题导入法

标题是文章的"窗口"，是对教材内容高度的概括，从这里往往可以窥知全文的奥秘。解题导入法就是从审题入手，在新课开始时教师和学生一起解释课题，并围绕课题提出一系列问题让学生思考。这样的导入语可以开门见山，抓住重点，促使思维迅速定向，直截了当，清晰简明，使学生很快地进入对教材中心问题的探求。

一位语文老师在板书上写了课文题目——《将相和》之后，紧接着提问："《将相和》中的'将'指谁？'相'指谁？'和'又是什么意思？'将'和'相'始终都是'和'的吗？为什么他们会不'和'？后来为什么又会'和'呢？"

一连串解题提问将本课的主要线索理出来，达到了开"窗"入"室"的效果。

7. 背景导入法

有些教学内容与学生生活相去甚远，学生难以理解，这样的内容通过背景介绍导入效果显著。有位老师在讲白居易的《长恨歌》时，是这样导入的：

在我国历史上有一位皇帝是"不爱江山爱美人"，并且爱得缠绵深切，以至"天长地久有时尽，此恨绵绵无绝期"。这个皇帝是谁？他爱的是谁？又是怎样爱的呢？今天就让我们一起走进《长恨歌》。

(资料来源：罗纯. 演讲与口才实用教程[M]. 北京：北京邮电大学出版社，2011.)

这段导入语，教师从历史人物谈起，通过三个连问句，引导学生追忆历史，帮助学生理解课文，效果极好。

除了上面所讲的几种导入语设计方式外，还有复习式开讲、目标式开讲、比较式开讲、表演式开讲等。

二、讲授语技巧

讲授语是指教师较系统、完整地阐释教学内容的教学用语。教学口语的表达方式主要有叙述语、描述语和解说语等，在教学中应根据需要灵活自如地运用。

(一)讲授语的类型

(1) 画龙点睛式讲授。即教师要善于寻找教材中的重点概念、关键语段，来设疑激趣、精心点拨。

(2) 归纳式讲授。边讲边归纳内容要点，给学生以简明的提要，有利于学生消化、巩固所传授的知识，是教师最常用的语言策略。

(3) 分层次讲授。分门别类、划分层次做条理明晰的讲授，是使讲授语做到清晰、严谨的重要策略。

(4) 诠释性讲授。主要用于解字说词，诠释概念、定律等的含义。

(5) 举例性讲授。用典型、简洁、贴切的事例来讲授，以加强对被解说事理的理解。

(二)使用讲授语应注意的问题

(1) 整体要完整，不能顾此失彼或东拉西扯。

(2) 讲析要严谨。即讲析尽量做到出口成章，做到将教学思路的逻辑性体现在教学口语的逻辑性之中。不能杂乱无章，信口开河。

(3) 避免失真。即避免讲授语不确切，内容不确定，概念不清楚，讲走了题或走了样。

三、过渡语技巧

过渡语又称课堂衔接语、转换语等，是指教学从一个环节到另一个环节，从一个大问题到另一个大问题之间的过渡用语。巧妙的过渡语可以起到自然勾连、上下贯通、逻辑深化的作用。过渡语也是引路语，提示和引导学生从一个方面的学习，顺利地通向下一个方面的学习。过渡语也是粘连语，它可以把一节课的内容衔接成一个整体，给学生以层次感、系统感。

(1) 顺流式。是指上一个问题自然为下一个问题做了预备和铺垫。例如，"好，我们了解了根从土壤里吸收水分用的是渗透的方式。可是，植物除了从土壤中吸收水分外，植物生活还需要什么物质呢？"用设问句的方式，引出"矿质代谢"这一命题的讲述。

(2) 提示式。是指出上下环节或问题之间关系的过渡语。例如，"同学们，上面讲的这一切如果成立的话，那么下面这种说法也能成立吗？"

(3) 悬念式。运用前面问题推导的结果，制造一种悬念效应，巧妙地引出下文。例如，"同学们听到我讲的这些以后，一定感到很奇怪，真的有那么厉害吗？好。这个问题我们先放在这儿，一会儿就会明白的。下边，我们先搞清楚这样一个问题……"

四、提问语技巧

"学起于思，思源于疑"，思维是从问题开始的。课堂提问是组织课堂教学的重要环节。教师在课堂教学中适时提出一些发人深省的问题，会紧紧吸引学生的注意力，激发学生的学习兴趣，引导学生的思路，开拓学生的思维，使教学之间、师生之间处于和谐的信息交流之中，对提高课堂教学效果大有裨益。

(一)提问语的类型

1. 按语句形式、语气特点分类

(1) 设问。教师自己设问，自己作答。

(2) 商问。教师采用与学生商量、探讨的语气发问。

(3) 反问。这是一种寓答于问的说法。

2. 提问语的其他分类

(1) 直问。直问就是正面提出问题。

(2) 曲问。曲问就是迂回提问，不针对疑点、难点直接发问，而是绕一个弯子，然后再逐步引入正题。曲问比直问巧妙。

(3) 选择问。选择式提问是指教师把几个意义相近、相关或相反的问题同时提出，供学生选择取舍。这种提问适宜于那些学生容易混淆、弄错的地方。运用此法，可提高学生的辨别判断能力。

(4) 比较问。用比较的方式提问时，比较的对象可以是概念、词语，也可以是篇章段落，还可以是观点、方法、风格。它不仅有助于培养学生的发散思维能力，而且可以扩大学生的知识面，开阔学生的视野。

(5) 递进问。递进式提问是指对提问语做整体设计，由易到难，由浅入深，层层铺垫，连续发问，最后水到渠成，自然解决问题。这种提问有助于学生把握问题的方向，培养他们的逻辑思维能力。

(6) 扩展问。教师根据教学的需要，把问题引向不同的侧面，引导学生把已学和未学的知识联系起来，由此及彼，互相勾连，最终达到融会贯通的目的。

(7) 引疑问。引疑式提问是指于学生无疑处设疑，引导学生对问题思考得更加深入。巧置矛盾、激疑设问，是引疑式提问的关键。这种提问，往往可收到举一反三、触类旁通的奇效。

一位教师在介绍生命科学的前沿成果时提问：目前遗传病具有终生性的特点，将来可不可以通过更正染色体上的致病基因来达到根治遗传病的目的？再者，目前器官移植在很大程度上受到供体不足和组织不相容性的限制，将来可不可以通过器官再造来实现"人面兽心""狼心狗肺"？学生一时间情绪热烈，议论纷纷。教师稍作停顿，再微笑着告诉他们：这些已经不是异想天开，通过人类基因组计划或治疗性克隆技术就能实现，这些生命科学的新技术将给我们的生活带来翻天覆地的改变。学生随即产生了困惑：人类基因组计划、克隆技术为何如此伟大和神奇呢？从而迅速激发学生的探求欲望。

(二)运用提问语应注意的问题

(1) 适时。在学生有思、有疑正要发问而又苦于不知怎样发问之时提问，即提问要有针对性和探索性。通过问题的设置，引导学生学会思考分析，学会发现问题、提出问题和解决问题。

(2) 适度。即提问语的难度与深度要适度，不能让学生答不上来或答得没劲，而是既要激发学生的好奇心，又要培养学生求知欲和积极的思维能力，促使学生"跳一跳"就能摘到"树上的果实"。在设计全课的提问语时，应有通盘考虑，并使每个提问语呈现一种水平递进的坡度。即前一提问是为后一提问打好基础，筑路铺桥；而后一提问又是前一提问的引申和推进。

(3) 适量。提问应疏密有间，有一定的停顿时间，以适应学生的思维规律和心理特点。一节课不能提问不断，变成"满堂问""随意问"，那样会使学生产生厌问、拒问、厌答的消极心态。

(4) 策略。一是面向全班，不能先把某个学生叫起来再提问，这样就调动不了全体同学的思维。二是因人而问，要切合学生的答问能力。三是不可逼问，要给学生留下思考的时间，把问题重述两遍，再请学生作答。四是问有沟通。教师边以和蔼的目光注视学生，边用话语引导："别着急，想一想再说。""我相信你是能回答的。""怎么，一时记不起来了？一会儿想起来再说好吗？"五是要把握好语气。提问时语速不宜太快，语音要清晰，问语声声入耳；可以运用追加、反复的技巧。

教师的答问语也要恰到好处：①答问语应从鼓励学生积极探索的角度来说；②答问语要有启发性，如不仅说出答案，还要说出寻求答案的思路和方法，可以提供多种类似的答案，让学生比较、筛选；③答问要留有余地，即答案具有开放性，如"是不是只有这种讲法对呢？大家还可以从另外的角度想一想。"

五、启发语技巧

启发语是指教师根据知识内容和学生的发展特点与需要，运用适时而巧妙的话语给学生以启迪、开导和点拨。

(1) 话不说透，留有空余。即有时讲的话语要含蓄一些，在学生想知而不知时，加以诱导式地讲说，不要把知识点和问题一览无余地说完说尽，要给学生思考的时间和想象的空间，启发他们自己去寻求答案。

(2) 适时点拨，循循善诱。恰当地运用提问语、设问语和反问语，调动学生的积极思维，使他们开动脑筋去求知、求疑和求解。

(3) 多方位、多角度设计。正面例证启发语：举出著名科学家、文学家、名人的事例对学生进行启发。反例启发语：针对学生学习某个概念、定理时容易发生的错误，设计一些"陷阱"式答案语，看学生是否答错，然后引导他们走出误区；它比正面例证启发更富有启迪作用。指引性启发语：设计一些启发学生思考方向的话，以及解决问题、摆脱困境的话等。展望性启发语：设计一些描述解决问题前景的话，使学生发生兴趣，并朝这种前景而努力。探究性启发语：讲到某个重点、难点时，设计一种鼓励学生去探究的话语，或提出一种设想，或提出一些线索，引导学生亲历思考和探究的过程，充分发挥学习主动性，进行创造性的思考，自主建构知识体系，领悟科学探究的方法。

六、评述语技巧

课堂上，学生能否最大限度地发挥学习的主动性，积极地参与教学活动，教师的善于引导很关键。教师的引导不仅包括教学内容的安排、活动环节的设计，还包括对学生做出及时、正面、清晰且具有导向性的评价。课堂上，教师要巧用评价语，让评价语成为"推进器""催化剂""航灯标"，以帮助学生提高认识，超越自我。评述依附于教学内容、学生实际和教学语境，常常是以有感而发的方式，即时对某种情景或话题发表见解。

评述的方式方法有很多。常见的有教师独白式评述，学生述、教师评，教师述、学生评，师生共述共评等。从评述语的构成来分，评述有先述后评式、先评后述式以及边评边述式等。评述语有时需要用确定的语气，不容置疑；有时需要用商榷的语气，以激发学生思考；有时需要略带感情色彩，以使自己的观点倾向性更加鲜明。

七、小结语技巧

小结语又称课堂教学结尾语，是指教师讲完一部分内容或课堂结束时所说的话。成功的小结语会让学生留下深刻的印象。一堂成功的课，不仅要有引人入胜的导入和环环相扣的讲授语，还要有精致的结尾语。只有这样，才能让学生流连忘返、回味无穷。

(一)小结语的类型

依据课堂教学目标，小结语的设计思路主要有激情赞颂法、谆谆告诫法、抒情延展法、名言引用法、辩证评述法等。

一位语文老师在讲授孔子《论语十则》时，以名言引用法结束了该课。

20世纪80年代，诺贝尔奖获得者确立了一份《巴黎宣言》："如果人类要在21世纪生存下去，必须回头两千五百年，去汲取孔子的智慧。"如此高的评价，是我们每一个炎黄子孙的骄傲。有一首歌唱得好："全世界都在讲中国话，孔夫子的话也越来越国际化。"愿孔子优秀的思想光辉穿越时空，孔子的"仁爱"智慧永远伴随我们成长。

(二)运用小结语应注意的问题

(1) 忌拖沓。小结语如果小题大做、啰唆、杂乱，用语不简洁、不明确，必然让学生感到厌烦，影响教学效果。

(2) 忌仓促。临下课时慌里慌张地讲几句，草率收场，不能起到小结巩固强化的作用。

(3) 忌平淡。一是小结语语调平淡，没给学生留下深刻的印象；二是小结语总是一个模式，例如，"好！今天的课就上到这里，下课！"应当根据教学目标与教学语境的需要，变换小结语。

除前面介绍的外，小结语还有点睛式、引申式、含蓄式、检验式等。有的结尾如撞钟，清音有余；有的结尾含蓄委婉，课虽尽而意无穷。成功的小结语，是教学口语艺术的精品。

八、应变语技巧

写在教案上的话语是静态的，但在教学实施中的语言却是动态的，这就需要教师不能拘泥于原来设计的语言，而应当即时调整讲话的内容，或改变话语的语调高度与重音强度，添加另外一些话语"佐料"，以吸引学生的注意力。

应变语的艺术包括学生在课堂上突然提出了一个出乎意料的问题，教师如何应变答对的艺术；课堂上出现突发情况，教师如何处理和应答的艺术；突然遇到了棘手问题，教师如何摆脱困境的语言应对艺术；以及教师发觉苗头不对，立即用语言防止发生不快事件的应对技巧等。

优秀教师令人惊叹的应变语艺术，是他们高超的教育机智、老练娴熟的教学经验以及灵敏的语言对策的统一。

在一次数学课上，刘老师正在板书。突然有一名学生学起了公鸡打鸣，顿时引起一阵哄笑。刘老师转过身来，循着众人的目光发现了"闹生"。但是，刘老师并没有训斥他，而是把手伸进口袋，掏出手机看了一下，然后不紧不慢地说："哎呀，我的手机误事了，难道现在是凌晨？"学公鸡打鸣的学生顿时面红耳赤。

应变语是教师在课堂上的必备"武器"。它是教师机智、幽默的教学风格和热情、求实的教学态度的凝聚点，是教师自觉发挥口语优势的着力点，是教师启发学生领悟知识、激发他们求知欲的临界点。

第三节　适应教学对象的口才技巧

教学口才不仅要适应学科的不同，还必须适应教育对象的差异。教师必须重视并适应学生个体、群体的差异性。在教学口才的运用中，只有遵循因材施教的原则，才能取得卓有成效的教学效果。

一、对接受能力不同的学生

由于学生接受水平、学习态度、个性倾向不同，对教师教学中的话语感受与理解就会存在差异，所以教学口才要体现针对性。

(一)对低年级或理解力偏弱的学生

(1) 用语通俗浅显。更多地采用直观的语言增强他们的表象储备，为其理解概念、原理打下基础。讲课时多用描述、举例、设喻、对比等表达方式，以突出教学口语的形象性、生动性和趣味性。

(2) 强化重点语句。多采用提示性语句，如"这一点十分重要""特别要注意的是"等。再者，运用语速放慢、语气加重的办法来突出重点内容。还可以采用追加、重复的办法，如"换句话说""还可以这样理解"等，为难点作必要的重复。

(3) 降低提问难度或降低设问的递进坡度，为其回答作适当的铺垫。

(二)对高年级或理解力较强的学生

(1) 适当提高话语中知识信息的密度和讲解的深广度，满足他们较强的求知欲。

(2) 较多地运用精当的点拨语、诱导语，促使他们开动脑筋自己探索。

(3) 话语中可穿插一些哲理性强的语句，使话语含蓄、浓郁，引导他们细细品味。

二、对学习态度不同的学生

学习态度决定学习效果，不同的学生会有不同的学习态度，教学中教师要运用技巧区别对待。

(一) 对学习不认真的学生

(1) 用诚恳、热情的话语，引导他们克服"自我否定"或"自我感觉良好"的心态。用肯定的语气鼓励他们的点滴进步，并耐心指出他们的不足，重要的是，让他们看到改正不足的希望与办法。

(2) 以假设或祈使的方式提出友善建议，引导他们上进。例如，"我相信你晚上少看点电视，你的作业一定能完成好""如果你写完作业以后认真检查一遍，一定会自己改正的，是吗？"

(3) 在进行必要的批评时，声调较低，语速稍慢，语气做到刚中显柔。

(二) 对学习认真的学生

(1) 注意语调的转换。教师有时用赞赏的语调予以肯定，使学生获得被表扬的快感；有时用稍稍降抑的语调指出其不足，并提出更高的要求。例如："你在全班学习一贯较好，这次作业没写好是不是偶然的？你想想问题出在哪儿？""你看，我真不相信是你的试卷，怎么会这么马虎呢？"

(2) 注意表扬语的分寸，忌简单化和言过其实的表扬，做到高标准、严要求，话语中充满着激励与期待。

三、对个性特征不同的学生

学生个性千差万别，教师要根据其个性特征采用不同的教学口语。

(一) 对性格内向的学生

性格内向的学生，一般来讲感情内向，不善举手发言或提问，有的容易产生自卑感，运用教学口语时应注意以下两点。

(1) 增加激励因素，诱发其学习的主动性。在言词的选择和语气上，始终保持对他们的信任与期待。

(2) 提高温暖指数。学生学习遇到困难时，用热诚、耐心的话语开导。例如：

张老师在讲楞次定律所反映的感生电流的方向规律时说："线圈是一个具有'冷酷'和'多情'双重性格的特殊人物。当磁极接近时，线圈近端产生同性磁极，对意欲接近的磁极进行排斥，以抗拒入侵者，表现得冷酷无情；当磁极离开时，线圈的近端又立即产生异性磁极，对意欲离开的磁极产生引力，以挽留远方的来客，表现得亲切多情。"

(二) 对性格外向的学生

性格外向的学生，一般感情比较外向，易敏感，情绪不稳定，上课时好提问。运用教学口语时应注意以下两点。

(1) 适当增强用语的指令性，并通过及时的提示、提醒，控制他们在学习活动中的注

意力。

(2) 注意运用热忱、鼓励的话语,引导他们保持持久的学习热情,说话时要特别注意用语的分寸。

单项技能训练

一、导入语技能训练。

1. 设想自己是初中或高中的任课教师,请你以某一学科为内容,设计一段导入语,先在小组里试讲,反复修改后在全班交流。

2. 学生讨论、评议:哪些导语设计得好,也讲得好?哪些导语起不到应有的作用?

3. 观摩视频,体会一下优秀教师的导入语。

二、讲授语技能训练。

从你当前所学的某一课程中,找出一段 5 分钟就能够讲析明白的概念、原则或事理,参照讲授语的特点、要求和示例,写成讲稿准备参加班级交流。要求:初步把握讲授语运用的要点,做到准确、清晰、富有条理;讲授语音清晰,语调抑扬顿挫,语速适中,并注意使用手势语。每位同学当众讲授,小组或全班评议,教师小结。

三、过渡语技能训练。

1. 阅读老舍的《济南的冬天》一文并思考:假如你讲完了老舍的《济南的冬天》第二部分"济南冬天的山",如何过渡到第三部分"济南冬天的水"? 按照教材所述的 3 种过渡方式,各设计一段过渡语。

2. 亚洲是世界第一大洲,无论是地理自然环境还是人文环境,都十分有特色。试问:讲完自然环境后,你如何过渡到人文环境?

四、提问语技能训练。

1. 充分发挥你的想象力,为下文设计一组提问语,同学间相互提问。

中国青年科学家陈家炬成功地将人的抗病毒干扰基因"嫁接"到烟草的 DNA 分子中,使烟草获得了抗病毒能力,形成转基因产品。如今,在绿油油的田野里,可以长出富含维生素 A、C 的水稻和小麦,还可长出含动物蛋白的蔬菜……再过几年,到超市买水果时你可能会见到抗感冒的苹果、防肝炎的香蕉……你能想象出未来的农场是什么样子的吗?

2. 请你为"狼说完就扑向小羊"设计几个开放式提问。

在《狼和小羊》一课的结尾,有这样一句话:"狼说完就扑向小羊。"讲到这句话时,老师常常提出这样的问题:"结果怎样?"因为答案显而易见,没有深度,启发不了学生的思维。

综合技能训练

一、一次期中考试，初三(一)班学生考了年级倒数第一。成绩公布后，该班学风更差，他们说："反正我们这成绩升学无望了，还不如痛痛快快地玩儿。"面对这种情况，作为班主任，你准备怎样引导学生？

二、请大家思考并相互交流，如果你是这位政治老师，该如何用良言妙语激发学生创新的灵感、智慧的火花？

某教师在高中政治课上讲"中国加入世界贸易组织"的问题时，用设问句"WTO 是什么意思呀"引起下文，这时一位男生插嘴道："就是打屁股呗！"结果引起了全班同学的哄笑。

第十七章　公　关　口　才

【案例导入】

公关口才是市场经济中不可或缺的活动之一，是人类从竞争走向合作的桥梁，体现了一个公关员的综合素质和综合能力。

美国费城电气公司的推销员，为了在乡村地区扩大用电客户的范围，他先来到一个看起来比较富有的农户门前，叫开了门，户主是个老太太。老太太一看是电气公司的推销员，就"嘭"的一声关上了门。推销员再次叫开门，从老太太打开的一条门缝中热情洋溢地招呼道："我不是来推销用电的，我来买些您的鸡蛋。"老太太半信半疑地望着推销员，推销员诚恳地说："我看见您喂的明尼克鸡十分棒，准备买一打鸡蛋回去烘蛋糕用。"老太太打开大门，问他为什么不远数里跑到此处买鸡蛋。推销员回答说，买棕色鸡蛋做出的蛋糕才好吃好看，别处只有白色鸡蛋。推销员接着攀谈养鸡的种种经验，并夸赞老太太养鸡的收入很高。老太太闻听此言十分开心，让他进来参观鸡舍。这时推销员才缓缓深入到主题。他告诉老太太，鸡舍里如果加强灯照会促进鸡蛋高产。此时老太太最初的反感已荡然无存，显然被他说服了。两周后，推销员就收到了老太太的申请用电表格。

这位销售员在公关时先避开敏感的话题和直接目标，从老太太感兴趣的事情谈起，消除了老太太的戒备心理，终于达到了扩大用电客户的目的。那么什么叫公关口才？公关中有哪些语言表达技巧呢？

【本章要点】

- 公关口才概述。
- 公关中的语言沟通技巧。
- 公关中的语言表达技巧。
- 公关中的语言应用技巧。

第一节　公关口才概述

口才是公关人员的主体素质和基本技能，是公关最便捷的工具，也是公关最锐利的武器。"舌"扫千军，沟通内外，连接你我。口才的强弱优劣，是决定公关成败的前提条件之一。

一、公关口才的概念

公共关系是研究组织机构信息传播、协调其内外公众关系以塑造良好组织形象管理事

务的实践活动。社会组织在经营管理中为了塑造良好的组织形象,主要运用传播沟通的手段,促进社会组织与相关公众之间的相互了解、理解、信任与合作。公关口才是指公关人员为服务公共关系目标,在传播活动中有效运用口头语言表情达意的能力。

二、公关口才的特点

公关口才主要有以下几个特点。

(一)意识性

公关口才的概念内涵里渗透、充满着公共关系意识。公关意识是一种综合性的职业意识,它主要包括塑造形象的意识、服务公众的意识、真诚互惠的意识、创新审美的意识和立足长远的意识等。公关意识是一名公关人员必须具有的职业意识。

(二)互动性

在公关传播沟通过程中,传者与受者之间的信息和情感交流是双向互动的。传者、受者之间通过使用不同的言语不断地进行"输出—反馈"和自我调节机制来实现双向互动的交流,达成信息沟通,形成公关事务。

(三)语境性

语境就是说话的环境,有宏观与微观之分。前者指时代、社会、地域、文化传统等;后者指交流对象的处境、地位、文化、经历、性格等。在运用公关语言的过程中,必须考虑这两种因素,适合的语境往往对公关具有不可忽视的调适作用。

(四)适当性

公关语言的繁简,主要根据语境和目标公众的情况而定。繁简适当能提高信息传播效果,有利于达到公关目的;相反,信息低量、信息超量或信息冗余都是影响公关成败的关键因素。

(五)热情性

语言能表达出应有的热情是公关人员运用语言的突出特点。热情的语言会使人感到兴奋,为迅速与对方达成沟通奠定必要的感情基础。但是热情不等于轻浮,更不等于"花言巧语""耍嘴皮子"。公关语言既要热情,又要庄重。庄重,会使公众感到你的信息传播是真实的,是经过深思熟虑的,能够增强信任感,使人感到可信。公关人员在与目标公众沟通过程中出现异议或歧义时,幽默的语言会使人愉快,委婉的语言会使人感到亲切。

三、公关口才的作用

在人际交往和公关关系的建立中,公关口才具有信息传播、协调沟通和形象管理等作用。

第十七章 公关口才

(一)畅通信息渠道

公共关系活动的过程，主要是一个组织与公众之间进行信息传播和沟通的过程。公关口才是面对面的双向沟通，既有对外的信息传递，也有向内的信息输入和反馈。它能最快地了解公众，并从公众口中获得信息，从而为组织收集信息，提供决策依据。

(二)融洽内外关系

组织内部的团结合作，是组织成功的基础；组织外部的理解和支持，是组织发展的条件。公关口才是直接的双向沟通，能畅通信息传播，改善内外关系，影响公众态度，激发公众行为。

(三)维护组织形象

塑造、维护、提升良好的组织形象是公关的主要职能和目标。公关口才是塑造良好的组织形象的重要工具和手段，是人际传播、沟通信息的重要媒介，是公关工作者的无价之宝。

古往今来，在历史的长河中，因公关而成功的例子不胜枚举。国际风云中一场舌战，可免去刀兵相见；领导会议上几句妙语，令人热血沸腾；商海搏浪时一段利词，可资财亿万；社交场上一席恳谈，令人如沐春风。

四、公关口才的基本原则

要使公关获得成功，必须掌握以下几个基本原则。

(一)真诚原则

真诚即坦诚相见，真心实意为公众着想。

有位负责就业指导的老师在给大学生讲就业形势时，有个学生问："现在找工作都要靠关系，学习成绩好有啥用？"如果老师讲一番"努力学习，报效祖国""坚决反对拉关系走后门"之类的空洞大道理，学生肯定不理睬。老师说了一番实实在在的真心话："我承认有关系可以找到好工作，但有本事没关系也可以找到好工作。比如，你可以去考公务员，这是按成绩排位的。你还可以到企业去。现在的民营企业、外资企业直到国有企业都要讲效益，有本事的他们肯定会要，谁也不会养个闲人浪费自己的钱。如果你既没关系又没本事，那是找不到好工作的！两者之间，你必须要有一样。没有关系，你就去学本事吧。还必须明白，凭关系找到工作的人，如果他没有本事，最终也会被淘汰。所以归根结底要努力学好本事。"老师的话贴近生活、贴近实际，客观而辩证，学生们都点头称是。

(二)有益原则

有益即选择的话题要健康有益。在公关活动中，应注意根据公关目的，选择那些有积极意义的话题，以使公众通过公关人员的谈话对其教养、人品有着较好的评价，继而对社

会组织产生好感。

(三)得体原则

得体即谦恭适度,自然得体。讲究谈话分寸,一是看对象说话,如"相见恨晚"一般只能在同性别之间说,若用在异性之间,则易使人产生误会;二是承诺性讲话,有时要留有余地,以免发生意外,诺言难以兑现;三是说话适可而止,有的话不宜明说便采用暗示的方法,不宜多说就点到为止。总之,语言色彩的中性化倾向,语言表达上的恰如其分,互尊互益前提下的文明庄重,是公关口才语言得体的主要标准。

(四)有礼原则

公关语言讲究礼节,礼貌用语能增进双方的了解和感情,为交谈创造和谐融洽的气氛,给公众对象留下美好的印象。例如,交警检查司机的驾驶证,查验完毕,很客气地说:"打搅您了,您可以走了。"一位顾客走进理发店,看见店里坐满了人,刚一皱眉,过来一位理发师说:"请坐下稍等片刻,这儿有画报,很快就给您理。"

(五)有效原则

有效即公关语言言之有效。衡量公关语言的效果有四个层次,即信息层次、感情层次、态度层次和行为层次。公关语言运用只要达到了这四个层次的要求,就能获得预期效果。

有位驾校师傅,在训练学员时,总是先肯定,再修正,既保护了学员的自尊心,又让学员掌握了正确的驾车技能。

第二节 公关中的语言沟通技巧

公关中协调沟通的口才技巧主要有以下几种。

一、提问的技巧

公关中,会不会问、怎么问、问什么,直接影响着公关的效果。提问要有明确的针对性,便于对方回答;要得体礼貌,便于对方接受。在公关交际中,常用的提问技巧如下。

(一)开门见山法

这是交谈中应用最广泛的一种直接提问方法,即一开始就直入正题,看准目标深入下去,不纠缠于其他细枝末节。

某公司的公关人员按照公关部经理的要求到销售部了解一些信息,她对销售部部长说:"部长您好,我是公关部小王,我部受公司领导指示,要求我们对全公司各部门的工

第十七章 公关口才

作经验作一个总结。我部部长派我来您这里了解一些情况，希望您能帮助我。请问你们部今年在社会上推销公司的产品的情况是怎样的？有哪些可以推广的经验呢？"

(二)启发诱导法

当对方对某些问题比较敏感，有所忌讳而不便直接询问时，就需要迂回曲折、委婉含蓄地提问。

一位顾客坐在一家高级餐厅的桌旁，把餐巾系在脖子上。这种不文雅的举动很让其他顾客反感。经理叫来一位服务生说："你要让这位绅士懂得，在我们餐馆里，那样做是不允许的，但话要说得尽量含蓄。"怎么办呢？既要不得罪顾客，又要提醒他。服务生想了想，走过去很有礼貌地问："先生，您是要刮胡子呢，还是要理发？"话音刚落，那位顾客立即意识到自己的失礼，赶快取下了餐巾。

表面看来，似乎是服务生问错，但实际上正是通过这风马牛不相及的事情来提醒顾客。即使顾客意识到自己的失礼之处，又不伤顾客的面子。

(三)因势利导法

这是一种吸引对方思考所提问题，劝对方接受自己的观点，或是找出解决问题的最佳方案的方法。

十月革命之后，成千上万的农民来到莫斯科。由于他们对沙皇仇恨很深，坚决要求烧掉沙皇住过的房子。有人把这件事告诉了列宁。列宁指示干部们对农民进行说服教育，干部们三番五次进行劝说，可农民就是不服。最后，列宁决定亲自和农民谈话。

列宁对农民说："烧房子可以。在烧房以前，让我讲几句话，行不行？"

农民说："请列宁同志讲。"

列宁问道："沙皇的房子是谁造的？"

农民说："是我们自己造的。"

列宁又问："我们自己造的房子，不让沙皇住，让我们农民代表住，好不好？"

农民说："好！"

列宁再问："那要不要烧掉呀？"

农民觉得列宁讲得很有道理，再也不坚持烧掉沙皇住过的房子了。

为什么其他干部三番五次劝不服的农民，却被列宁三个问句就说服了呢？关键就在于列宁把教育农民与关心农民的利益结合起来，使农民不但懂得了自己是国家主人的道理，而且看到了沙皇住过的房子可以让农民代表住的"利"，从而意识到列宁的主意正是为他们的利益着想，这就有了心理和语言上的共同点，从而接受了列宁的主张。

(四)明知故问法

提问者明明知道自己所提问题的答案，但为了达到自己的目的而故意提问。

美国总统罗斯福在海军担任要职时,一位朋友向他打听海军在加勒比海的一个小岛上建立潜艇基地的保密计划。罗斯福向四周看了看,压低声音问:"你能保密吗?"朋友答道:"能,当然能,我会守口如瓶。"罗斯福微微一笑跟着说:"那么,我也能,我也会守口如瓶。"这个问题,真是机敏巧妙,异常精彩,既坚持了保密原则,又不使朋友难堪。

(五)反问语气法

有一次,萧伯纳的脊椎骨出了毛病,需要从脚上取一块骨头来补脊椎的缺损,手术做完后,医生想多捞一点手术费,便说:"萧伯纳先生,这可是我们从未做过的新手术啊!"萧伯纳笑道:"这好极了,请问你打算给我多少试验费呢?"医生无言以对。

其实,这种提问有着明确肯定的答案,作为针锋相对的武器能给挑衅者以有力的回击。它往往比正面提问更有力量,更能抒发感情,但要注意适度。

(六)限制选择法

这是一种目的性很强的提问技巧,它能减少被提问者说出拒绝的或提问者不愿接受的回答,帮助提问者获得较为理想的回答。

一家小面店的老板在为客人煮面时,必问一句:"放一个还是两个鸡蛋?"而不是问:"要不要放鸡蛋?"这样提问就缩小了客人的选择范围,老板可以多做鸡蛋的生意。

(七)含蓄婉转法

这种提问的意图是为了避免对方拒绝而出现尴尬局面。例如,一个小伙子爱上了一个姑娘,但他并不知道姑娘是否爱他,此话又不能直说,于是他试探地问:"我可以陪你走走吗?"如果女方不愿交往,她的拒绝也不会使双方难堪。

(八)协商提问法

如要别人按照自己的意图去做事,应该用商量的口吻向对方提出。例如,领导要下属起草一份文件,把意图讲清之后,应该问一问:"你看这样写怎么样?"

二、答问的技巧

回答是对提问的反馈。问是一门艺术,答也需要高超的技巧。真正巧妙的回答,绝不是对方问什么你就答什么,他怎样问你就怎样答。一个有经验的公关人员在听到对方的提问后,会冷静思考并选择一个最佳的回答方法。

(一)直言法

根据对方的提问,直接做出正面回答。

问:"客户座谈会准备得怎样了?"

答:"基本安排好了。请帖按陈总拟的名单都发了,会场也租好了,其他准备工作也基本到位。现在等客户的反馈信息,再决定具体的食宿安排。"

(二)岔题法

岔题法是指由于不愿或不便正面回答对方的提问,而有意转换话题,以其他内容作答的方法。

在一个服装展销会上,一位服务员正在向顾客介绍服装式样,突然有位顾客高声说:"式样不错,老点。"这位服务员一听,马上机灵地接着说:"这位先生说得对,我们设计的服装式样好,又是老店,保证质量,价格公道……"其实,那位顾客说的是"式样老了点",服务员怕这话影响其他顾客的判断,因而灵机一动,巧妙地把"老点"改换成"老店",岔开了对自己不利的话题,有效地把公众的注意力引到对自己有利的方面来。

(三)模糊法

公关中涉及本单位不愿向外公布的情况时,宜用不置可否的模糊语言来回答。这样的回答既没有实质性的内容,又能保持沟通渠道的畅通。有时不愿、不便回答的问题,也可使用此法。

男:"小王,几天没见,听说你病了?"
女:"没什么大病。"
男:"什么病?"
女:"一点小毛病。"

问答中,男青年好奇心太强,追根究底,只顾自己的急切心情,不管对方的脸面。女青年有难言之隐,不便言说,只好用模糊语言层层设防。这样,问题是回答了,但男青年是不会得到答案的。

(四)以问代答法

以问代答是不正面回答对方的提问,用同样的问题反问对方的答问方法。有时对提问难以回答,但又不得不回答,在这种情况下,以问代答是最有效的方法,使对方同样感受到该问题难以回答,因而会更多一份体谅。

一位记者问一位公关小姐,说:"你长得这么漂亮,又在老板身边工作。如果老板看上你了,而他又有妻室儿女,你是否愿意做第三者?"对这种不礼貌、不得体的提问,最好的回答就是不予理睬,但这样做同样是不礼貌的和违反交际合作原则的。公关小姐想了想,找到了此时此刻的最佳回答方法,以问代答:"如果你遇到此类事,该如何办呢?记者先生。"

这样的回答,让提如此问题的记者自讨没趣,而又保持沟通的顺畅。

(五)曲语法

公关中面对不便直说的事情，可用委婉的语言来回答。

一位家长问老师："我孩子的成绩怎样？"正巧这个孩子的成绩不理想，若当面直言相告"这孩子的成绩不太好"，会让学生家长不好意思，伤了面子。这时老师可用曲语的方式，委婉地说："要是能抓紧点，成绩会更好。"

这样的回答既传达了同样的信息，同时又体现了对学生努力的肯定。

(六)诙谐法

诙谐法是指在交际中对一些不便直接回答的问题，使用诙谐幽默的语言来答问的方法。

漫画家廖冰兄在重庆展出漫画《猫国春秋》。《人物杂志》的田海燕请郭沫若、宋云彬、王琦、廖冰兄吃饭。席间，郭老问廖冰兄："你的名字为什么这么古怪，自称为兄？"版画家王琦代为解释说："她妹名冰，故用此名。"郭老听后，笑着说："啊！这样我明白了，郁达夫的妻子一定名郁达，邵力子的父亲一定叫邵力。"一句话引得满堂宾客大笑起来。

郭老模仿王琦对廖冰兄名字的解释，用诙谐、幽默的语言把郁达夫、邵力子的名字做了同样解释，大家听了会心一笑。这一案例对公关口才有启发意义。

(七)诱导法

诱导法是指诱使对方按照设定的方式思考，自然得出与预期答案相左的答问方法。

一位经理和女秘书与另一经理和女秘书会谈。一方的经理与自己漂亮的女秘书有暧昧关系，另一方经理故意问自己的女秘书："你觉得那位秘书怎样？"他的秘书思忖片刻回答道："什么样的经理就有什么样的秘书呗！"

这位秘书回答得非常巧妙，她明白了经理的暗示后，不去评价对方秘书的优缺点，而是诱导经理按照她的思路去寻找答案：我不好，是因为你不好；我好，你自然好。

以上7种答问方式是公关中较为常见的。不过7种方式的使用不是孤立的，而是多层次、多角度交叉综合在一起的。高超的答问要切合语境，切中要害，礼貌得体，幽默风趣。

三、说服的技巧

公共关系沟通中，双方为实现各自的利益而存在一定的对抗性。双方都想靠自己的实力、技巧去改变对方的立场、态度，使对方接受自己的意见，按照自己的要求去做，从而达到说服对方的目的。如何改变对方的态度，关键在于劝说方法和技巧的运用。

(一)晓喻法

晓喻法就是说服者利用双方的利益原则做基础,通过向对方摆事实、讲道理,使对方放弃已经形成的意见,接受自己比较合理的建议。

著名口才学家卡耐基为举办讲演会,每季度都要租用纽约某饭店的大厅,这儿经常是卡耐基每季度培训管理人的地方。一次,饭店通知卡耐基租金要提高 3 倍,而当时所有的入场券都已卖出去了。面对如此突如其来的事情该怎么办?租,太贵;不租,又已办不到。

卡耐基找到饭店老板,说:"接到通知时,我很吃惊,但考虑你的处境,该为饭店的利润而努力,否则会被免职,所以我不能责怪你,但我们是否可以共同列表研究涨价对饭店的影响呢?"

卡耐基边说边取出纸,从中间画一条线,然后标出"好处""坏处"两栏,在好处栏内写道:"大厅可以空出来,租给舞会或集会使用,所得的租金比讲演会高得多,所以被利用 20 天来讲演,说实在的,饭店很不划算。"接着他在坏处栏内写道:"饭店从我的讲演会上所得的利益不但不会增加,反而减少,因为我没能力满足你们所要求的租金,讲演会只好轻而易举地易地照常开办。

"然后,参加讲演会的大多是知识分子,他们对饭店是个最好的宣传,你花再多的钱去做广告,也不见得比得上他们替您所做的活广告,停止讲演不会使饭店有很大的损失吗?"

他把这份表交给总经理说:"请好好考虑这里所写的影响,然后把你的决定通知我。"

第二天,卡耐基得到了满意的答复。

(二)好感法

公关中不仅要晓之以理,还应动之以情。有时候,在道理说不通的情况下,可先从情绪上打动对方,突破对方的情感心理防线,从而改变对方的立场、态度,接受自己的建议。

有一个油漆推销员为了发展新用户,第一次来到一家用漆大户企业。可当准备充分的他兴冲冲地敲响经理室的大门时,秘书告诉他:"经理没空!"一连几天登门求见,均被秘书挡驾。

推销员实在忍不住了,就问其原因。原来,这个星期六是经理儿子的生日,这两天他正忙着为儿子收集他喜欢的邮票呢。听完秘书的话,推销员立即往回走。

第二天,推销员又匆匆赶来求见经理,把收集到的许多珍贵邮票放在采购部经理面前。经理欣喜不已,顾不得问来人的身份,便开始同推销员大谈"邮票经"。你来我往,两个小时很快过去了。当推销员起身告辞时,那个经理才如梦初醒,连忙问推销员的来意。等他听完推销员简短的介绍后,毫不犹豫地说:"好!谢谢你的来访,明天请带上你的合同来见我。"

这位推销员获得成功的主要原因是利用邮票来间接地取悦那位经理,使他产生了好感,从而使他的推销获得了成功。

(三)类比法

类比法即劝服别人时以自己的经历教育对方,或站在对方的立场上,从对方利害得失的权衡中说服对方,同意自己的主张、见解。

比如,出租司机乱闯红灯,让他当一天值班交警比用经济手段处罚更有效。

(四)退进法

以退为进即先掩盖自己的真实想法,肯定对方,并理解对方的处境和主观想法,使对方不至于产生对立情绪,还认为你能理解他。之后,再用相反的话去刺激他,达到劝服对方的目的。

当史密斯任纽约州州长时,鬼岛西面最具恶名的监狱——猩猩监狱缺少一位强有力的狱长,他觉得劳斯适合。

"去照顾猩猩监狱如何?"他问劳斯,"那里需要一个有经验的人。"

劳斯犹豫着,没有马上回答,他知道猩猩监狱的危险,狱长一换再换——有一位只在职三个星期,弄不好会身败名裂。那值得去冒险吗?

史密斯看出了他的犹豫,笑着说:"青年人,我不怪你害怕,那不是一个太平的地方,那需要一个大人物。"

史密斯抛下了一个挑战。他用包含有适当轻视的"理解"和艰巨的任务激发起劳斯的好胜心,再加上"有经验的人"和"大人物"这两句有技巧的恭维,使劳斯最终成为猩猩监狱的最成功的狱长。

第三节 公关中的语言表达技巧

幽默、委婉、暗示和模糊的语言,有利于公关的成功。

一、幽默语言

《现代汉语词典》将"幽默"解释为"有趣或可笑而意味深长"。幽默的语言是风趣、诙谐的,能使人发笑,而又往往含义深刻、发人深思。它主要是运用明白易懂而又意味深长的诙谐语言抒发情感、传递信息,以一种愉悦的方式让别人获得精神上的快感,引起听众的兴趣,从而感化听众、启迪听众,进而活跃气氛、融洽人际关系的一种艺术手法。

(一)双关法

双关式幽默法是利用一个词的语音或语义同时关联两种不同的意义并进行曲解的公关语言方法。

传说李鸿章有一个远房亲戚，胸无点墨却热衷科举，一心想借李鸿章的关系捞个一官半职。他在考场上打开试卷，竟无法下笔。眼看要交卷了，便"灵机一动"，在试卷上写下"我乃李鸿章中堂大人的亲妻(戚)"，指望能获主考官录取。主考官批阅这份考卷时，发现他竟将"戚"错写成"妻"，不禁抚须微笑，提笔在卷上批道："所以我不敢娶你。""娶"与"取"同音，主考官针对他的错字，来了个双关的"错批"，既有很强的讽刺意味，又极富情趣。

(二)岔断法

岔断是通过反逻辑的方式造成幽默的公关语言方法，体现了人的言行模式与思维模式的逆反性。

一位年轻的国际记者，要里根谈谈对联邦政府预算赤字问题的看法，里根回答说："我并不担心，因为你已经长大，能够自己照顾自己了。"诙谐的幽默既避开了锋芒，又不失礼貌和风度。

(三)自嘲法

幽默的一条重要原则，就是宁可取笑自己，绝不轻易取笑别人。海利·福斯第曾经说过："笑的金科玉律是，不论你想笑别人怎样，先笑自己。"

英国作家杰斯塔东是个大胖子，由于"体积"过大，行动往往不太方便。但他也像罗慕洛不以矮为耻，"愿生生世世为矮人"一样，不以胖为耻。有一次他对朋友说："我是个比别人亲切三倍的男人。每当我在公共汽车上让座时，便足以让三位女士坐下。"

(四)发挥法

发挥法就是借用别人的话题进行发挥，以表达自己的意思。

大刘应邀参加一位朋友的婚礼。可是天公不作美，小雨从早到晚一刻没停过。等赶到朋友家时，衣服上沾满了星星点点的泥水。当新人向他敬酒时，看见他满身泥水，略带歉意说："冒雨前来，让你辛苦了。这都怪我们没有根据天气预报选好日子……"大刘赶紧说："老兄差矣！自古说道'久旱逢甘雨，他乡遇故知，洞房花烛夜，金榜题名时'，这是人生四大喜事，让你们两口子一天就赶上两个，这才叫双喜临门呢！"大刘意犹未尽，接着说道："既然说到了雨，鄙人有首打油诗，借此机会赠给两位新人。"接着便吟道："好雨知时节，当婚乃发生。随风潜入夜，听君亲吻声。"一首诗吟罢，逗得新娘两颊绯红，引来满堂欢笑。

(五)曲解法

在对话中故意歪曲对方话语的本义，或故意装聋听不清而回答就是曲解。它常常利用词语的多义、同形、谐音、同音等条件来构成，以诙谐、幽默的语言，纵横捭阖、左右逢源。

语文课上老师正在表扬一位同学的作文写得好。突然一个男生从座位上站了起来，带着情绪大声说："老师，写作文是有套路的，麻烦您把套路分享给我们大家。"在座的同学被这突如其来的声音吓坏了，面面相觑，无不愕然，紧张地看着老师。只见老师先是一怔，但很快反应过来，立即转过身，在黑板上写下了"观世音菩萨"五个大字，并说："同学们我已经把写作文的套路再次写在了黑板上，公布于众。你们一定要仔细看，认真琢磨，牢记于心啊。"接着又小声而神秘地解释说："观"就是仔细观察分辨；"世"就是明白世故人情；"音"就是讲究音律节奏；"菩萨"就是拥有善良之心。同学们，作文无套路，也没捷径可走，靠的是"五官"并用，让笔多运动。

(六)反语法

反语法是运用跟本意相反的词语来表达本意，从而使语言具有幽默情趣。

楚庄王的一匹爱马死了，他非常伤心，下令以上等棺木，行大夫礼节厚葬。文臣武将纷纷劝阻也无济于事，最后楚庄王还下决心说："谁敢再劝阻，一定要杀死他。"很明显，不论怎样改头换面，只要一说"不"，必是自取其辱。优孟知道了，直入宫门，仰天大哭，倒把庄王弄得异常纳闷，迫不及待地问是怎么回事。优孟说："那马是大王最喜欢的，却要以大夫的礼节安葬它，太寒酸了，请用君王的礼节吧！"庄王越发想知道理由了，优孟继续说："请以美玉雕成棺……让各国使节共同举哀，以最高的礼仪祭祀它，让各国诸侯听到后，都知道大王以人为贱而以马为贵啊。"至此庄王恍然大悟，赶紧请教优孟如何弥补自己的过失。终于将马付于庖厨，烹而食之。

(七)倒置法

把事物的正常关系在特定条件下倒置过来，从而造成滑稽可笑的效果，就是倒置。

公共汽车上人多，一位女士无意间踩疼了一位男士的脚，便彬彬有礼地道歉："对不起，踩着您了。"不料男士回答："不不，应该由我来说对不起，因为我的脚长得太不苗条了。"哄的一声，车厢里立刻响起一片笑声。

(八)夸张法

夸张在这里主要是指语言上的夸张，也就是修辞学上常说的"夸张"修辞。

有一次，马克·吐温坐火车到一所大学讲课。因为离讲课的时间已经不多，他十分着急，可是火车却开得很慢，于是幽默家想出了一个发泄怨气、批评他们的办法。当列车员过来查票时，马克·吐温递给他一张儿童票。这位列车员也挺幽默，故意仔细打量，说：

"真有意思,看不出您还是个孩子哩。"幽默大师回答:"我现在已经不是孩子了,但我买火车票时还是孩子,火车开得实在太慢了。"

火车开得很慢确是事实,但也不至于慢到让一个人从小孩长成大人。这里便是将慢的程度进行了无限制的夸张,产生了特殊的幽默效果,令人捧腹的同时,也善意地批评了火车的服务质量问题。

二、委婉语言

刘勰在《文心雕龙》中指出,"委婉"是"循辞以隐意,谲譬以指事"。就是指在交谈中抱着尊重对方的态度,用迂回曲折的语言来委婉含蓄地表达出本意的方法。此法通过一定的修辞手段,把原来令人不悦、粗俗或其他因语境限制而不便说出来的事情,说得听上去比较文雅、含蓄、得体,让听者在比较舒服的氛围中接收信息。

一位癌症晚期病人去就医。

医院甲:"你这病没法治啦,拖不过半年,想开点吧,想吃什么就吃什么,想干什么就干什么吧。"

医院乙:"别害怕,我们一定想办法治好你的病,我们医院有先进的医疗设备和特效药品,这些年来还累积了丰富的经验。过去有几位病人病情比你还严重,经过本院的治疗,效果还真不错呢。请你相信我们,积极配合我们治疗。"

最后,病人几乎是抱着绝望的希望走进了医院乙。

也许医院甲的医生说的是实情,但是这样实话实说,完全没有考虑到患者的心理承受力,最终该患者带着绝望离开了这家医院。而医院乙委婉、温和、鼓励的话语打动了病人,虽然病人已是绝症晚期,依然燃起治疗的决心和治好的希望。

(一)同义替代

汉语的同义词非常丰富,它反映词义上的细微差别,在精细地表达思想、增强语言修辞效果等方面具有重要作用。在公关活动中,公关工作者应该充分运用这个特点,把意思表达得委婉含蓄,从而增强公关效果。

我国一位著名播音员因节目素材的需要到精神病院采访,采访提纲中原先写的是:"您什么时候得的精神病?"这位播音员感到这种问话会刺激病人,就在采访时临时改口问道:"您在医院待多久了?住院前有什么不好的感觉?"委婉含蓄地提问,用"精神病"的同义语代替直接说出"精神病",使对方易于接受,不至于产生反感。在采访结束时,这位播音员说:"您很快要出院了,真为您感到高兴。""精神病"这个词对精神病患者来说是十分忌讳的,这位播音员在采访时自始至终都注意回避了这个词,而是用同义语代替它的意思来表达。

(二)忌用讳语

讳语就是对某件事、某个问题或某种现象，不愿或不敢说出来，但又不能回避甚至无法回避，便以委婉含蓄的语言来表达。

一位作家应邀到青年监狱为犯人们做一场关于人性道德的演讲报告。如何称呼听报告的人让作家犯难了。既不能直接称呼"犯人""罪犯"，伤了听者的自尊心会使犯人产生抗拒心理，又要以恰当的称呼，缩小双方沟通的心理距离。最后，作家使用了"触犯共和国法律的青年朋友们"这一委婉的称呼，这既符合听者的实际身份，又表达了愿意与他们交朋友、共同探讨理想人生的真诚心愿，最后受到了犯人们的热烈欢迎，演讲报告的初步目标得以实现。

(三)意在言外

意在言外是指说的是"这个"，而真意指的是"那个"。这种方法常用反语、双关、比喻、象征等修辞手法，使"义生文外"，在出人意料中给人以回味的余地。

(四)烘托暗示

这种方法就是以间接含蓄的语言，从侧面烘托，暗中点明自己所要表达的主要意思。

南宋奸臣张俊，贪财好色。由于他有钱有势，谁也不敢惹他。一次，宋高宗请大臣们喝酒，叫来一班人说笑取乐。其中一位艺人说他能透过铜钱的方孔，看出每个人是天上哪颗星宿的化身。大家争先恐后让他看，他一一说出这些人是什么星宿。轮到张俊了，艺人故意看了又看，然后装出很认真的样子说："真的看不出什么星宿，只看见张老爷坐在钱眼里。"众人开始还不明白，后来忽然领会了艺人的暗示，哄堂大笑起来。

艺人表面上好像是在实说，"看见张老爷坐在钱眼里"，实际上是通过语意双关，暗示张俊的贪财。

(五)迂回绕道

这种方法是指在谈话中，或是自己不好意思或是为了不使对方难堪、生气，将需要告诉他的事不直接说出来，而是有意地绕个大弯子，慢慢地、婉转地说出，从而收到好的效果。

一次，马克思和燕妮约会，一同在树林里散步。马克思故意装作满腹心事、满面愁云的样子，使燕妮感到很奇怪。

燕妮问他："你怎么了？有什么心事吗？能不能跟我说说？"

马克思说："我确实有心事。我交了一个女朋友，我很爱她，很想和她结婚，可是不知道她同意不同意……"

"你有女朋友了？"燕妮大吃一惊。

"是的，认识很久了。"

"真的?"

"当然是真的。我这里有她一张照片,你想看看她的模样吗?"马克思说着,拿出一只精致的小木盒子。

燕妮点了点头,心里却痛苦不安。无奈中,她接过小盒子,双手颤抖着打开了。但小盒子里只装着一面小镜子,并没有什么照片。燕妮一照镜子,一下子呆住了。她恍然大悟,惊喜万分。显然,马克思求婚的对象正是她自己呀!她的整个身心都沉浸在幸福的热浪中,一下子扑到马克思的怀里。

马克思以这种委婉含蓄的方式向燕妮求婚,其表达方式别具一格。

(六)灵活借用

在遇到故意刁难的提问却又因种种原因不能不回答、不能不表态的情况时,可以利用类比、比喻、双关、典故、歇后语等手法或他物的特征来代替直接表态,这样既委婉地表达自己的立场,又不会失了礼数。

一位母亲不许成绩下降的孩子参加春游,班主任为此家访。孩子母亲正准备做晚饭,班主任抓住时机笑着说:"拿咱们做饭来说,如果做煳了一锅饭,就不再做饭了吗?我们大人不是也失过手吗?"学生母亲笑了。班主任又语气温和地分析了学生成绩下降的原因,从而告诉家长,不要带着怨恨来教育孩子。

家访的班主任就是将学生偶尔一次成绩下降与生活中偶尔做煳一次饭相类比,说明学生成绩下降与人们失手犯错一样,是不可避免的,委婉地劝说了学生母亲的家教方式——不能带着怨恨来教育孩子。

三、暗示语言

在心理学上,暗示是采用含蓄的方式,通过语言、行动等手段对他人的心理和行为产生影响,从而使他人接受某一观念,或按照某一方式行动。

(一)语音暗示

语音暗示是通过语音的相同或相似给出暗示。

明朝文学家解缙,一次不小心碰倒了金銮殿上的一只玉桶,碎成几片。这可是传国之宝,这还了得。有一个大臣去禀报皇帝说:"解缙想造反,把玉桶打碎了一只。"皇帝大怒,传解缙上殿,问为何打碎玉桶。解缙应声回答:"为了万岁的江山,我打碎了一只桶。"几个想陷害解缙的大臣跪奏说:"解缙打碎玉桶,明明是要造反,请万岁治罪。"解缙也跪奏说:"万岁,天无二日,民无二主,只有一桶江山,哪有二统江山?"皇帝一听,连声说道:"对呀,只有一统江山,哪有二统江山?打得好!打得好!"

(二)双关暗示

在一定的语言环境中,利用语句的同义或谐音的关系,有意识地使语句具有双重意

义，言在此而意在彼，明言此而实指彼，形成暗示。

有一天，一位年轻的作者来到某编辑部，递上自己的作品。编辑看了作品以后问他："这篇小说是你自己写的吗？""是我自己写的。"年轻人答道，"我构思了一个多月的时间，整整坐了两天才写出来的，写作真苦！""啊，伟大的契诃夫先生，您什么时候复活了啊？"编辑大发感慨。听了编辑的话，年轻人赶快悄悄地离开了编辑部。

(三)反义暗示

正话反说，反话正说，或者故意调换相关顺序而成暗示。

一次，19世纪的德国政治家俾斯麦在圣德堡参加舞会。他频频赞美身边的舞伴长得美若天仙，可那位女士说："我才不信你的话呢，你们外交官的话从来不可信。"俾斯麦问她为什么，这位女士解释说："很简单，当外交官说'是'的时候，意思是'可能'；说'可能'时，意思是'不行'；嘴上若真的说'不行'，那他就不会是外交官了。""夫人，你说的完全正确。"俾斯麦说，"这可能是我们职业上的特点，我们不能不这样做。但你们女士却正好相反。"女士问他为什么，他说："很简单，当女人说'不行'时，意思其实是'可能'；女人说'可能'时，意思是'是'；嘴上若真的说'是'，那她就不是女人了。"

这里，俾斯麦故意按照那位女士的逻辑，只是调换了语句的顺序，便得出一个完全相反的荒诞的结论，也给女士暗示。其实他知道，他对于她们美貌的赞美，她们其实是愿意相信的，即使知道那是恭维，她们也还是很喜欢听到那样的赞美的。

(四)比喻暗示

比喻暗示是通过一个生动形象的比喻来暗示自己想要表达的意图。

一位导游员在陪外籍游客游览时，游客中有几位照相迷，每到一处，照起来没完没了，导游又不好生硬地规定时间，于是便婉转地对他们说："中国幅员辽阔，名胜很多，佳景到处都是，美不胜收，再好的照相机、再多的胶卷，也不会使您满意的。我认为，最好的相机就是您自己那双勤快的眼睛，用不完的胶卷是您自己的头脑。只有它们，才能从这里带走真正完善的记忆。"游客们听后，知趣地随团走了。

聪明的导游员用了一个奇特的比喻：眼睛比作照相机，人的大脑比作胶卷，这是取之不尽、用之不竭的。而之前也说明了美景处处都有，以此来暗示游客们不要每到一处都拍起来没完没了。这样的暗示入情入理，比起硬性规定旅游时间得体多了。

四、模糊语言

模糊语言，作为一种弹性语言，是指外延不确定、内涵无定指的特性语言。模糊语言具有两重性特点，即在本质上是明确的，在表象上是模糊的；在定性表述上是肯定的，在

第十七章 公关口才

定量表述上是变化的；在内容上是确指的，在形式上是灵活的。模糊语言虽然没有具体明确的含义，但能达到含蓄精练的艺术效果。

【案例1】有一个小伙子陪着未婚妻和未来的岳母去划船，湖光山色，赏心悦目。船到湖心，这位岳母有心想考验一下未来的女婿，问道："如果我和我女儿同时落水，你先救谁？"这可真是一个两难选择，说先救未婚妻吧，得罪岳母，要说先救岳母，又会得罪未婚妻，于是他灵机一动，来了一句："我先救未来的母亲。""未来的母亲"在这里就是模糊语言，既可指未来岳母，又可指未婚妻，使得岳母和未婚妻都非常开心。

【案例2】冬天，电影院里常有女观众戴帽子，影响后面的观众看电影，放映员多次打出字幕"放映时请勿戴帽"，但无济于事。有一天，银幕上出现了一则通告"本院为了照顾衰老的女观众，允许她们戴帽看电影"。通告一出，所有戴帽子的女观众都摘下了帽子。

【案例3】《人到中年》的作者谌容在国外讲演后做答问时，有人问道："听说您至今还不是中共党员，请问您对中国共产党的私人感情如何？"谌容敏捷地回答道："你的情报很准确，我确实还不是中国共产党党员。但是我的丈夫是个老共产党员，而我同他共同生活了几十年尚无离婚的迹象，可见，我同中国共产党的感情有多么深。"谌容机智地利用类比的方法，把自己同共产党的感情比作浓厚的夫妻感情，幽默生动地把一个棘手的问题回答得完美无缺，同时也起到了摆事实、讲道理的功效。

第四节 公关中的语言应用技巧

公关是一门学问，面对不同的对象需要采用不同的技巧。

一、对上级

对一个有工作单位的人来说，组织是最重要的生存环境，在这个环境中，最重要的又是上下级关系，这是公共关系内部协调的重要环节，而处理好上下级关系最重要的又是口才。

(一)说话之前应全面地了解领导

在向领导请示汇报之前，应对领导的社会背景、工作习惯、事业目标、个人好恶等有清楚的了解，只有这样，说话才会有针对性，并易于被领导接受。

(二)说话之时应维护领导形象

领导形象是有效实施领导的重要因素。因此，上级都希望下属能自觉维护其领导形象。比如，在上级出席的会议上，不要提出他不了解的新情况，而应事先将情况告诉他，让他在会议上提出。

(三)向领导提建议应讲究策略

1. 分清场合，选对时机

提建议时，要注意领导的威信，分清场合，一般不能在领导心情不愉快或公众场合提意见，而要选择一个合适的时机。

小王和小张是一对热恋中的情人，但二人相隔较远，只有双休日才能见一次面，双休日对他俩来说显得格外重要。而小张所在的单位领导对小张非常信任，把许多重要任务交给他，常常占用他的双休日。小张为此有苦难言。后来，由于工作出色，小张得到表彰，领导也把他单独叫到办公室好好表扬了一番。小张抓住这一有利时机，向领导道出了苦衷，希望给他双休日，结果领导十分感动，建议也自然获准。

2. 语气平和，指出后果

提建议时，要平心静气，语气平和，这样才会显出对领导的尊重，领导才不会感到有压力，才可能愉快地听你说话。特别是当领导对某件事已经做出安排，若要他改变主意，更应如此。同时，可适当从领导的安排出发，心平气和地、合乎逻辑地推导出可能产生的后果，从而引起领导的内心共鸣与震撼，达到自己的目的。

小马是一家私立学校的教师。这所私立学校由于宣传到位、生源较好，授课的教师显得人手不够，但校领导却不想再增加教师，而用现有的师资力量，给教师加任务，并承诺按工作量增加工资。但小马是一个特别看重自己名声、有高度责任感的教师，认为超负荷工作，将使教师身心疲惫，影响教学质量，对自己的名誉和学校的发展都不利。他决定心平气和地向领导进言，他从关心学校前途命运的角度出发，指出好教师与精益求精的密切关系，推导出依领导的决定发展下去，教学难免出现敷衍塞责的尴尬局面。而这正是领导所关心的，因此他的建议得到了领导的采纳。

3. 方式巧妙，侧面迂回

工作中与领导的意见不一致，可采用侧面迂回的策略，通过旁敲侧击的方式解决分歧。

某经理喜欢酒后开车，每次喝完酒，便把司机打发到后边当"经理"，自己当"司机"，车队队长知道后，将司机的车钥匙收回了，并让他反省自己的过失行为。这个经理知道后，认为队长是跟自己过不去，执意要撤换他，而且谁解释也没有用。无奈之际，队长采用了侧面迂回之法，向经理夫人讲明了事情原委和利害关系。经理夫人一方面为丈夫的安危担忧；另一方面觉得这样处理也不合适，便找机会做了丈夫的工作。经夫人劝说，这位经理不仅克服了酒后开车的毛病，还诚恳地向队长道了歉。

二、对下级

好的领导干部总是善于用人，并用得体的语言与下级沟通。在当今市场经济的条件下，各级领导和管理人员的主要公关活动是搞好上下级内部关系，对内应当培养凝聚力，

第十七章 公关口才

对外应具有影响力,这都是以口才为基础。领导对下级的公关口才技巧有以下三种。

(一)自我批评法

常言说得好:"金无足赤,人无完人。"作为领导,在工作中如果出现了这样或那样的问题,最好的解决问题的方法就是多作自我批评,及时修正存在的问题,来争得下级的理解。

某领导因为一时心急,将一位没有犯错的下级员工当成了批评对象,致使上下级关系非常紧张,工作受到影响。如果当这位领导在冷静下来后能够这样说"小王啊,我犯了官僚主义了,搞错了对象,请你谅解",再大的意见也会消除。

(二)先扬后抑法

先扬后抑法是指领导在与下级沟通时,要先表扬,再批评,旨在通过"扬"的铺垫,开启心灵之锁,有效解决下级员工在工作中存在的问题,正如理发师在替人修面之前,先涂上一层肥皂一样。

美国前总统柯立在批评女秘书时先这么说:"你今天穿的这件衣服真漂亮,你是一位迷人的年轻小姐。"然后才说:"你很高兴,是吗?我说的是真话。还有,另一方面,我希望你以后对标点符号稍加注意,让你打的文件跟你的衣服一样漂亮。"女秘书自然愉快地接受了他的批评。

(三)诉苦示弱法

竞争无处不在,机会很难绝对均等。诉苦示弱,以心换心,唤起同情之心,可化解怨恨,获得支持理解。

某单位一个全国性的奖项竞争非常大,符合条件的人较多而名额只有一个,主管领导为此焦头烂额。最终,把一位同志报上去了,未被推荐的同志则气恼万分。其中有一位找到主管领导,气呼呼地说:"院长,咱们是老同学了,可我并不想借你的光,只希望你给我一次公平竞争的机会。"院长长叹一口气道:"老同学,你知道,僧多粥少啊,只有一个名额,够资格的人又这么多,你让我怎么办?你不下地狱谁下地狱?谁让我们是老同学呢?如果让你上了,大伙会怎么说呢?你体谅我一下吧!"听了这番话,这位员工觉得院长真的很为难,气也就消了一多半儿。

三、对同事

同一组织的同事之间,既是天然的"盟友",渴望相互间的协作;又是潜在的竞争对手,担心对方超过自己,这就形成了同事之间微妙的人际关系。要协调好同事之间的关系,关键在于如何消除戒备心理,培养信任感,讲究方法才能配合愉快。这其中,口才的应用十分重要。

(一)语气委婉，不生硬

在与同事的交往中，委婉柔和的语言就像一股强大的电磁波，能给对方留下美好的印象。如果对同事说话生硬，就会使对方产生反感。

(二)语言坦诚，不虚假

与人相处要坦诚相待，发现同事的缺点或不足时，更需要坦诚相劝。只要对方是明理之人，一定不会怪罪，而会心存感激。

宋祁写文章时爱用别人看不懂的冷僻字，以显示自己博学多才。欧阳修同他一起修《新唐书》时，很想找个机会指出他这一毛病。一次，欧阳修去探望宋祁，宋祁不在，他便在门上写了一句话："宵寐匪祯，札闼洪休。"宋祁回家后感到莫名其妙，只好去问欧阳修。欧阳修说："你忘了，这八个字是'夜梦不祥，题门大吉'啊！"宋祁埋怨欧阳修不该用冷僻字眼，欧阳修大笑道："这就是您修唐书的手法呀！'迅雷不及掩耳'，多明白的字句，您偏写成'震雷无暇掩聪'，这样的史书谁能读懂呢？"听了欧阳修的话，宋祁深感惭愧，表示以后要改掉这个毛病。

(三)态度谦和，不自负

在同事当中，适当地表现自己并不为过，但是要谦和，要讲究方法，表现自己的同时也让别人脸上增光。例如："能获得这种奖励，的确不易，毕竟全市就我这一个呀！当然，这也是仰仗你平时对我的关心、支持与鼓励啊！"

(四)需要恭维，少直白

如对急欲爬上科长位置的同事，一句"主任也认为你升为科长将对公司有所大益"，会使其欣喜若狂。

四、对陌生人

陌生人之间，因为是初次见面，很难有共同语言，这就需要我们掌握一些与陌生人交谈的技巧和方法。

(一)找出共同点，引发谈话兴趣

与萍水相逢的陌生人交谈是口语交际中的一大难关，处理得好，可以一见如故，相见恨晚，甚至会获得意想不到的交际效果；而处理得不好，只能导致四目相对，局促无言，场面尴尬。

不久前，小王出差住在一家旅店，目睹了一场"话剧"：一个先他而住的，已悠闲地躺在床上欣赏电视节目；最后一个到来的，放下旅行包，稍拭风尘，冲了一杯浓茶，边品边研究起那位先小王而来者。

"师傅来了好久？"

"比这位客人先来一刻。"他边指着正在看书的小王边说。

"听口音不是苏北人啊？"

"噢，山东枣庄人！"

"啊，枣庄是个好地方啊！我在读小学时就在《铁道游击队》连环画上知道了。三年前去了一趟枣庄，还颇有兴致地玩了一遭呢。"

听了这话，那位枣庄客人马上来了兴趣，二人从枣庄和铁道游击队谈开了，那亲热劲，不知底细的人恐怕以为他们是一道来的呢。接着就是互赠名片、一起进餐，睡觉前双方居然还在各自身边带来的合同上签了字：枣庄客人订了苏南客人造革厂的一批风桶；苏南客人从枣庄客人那弄到一批价格比较合理的议价煤。

小王目睹的这场"话剧"中，住在同一个房间的两位陌生人的相识、交谈以至最后商业上的成功合作，就在于他们找到了"枣庄""铁道游击队"这两个双方都熟悉的共同话题点。然后，随着交谈内容的深入，共同话题越来越多，越谈越投机，直至双方高兴地签订合作合同。

(二)举止文明，留下美好

一个人在别人心目中的印象主要是通过言谈举止、音容笑貌来表现的。所以，要创造良好的第一印象，应从以下两个方面努力。

1. 平常心态，不卑不亢

与陌生人见面或交谈，一定要抱有平常心态，克服胆怯意识。

一位从事化妆品行业的商人，把自己印刷得十分精致、缀以花边、加上别致图案的名片递给别人时总是开句玩笑："我从事美化别人、美化世界的职业，所以出于本能，把小小的名片都打扮得漂漂亮亮的。"听者肯定会被这幽默的话语逗笑，或许还会在心里想，这个人还挺有趣的。

2. 言之有礼，言之有度

与陌生人初次见面交谈，要言之有礼、言之有度，显出自己的良好修养。

五、对老人、儿童

(一)与老人说话的艺术

(1) 多说尊敬话。说话充满关切、理解，维护老人的自尊。跟老年人说话，一定要用敬语。

很久以前，一个年轻人去京城，走了很多天后在某村口遇见一位老人。他很不礼貌地向老人问路："喂，老头儿，上京城还有多远？"老人连看都没看他，回答说："十八拐杖。"

年轻人以为这地方用"拐杖"作里程单位,接着又问:"如果论里来算,还有多远?"老人一边走一边回答:"论理?论理你该叫我大爷!"年轻人这才知道自己的失礼,再不敢多言,红着脸走开了。

(2) 多谈过去事。在老年人的历史中,都会有在他们看来光辉灿烂的一页。如果你能引发他们谈谈这光辉的一页,这对于他们来说实在是一件最快乐、最得意的事情。所以,同老年人谈话最好选择回忆过去的话题。

(3) 少聊忌讳话。"夕阳无限好,只是近黄昏",像女性很忌讳别人说她胖一样,老年人对有关死亡的话题也是很忌讳的。

(二)与儿童说话的艺术

很多父母在抚养、教育小孩子的过程中,会发现随着小孩子的成长,与他们的交流、沟通越来越困难,代沟越来越深。在与小孩子的沟通中,因为我们大多数的父母太"不会说话",所以才导致了小孩子的"不听话"。

1. 肯定长处,少挑剔

10岁的晓波就要同形影不离的表妹苏茜分离了,晓波含着泪水说:"苏茜一走,我就没玩伴儿了,好孤独啊!"晓波的妈妈说:"你可以跟别的孩子玩儿啊!"晓波抽泣着说:"可是,你要知道,妈妈……""你都整整10岁了,怎么还动不动就掉眼泪,像个小女孩儿?"晓波听妈妈这样说,狠狠地瞪了妈妈一眼就跑回自己的房间,"嘭"的一声关上了门。

显然晓波对母亲的话很是失望。如果他的母亲能和蔼地劝说:"苏茜走了,你会感到寂寞的,你一定会常常想起她。相处久了,突然分开,有一阵子是会不习惯的。不过你放心,还有妈妈陪着你呢!再说,还有其他很多小朋友呢,他们都很喜欢你呀!"这样说,一定能抚慰晓波跟表妹分离的伤心,也能让他认识到没有表妹的日子,他不会感到孤独,会激起他对未来开心生活的展望。

2. 讲究方法,少训斥

学会把儿童当成朋友一样对待,少说训斥的话;要给儿童申辩的机会,认真聆听儿童的话;重视儿童的意见等。例如:问儿童是愿意马上收拾他的房间呢,还是等一会儿再收拾。这样,你既督促儿童收拾他自己的房间,但又给了他选择收拾时间的机会,给了他选择的自由,这在一定程度上会激发儿童做事的积极性。

3. 寻找亮点,不比较

有关方面的权威人士指出,简单地做比较只会增进儿童之间那种常有的某种自然性的竞争。如果一个儿童总是比起来不如人家,他就很可能开始憎恨其他儿童。

"难道你倒小了不成?"如果这样说,就很可能使儿童的内心感觉受到了屈辱。

"你怎么这么笨呀!"类似的评价带给儿童的只能是伤害。

第十七章 公关口才

"有时,我真希望没有你这个孩子。"这会对儿童的心理造成"我是你们的负担"的印象。

六、对异性、恋人等

在公关过程中,如何面对异性,面对恋人,是每一位公关者都需要思考的问题。

(一)异性之间的口才技巧

(1) 自然大方。异性交往应尽量大大方方,或是一句"你好!"或是一个微笑来开始互相之间的讲话。尤其是已婚女性同男性交往,说话时尤其要注意,既不能羞羞答答、扭扭捏捏,显得过分多情或自作多情,以致引起男性的紧张、误会甚至是嘲笑;又不能过分随意,不注意分寸。要做到自然、亲近,又不越礼。毕竟男女有别,有些话题只能在同性之间说,而不能拿到异性之间大谈特谈。

(2) 慎选话题。异性谈话的话题,一要注意双方的兴趣;二要注意忌讳。如果是青年男女交谈,女孩应主动引出话题,以女性感兴趣的内容为题材。

(二)恋人之间的说话艺术

别林斯基说:"爱情是生活中的诗歌和太阳。"泰戈尔说:"爱情是理解和体贴的别名。"善于表白有助于得到爱。

有一对恋人约会,男方迟到了,女方噘着嘴很不高兴。男青年见此情景笑了笑,然后不急不忙走到女方身旁,对她说:"我今天有一个重大发现。"女青年不作声,投来疑惑的眼神。男青年赶忙上前一步附在女青年耳旁小声说:"我告诉你一件事,请你保守秘密。我今天发现——你是多么爱我。"一句悄悄话,女青年脸上顿时"多云转晴",漾起了幸福的微笑。

(三)夫妻之间的说话艺术

(1) 多说蜜语,增进感情。例如,"别怕,有我在呢!""你要相信自己是最棒的,我永远支持你!"

(2) 平和婉转,营造和谐。例如,妻子批评丈夫:"你对家里的事太不关心了!"这往往会使丈夫不能接受:"我怎么不关心了?"如果换一种积极的、婉转的说法:"你对家里的事比以前关心多了,如果再能多分点心,我就更显得年轻了。"这样的话,自然不会让丈夫反感。

(3) 幽默风趣,增加情调。如一方生气了,另一方说:"你看,你的嘴快能拴一头小毛驴了!"对方可能就会消掉怒气,使气氛缓和。

(4) 就事论事,解决问题。有人吵架时会这样指责对方:"你怎么和你妈妈一样,一天到晚唠叨个没完?"光是谴责对方,这话说得就够重了,还要连带对方的母亲,这就更不妥当了。

(5) 商量理解，体现尊重。夫妻之间是平等的，所以厮守是最要紧的，要互相尊重。不要强迫对方接受你的思维方式，当对方与你想法不同的时候，要尊重对方的感受与意见，减少"你必须""一定要怎么、怎么样"的语言，而应该多说"你看呢""这样行吗"这一类语言，使双方产生相互平等、相互尊重的感觉。

(6) 规避埋怨，注入希望。例如，"你回家晚了也不打电话，家里人很不放心，下次最好能事先通知家里一声"，把埋怨变成希望。

单项技能训练

一、爱德华先生想请美国一家大公司的总经理为一名童子军代表支付旅费。但他在拜访开始既没有谈他的童子军，也没有说起在欧洲举行的童子军大会，还不提他需要的是什么，为什么最后顺利地获得了对方的支持？他的公关口才有什么技巧？

爱德华·L.查里夫是一名积极投身于童子军工作的美国人。有一次，他将要在欧洲某地举行一次大型的童子军集会，需要有人帮个忙——他想请美国一家大公司的总经理为一名童子军代表支付旅费。

在去拜见那位总经理之前，爱德华获悉对方曾开出过一张100万美元的支票，还听说那人用镜框把支票兑付后的存据镶了起来。因此，当爱德华走进对方的办公室后，做的第一件事情就是请对方让他看一看那张支票，那是一张100万美元的支票啊！

爱德华说："我还从来不知道有人开出过这么一张支票，我要对我的孩子们说我亲眼见到了这么一张支票。"

那位总经理非常高兴地把支票拿给爱德华看，爱德华赞赏了一番，然后就请对方告诉他这张支票是怎样开出来的。

"一会儿，我正在拜访的这个人说：'噢，顺便问一声，你来找我是有什么事情需要我帮忙吗？'我就趁机对他说明了来意。出乎意料的是，他不仅立即答应了我的求援，而且提供的数目要比我要求的更高。我原来只要求资助1名孩子去欧洲，他却支付了5名孩子和我本人去欧洲的费用。他给了我一封1000万美元的支款信，并让我们在欧洲逗留7个星期。他还给我写了介绍信，把我介绍给他手下几家公司的经理，请他们为我们提供方便。然后他亲自到巴黎去迎接我们，领我们游览巴黎。此后，他经常给一些家庭生活贫困的孩子提供一些工作机会，直到现在，他仍然活跃在我们的组织中。但是我知道，如果我没有发现他的兴趣所在，没有使他激动起来，我就不会发现此人是如此的平易近人。"

二、下面一段对话，是在谈吃饭问题吗？他们分别表达了什么意思？这种处理方式有什么好处？

甲："我们的意图是使下一次会议能在纽约召开，不知贵国政府以为如何？"

乙："贵国饭菜的味道不好，特别是我上次去时住的那个旅馆更糟糕。"

甲："那么您觉得我今天用来招待您的法国小吃味道如何？"

乙："还算可以，不过我更喜欢吃英国饭菜。"

三、晚上，夫妻要外出吃喜酒，两个人都穿了新衣服。妻子穿了新衣服在镜子前面左顾右盼，自我欣赏，然后回过头来微带得意地问丈夫："你看，这件衣服好看吗？"丈夫觉得这件衣服有些紧，绑在妻子已经发胖了的身体上不太好看，于是就说："不好看，衣服绑在身上，像个冬瓜。"妻子听了大为恼火："好吧，我难看，我不去了，你一个人去吧。"

这真是"一句话使人恼"。这位丈夫也太"老实"了，你认为他应该怎样表达？

四、王先生出差时，火车上人太多，车厢里的走道堵塞了，以致许多人回不到自己的座位上。这时身后一位性格急躁的旅客朝王先生发火道："你快走啊！干吗堵在这里？"王先生也为前面的人堵了自己的路而着急，听了此话，非常生气，回敬道："没长眼呀，看不见前面那么多人吗？我比你还急呢！"请结合陌生人之间的公关口才技巧，分析他们两人的交谈技巧与方法。

综合技能训练

××居是广州的一个老字号企业。在一次客人就餐当中，顾客在第二次喝汤的时候，赫然发现汤中竟然有一只蟑螂。酒楼碰见这种情况时，一般的补救措施是撤下这碗汤，再换成别的东西，或者是把这一桌酒席打个折扣。但遗憾的是，这几位顾客不同意这种常见的处理方式，他们要求赔偿交通费、精神损失费、医疗费……在争执中，大堂经理口不择言，不慎说出了：蟑螂是中药，那么蟑螂汤也就没有什么危害，同时，汤都是高温煲出来的，也不会有细菌……勃然大怒的顾客迅速端起这碗蟑螂汤来到《羊城晚报》报社……由于××居的领导一直没有高度重视此事，甚至其办公室主任对采访的记者也态度粗暴，终于使××居的"蟑螂汤事件"一发不可收拾。这只"蟑螂"越长越大，仅在《羊城晚报》的头版就"趴"了一个星期，并最终导致××居停业整顿。请根据案例分析大堂经理公关语言中的问题。

参 考 文 献

[1] 方明．每天学点口才学[M]．北京：金城出版社，2010．
[2] 谷颖．即兴表达的五种技巧[J]．演讲与口才，2004，285(7)．
[3] 国家教育委员会师范教育司．教师口语[M]．北京：北京师范大学出版社，1996．
[4] 黄晓娟．数字在演讲中的妙用[J]．演讲与口才，2006，308(6)．
[5] 金正昆．社交礼仪[M]．北京：北京大学出版社，2005．
[6] 李增源．即兴演讲的"兴"从何而来[J]．演讲与口才，2004，285(7)．
[7] 林森．口才大全全集[M]．乌鲁木齐：新疆人民出版社，2006．
[8] 刘汉民．法庭辩论的反驳技巧[J]．演讲与口才，2006，309(7)．
[9] 吕国荣，吕品．一句话说服顾客[M]．北京：化学工业出版社，2010．
[10] 马存根．医学心理学[M]．北京：人民卫生出版社，2004．
[11] 任恩顺．韵母辨音诗练习[J]．中国教育报，1994．
[12] 谭满益．沟通与演讲[M]．上海：上海大学出版社，2010．
[13] 万里，张锐．教师口语训练手册[M]．北京：首都师范大学出版社，1994．
[14] 王黎云．演讲与口才[M]．杭州：浙江大学出版社，2004．
[15] 吴宏彪．求职营销：找工作的科学[M]．北京：高等教育出版社，2007．
[16] 武鹰．辩论赛中的"就地取材"技巧[J]．演讲与口才，2006，309(7)．
[17] 徐美萍．现代礼仪[M]．上海：上海大学出版社，2010．
[18] 许利平．职业口才训练教程[M]．北京：北京交通大学出版社，2007．
[19] 张斌．简明现代汉语[M]．北京：中央广播电视大学出版社，2000．
[20] 景克宁．演讲与口才赋[J]．演讲与口才，2005，292(2)．
[21] 徐琼．怎样有效地突出演讲的主题[J]．演讲与口才，2005，310(11)．
[22] 李含冰．把微笑送给自己[J]．演讲与口才，2005，290(1)．
[23] 贾志敏．这样演讲才能文采飞扬[J]．演讲与口才，2005，294(3)．
[24] 徐克强．一般起伏跌宕的精彩辩驳[J]．演讲与口才，2005，302(7)．
[25] 毛建震．巧答妙驳克敌制胜[J]．演讲与口才，2005，292(2)．
[26] 王虎林．拉长幸福[J]．演讲与口才，2005，298(5)．
[27] 陈建军．演讲理论与欣赏[M]．武汉：武汉大学出版社，2008．
[28] 王光华．口才训练教程[M]．北京：机械工业出版社，2005．
[29] 张弘，林吕．演讲与口才[M]．成都：电子科技大学出版社，2008．
[30] 黄雄杰．口才训练教程[M]．北京：高等教育出版社，2010．
[31] 刘春勇．演讲与口才[M]．北京：北京邮电大学出版社，2009．
[32] 刘玉贤．将军为什么输给了士兵[J]．演讲与口才，2005，290(1)．
[33] 曾荫权．走出礼宾府[J]．应用写作，2007(1)．
[34] 钱谷融．论文学[M]．上海：华东师范大学出版社，2008．
[35] 高燕．护理礼仪与人际沟通[M]．北京：高等教育出版社，2003．